Schriften des Betriebs-Beraters
Band 78

Bilanzrecht

Einführung in Jahresabschluß und Konzernabschluß

von

Professor Dr. Kurt Göllert

und

Professor Dr. Wilfried Ringling

beide Fachhochschule Rheinland-Pfalz, Worms

Mit 43 Abbildungen und Tabellen

Verlag Recht und Wirtschaft GmbH
Heidelberg

Die Deutsche Bibliothek – CIP-Einheitsaufnahme

Göllert, Kurt:

Bilanzrecht : Einführung in Jahresabschluß und Konzernabschluß / von Kurt Göllert und Wilfried Ringling. – Heidelberg : Verl. Recht und Wirtschaft, 1991

(Schriften des Betriebs-Beraters; Bd. 78)
ISBN 3-8005-1066-9

NE: Ringling, Wilfried:; GT

ISBN 3-8005-1066-9

Datenkonvertierung und Satz: Lichtsatz Michael Glaese GmbH, 6944 Hemsbach
Offsetdruck und Verarbeitung: Wilhelm & Adam, Werbe- und Verlagsdruck GmbH, 6056 Heusenstamm
Umschlaggestaltung: Atelier Warminski, 6470 Büdingen

(∞) Gedruckt auf säurefreiem, alterungsbeständigem Papier nach ANSI-Norm

Printed in Germany

Vorwort

Im Wirtschaftsleben vermitteln Jahresabschlüsse die finanzielle Basisinformation über den Unternehmenssektor. Bei zahlreichen Entscheidungen müssen auch Nichtfachleute sich mit dem Zahlenmaterial von Bilanzen, Gewinn- und Verlustrechnungen und Anhängen auseinandersetzen. Komplexe handels- und steuerrechtliche Vorschriften erschweren das Verständnis der Materie.

Die vorliegende Veröffentlichung möchte den in der Managementpraxis mit Jahresabschlüssen befaßten Nichtfachleuten eine kompakte, leicht lesbare, doch in den wichtigen Fragen vollständige Information über den handels- und steuerrechtlichen Jahresabschluß bieten. Wir sprechen damit Führungskräfte mit juristischem, naturwissenschaftlichem, technischem, aber auch kaufmännischem Hintergrund an, die sich das aktuelle Bilanz-Know-How komprimiert aneignen möchten. Darüber hinaus wendet sich dieses Buch ganz grundsätzlich an alle „Einsteiger“ in das Bilanzrecht, insbesondere auch Studenten der Wirtschafts- und Rechtswissenschaften.

Der Inhalt gliedert sich in die beiden Hauptteile „Jahresabschluß“ und „Konzernabschluß“. Für die praktische Arbeit sind darüber hinaus die erforderlichen Gesetzestexte (3. Buch des HGB) verfügbar.

Um die Lesbarkeit zu erleichtern, wurden zu den einzelnen Problemkreisen keine Literaturquellen zitiert. Statt dessen haben wir eine Literaturauswahl für diejenigen Leser zusammengestellt, die Spezialfragen vertiefen wollen.

Im August 1990

Die Verfasser

Inhaltsverzeichnis

Abbildungsverzeichnis

Abkürzungsverzeichnis

AktG	Aktiengesetz
AO	Abgabenordnung
BFH	Bundesfinanzhof
EG	Europäische Gemeinschaft
EGHGB	Einführungsgesetz zum HGB
EStG	Einkommensteuer-Gesetz
EStR	Einkommensteuer-Richtlinien
GenG	Genossenschafts-Gesetz
GoB	Grundsätze ordnungsmäßiger Buchführung
GuV-Rechnung	Gewinn- und Verlustrechnung
HGB	Handelsgesetzbuch
i. V. (m.)	in Verbindung (mit)
PublG	Publizitätsgesetz

I. Das Recht des Jahresabschlusses

A. Ziele des Jahresabschlusses

Für das Verständnis des Bilanzrechts ist es unerläßlich, sich mit der Grundphilosophie vertraut zu machen, die hinter der verwirrenden Vielzahl von Bilanzierungsvorschriften steht. Alle Normen leiten sich aus einem einheitlichen Zielsystem ab. Die Kenntnis dieser Ziele ist Voraussetzung, um als Bilanzersteller konkrete Bilanzierungsprobleme lösen zu können und als Bilanzleser den Aussagegehalt von Jahresabschlußinformationen richtig beurteilen zu können.

Die Verpflichtung der Kaufleute zur Bilanzierung ergibt sich aus Handels- und Steuerrecht. Nach § 242 (§-Angaben ohne weitere Bezeichnung beziehen sich in der Folge auf das HGB) hat jeder Kaufmann zum Schluß eines jeden Geschäftsjahrs eine Bilanz und eine Gewinn- und Verlustrechnung zu erstellen. Bilanz und GuV-Rechnung zusammen bilden den Jahresabschluß. Bei Kapitalgesellschaften kommt als drittes Element der Anhang hinzu (§ 264 Abs. 1 Satz 1). Das Steuerrecht lehnt sich für Zwecke der Besteuerung an die handelsrechtlichen Pflichten an (§ 140 AO).

In unserem marktwirtschaftlichen System erfolgt die handelsrechtliche Bilanzierung im öffentlichen Interesse. Sie leistet einen wesentlichen Beitrag dazu, die Allokationsfunktion des Kapitalmarktes zu gewährleisten. Am Kapitalmarkt agieren Kreditgeber und Eigenkapitalinvestoren. Beide Gruppen gehen mit ihren Engagements Risiken ein. Im Handelsrecht steht traditionell der Schutz der Gläubiger im Vordergrund. Dies ist auch der Grund für die starke Betonung des Vorsichtsprinzips in der deutschen Bilanzierung. Die Eigentümer des Unternehmens bedürfen im Normalfall keines besonderen Schutzes, es sei denn, es handelt sich um Minderheiten bzw. anonyme Kapitalgeber (Aktionäre). Einseitig vorsichtige Bilanzierung stellt die Eigentümerinteressen hinter die der Gläubiger.

Jahresabschlüsse sollen ihre kapitalmarktbezogene Aufgabe durch Vermögens- und Gewinnermittlung sowie durch Information erfüllen.

Bilanzieren heißt, Vermögen und Schulden des Unternehmens zu einem bestimmten Stichtag zu erfassen und den Erfolg der abgelaufenen Periode zu bestimmen (§ 242). Vermögen, Schulden und Gewinn sind abstrakte Begriffe, die einer Konkretisierung bedürfen.

Das Handelsrecht arbeitet mit einem sehr restriktiven Vermögensbegriff. Die Vermögenskonzeption ist streng am Gläubigerschutz orientiert. Zu den Vermögensgegenständen gehören nicht etwa alle wirtschaftlichen Werte eines Unternehmens, sondern nur solche Sachen und Rechte, die im Falle einer möglichen Unternehmenszerschlagung einen eigenständigen Veräußerungserlös erwarten lassen, aus dem die Schulden (Auszahlungsverpflichtungen) alimentiert werden können. Merkmal eines Vermögensgegenstandes ist demnach die Einzelveräußerungsfähigkeit. Nicht zu den Vermögensgegenständen gehören damit rein wirtschaftliche Werte wie das Know-How eines Unternehmens, starke Positionen an Absatz- und Beschaffungsmärkten, die eingespielte Unternehmensorganisation etc., obwohl diese Faktoren bei der Kaufpreisfindung für Unternehmen von entscheidender Bedeutung sind. Hinzu kommt, daß Vermögen und Schulden vorsichtig bewertet werden müssen (§ 252 Abs. 1 Nr. 4). Durch Saldierung von (Brutto-) Vermögen und Schulden gelangt man zum Reinvermögen. Dieses Nettovermögen repräsentiert das Eigenkapital des Unternehmens (vgl. Abbildung 1).

Abbildung 1: Ermittlung des Reinvermögens

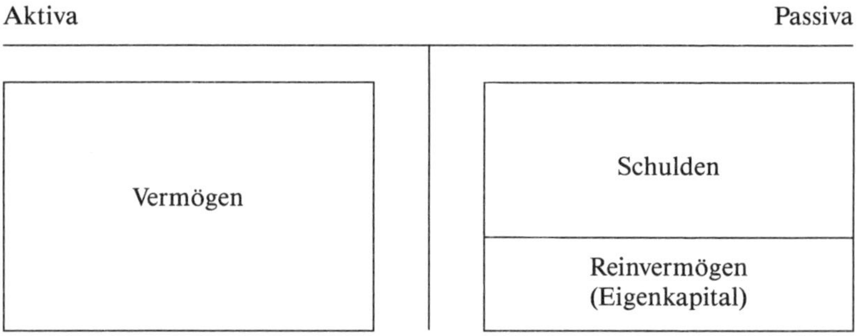

Übersteigen die Schulden das vorhandene Vermögen, liegt der Fall der Überschuldung vor (Abbildung 2). Überschuldung ist bei Kapitalgesellschaften Konkursgrund.

Abbildung 2: Überschuldung

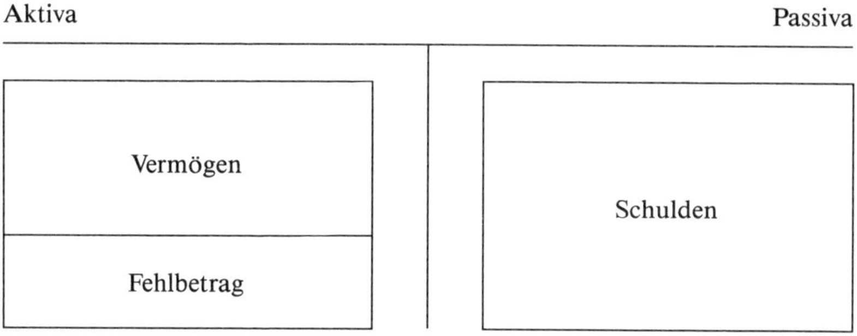

Auch die Gewinnkonzeption des Handelsrechts orientiert sich am Gläubigerschutz. Ziel der Gewinnermittlung ist die Bestimmung des Betrags, der dem Unternehmen für Ausschüttungen an die Eigentümer sowie für Steuerzahlungen entzogen werden kann, ohne das zu Beginn des Geschäftsjahrs vorhandene Eigenkapital anzutasten, d. h. ohne die Gläubigerposition durch Entzug von Kapital zu gefährden. Die Gewinnermittlung erfolgt damit durch Vergleich des zu Ende und des zu Beginn des Geschäftsjahrs vorhandenen Eigenkapitals (Reinvermögensvergleich). Unterjährige Kapitalentnahmen und Kapitaleinlagen werden dabei korrigiert. Die vollständige Formel für die Gewinnermittlung enthält Abbildung 3.

Abbildung 3: Formel für die Gewinnermittlung

	Eigenkapital am Ende des Geschäftsjahrs
–	Eigenkapital zu Beginn des Geschäftsjahrs
+	Entnahmen während des Geschäftsjahrs
–	Einlagen während des Geschäftsjahrs
=	Gewinn des Geschäftsjahrs

Auch die handelsrechtliche Gewinnermittlung ist vom Grundsatz der Vorsicht geprägt. Gewinne werden tendenziell eher zu niedrig ausgewiesen.

Das Steuerrecht übernimmt im Grundsatz die handelsrechtliche Gewinnkonzeption. Nach § 5 Abs. 1 EStG ist die Handelsbilanz auch der Besteuerung zugrunde zu legen (Maßgeblichkeitsprinzip). Da aber das Steuerrecht die individuelle Leistungsfähigkeit eines Steuerpflichtigen messen will, geht es in einigen Bereichen über die enge Vermögensdefinition des Handelsrechts hinaus. Mit dem Ansatz von Wirtschaftsgütern (§ 4 Abs. 1 EStG) anstelle von Vermögensgegenständen werden in geringem Umfang auch wirtschaftliche Vorteile und Lasten erfaßt. Auf der anderen Seite läßt das Steuerrecht aus wirtschaftspolitischen Gründen auch Unterbewertungen des Vermögens – z. B. durch Sonderabschreibungen – zu. Derartige steuerliche Wahlrechte sind allerdings in Übereinstimmung mit der Handelsbilanz auszuüben, d. h. sie schlagen auf die Handelsbilanz durch (Grundsatz der umgekehrten Maßgeblichkeit). Steuerliche Subventionsmaßnahmen verzerren damit zusätzlich die ohnehin vorsichtig ermittelten handelsbilanziellen Eigenkapital- und Gewinngrößen.

Neben Vermögens- und Gewinnermittlung regelt das Handelsrecht auch den Zugriff auf Jahresabschlußinformationen. Diese Aufgabe ist für die Funktionsfähigkeit des Kapitalmarkts von entscheidender Bedeutung. Märkte können nur dann optimal funktionieren, wenn die Marktteilnehmer über ausreichende Informationen zur Entscheidungsfindung verfügen. Der Jahresabschluß einer Kapitalgesellschaft soll nach § 264 Abs. 2 Satz 1 ein den tatsächlichen Verhältnissen entsprechendes Bild von der Vermögens-, Finanz- und Ertragslage des Unternehmens vermitteln. An diese Formulierung sollte man keine zu hohen Erwartungen knüpfen. Materiell wird der Gehalt der Jahresabschlußinformationen durch die gläubigerschutzorientierte vorsichtige Eigenkapital- und Gewinnermittlung bestimmt. Diese Information befriedigt weder die Interessen der Geschäftsführung noch die der Anteilseigner vollständig. Ohnehin sollte man sich hüten, Jahresabschlüsse als Informationsinstrumente für Zwecke der Unternehmenssteuerung zu interpretieren. Diese Funktion können Jahresabschlüsse aus einer Vielzahl von Gründen nicht erfüllen. Steuerung setzt zukunftsbezogene Informationen über die betrieblichen Teilbereiche voraus. Jahresabschlüsse informieren lediglich global über das Gesamtunternehmen und berichten mit Verzögerung über Ereignisse der Vergangenheit. In der Praxis sind Jahresabschlüsse jedoch zumeist das einzige Instrument, um sich ein Bild von der wirtschaftlichen Lage eines Unternehmens zu machen.

B. Überblick über die Rechnungslegungspflichten

1. Rechtsgrundlagen

Das deutsche Bilanzrecht wurde erst 1985 grundlegend reformiert. Auslöser der Reform waren die 4., 7. und 8. EG-Richtlinie zur Harmonisierung der Rechnungslegungsvorschriften für Kapitalgesellschaften. Die notwendige Transformation dieser Vorschriften in das deutsche Recht wurde zu einer völligen Überarbeitung der handelsrechtlichen Bilanzierungsvorschriften genutzt. Wesentliche Neuerung war die Zusammenfassung aller Bilanzierungsvorschriften in einem „Rechnungslegungsgesetz", dem 3. Buch des HGB (§§ 238–339). Lediglich einige rechtsformspezifische Besonderheiten sind jetzt noch in den jeweiligen Spezialgesetzen geregelt.

Das 3. Buch des HGB ist in drei Abschnitte untergliedert. Der erste Abschnitt (§§ 238–263) enthält diejenigen Vorschriften über die Buchführung und Bilanzierung, die von allen Kaufleuten – unabhängig von der Rechtsform – zu beachten sind. Im einzelnen handelt es sich dabei um folgende Punkte:

- Buchführung und Inventar
- Allgemeine Vorschriften zum Jahresabschluß
- Aktivierungs- und Passivierungsvorschriften (Ansatzvorschriften)
- Bewertungsvorschriften
- Aufbewahrungs- und Vorlagepflichten.

Der zweite Abschnitt des 3. Buches des HGB (§§ 264–335) enthält ergänzende strengere Vorschriften für Kapitalgesellschaften (AG, KGaA, GmbH). Er regelt folgende Bereiche:

Jahresabschluß und Lagebericht
- Aufstellungspflichten und Gliederungsgrundsätze
- Bilanzgliederungs- und Ansatzvorschriften
- Vorschriften zur Gewinn- und Verlustrechnung
- Bewertungsvorschriften
- Vorschriften zum Anhang
- Vorschriften zum Lagebericht

Konzernrechnungslegungsvorschriften
- Anwendungsbereich

- Konsolidierungskreis
- Form und Inhalt des Konzernabschlusses
- Vollkonsolidierung
- Bewertungsvorschriften
- Anteilmäßige Konsolidierung
- Assoziierte Unternehmen
- Konzernanhang
- Konzernlagebericht

Prüfungsvorschriften
Vorschriften über die Offenlegung
Straf-, Bußgeld- und Zwangsgeldvorschriften.

Im dritten Abschnitt des 3. Buches des HGB (§§ 336–339) finden sich schließlich noch einige wenige Vorschriften zur Rechnungslegung der eingetragenen Genossenschaften, die im Rahmen dieser Veröffentlichung jedoch nicht speziell behandelt werden sollen.

Mit der Bilanzrechtsreform traten für die Kapitalgesellschaften einschneidende Verschärfungen in Kraft. Durch die Ausdehnung der Publizitätspflicht auf die GmbH wurden erstmals auch mittelständische Kapitalgesellschaften veröffentlichungspflichtig. Aufgrund erheblicher Proteste der betroffenen Unternehmen wurde das Thema auf EG-Ebene nochmals aufgegriffen. Bereits im Jahre 1988 legte die EG-Kommission den Entwurf einer Mittelstandsrichtlinie mit erheblichen Erleichterungen für die kleineren Kapitalgesellschaften vor. Diese Entlastungsrichtlinie wurde zum Zeitpunkt der Drucklegung verabschiedet. Nach den Entscheidungen des EG-Ministerrats vom November 1990 halten sich die Entlastungen des Mittelstandes jedoch in engen Grenzen. Soweit es erforderlich ist, gehen wir auf die Ministerratsentscheidungen in den folgenden Ausführungen ein.

2. Rechnungslegungspflichten für Personenfirmen

Für Personenfirmen, bei denen mindestens ein Gesellschafter mit seinem gesamten Vermögen für Schulden des Unternehmens haftet, gelten lediglich Mindest-Rechnungslegungspflichten. Dies ist im deutschen Recht derzeit unabhängig davon, ob es sich bei dem Vollhafter um eine natürliche oder eine juristische Person handelt, d.h. die verbreitete Rechtskonstruktion der GmbH & Co. KG wird als Personenfirma behandelt. Der Beschluß des EG-Ministerrats zur Mittelstandsrichtlinie vom November 1990 beinhaltet jedoch, daß zukünftig grundsätzlich alle Personenfirmen, bei denen keine natürliche Person in der Vollhaftung steht, den Kapitalgesellschaften gleichgestellt werden.

Personenfirmen unterliegen grundsätzlich nur den Vorschriften des 1. Abschnitts des 3. Buches des HGB (§§ 238–263). Für sie gelten lediglich die elementaren Verpflichtungen zur Führung von Büchern (§ 238 Abs.1), zur Erstellung des Inventars (§ 240 Abs. 1 und 2), zur Aufstellung von Bilanz und Gewinn- und Verlustrechnung (§ 242) sowie zur Aufbewahrung und Vorlage der Bücher (§§ 257–261).

Materiell gelten für die Jahresabschlüsse die grundlegenden Ansatz- und Bewertungsvorschriften der §§ 246–256. Diese sehen allerdings für die Personenfirmen einige Erleichterungen – z. B. im Hinblick auf die Legung stiller Reserven (§ 253 Abs. 4) – vor. Gliederungsschemata für Bilanz und Gewinn- und Verlustrechnung existieren nicht, d. h. Strukturierung und Detaillierung des Jahresabschlusses bleiben den Unternehmen überlassen. Jahresabschlüsse von Personenfirmen unterliegen weder Prüfungs- noch Offenlegungspflicht. Das Gesetz verzichtet auch auf eine konkrete Aufstellungsfrist für den Jahresabschluß und besagt lediglich, daß dieser „innerhalb der einem ordnungsgemäßen Geschäftsgang entsprechenden Zeit" aufzustellen ist (§ 243 Abs. 3).

Ergänzende Vorschriften gelten für Personenfirmen, die aufgrund ihrer Größe unter das PublG fallen. Das PublG nennt folgende Größenkriterien (§ 1 Abs. 1 PublG):

Bilanzsumme	125 Millionen DM
Umsatz	250 Millionen DM
Beschäftigtenzahl	5000

Werden an drei aufeinanderfolgenden Stichtagen jeweils mindestens zwei Größenkriterien überschritten, müssen Bilanz und Gewinn- und Verlustrechnung geprüft und veröffentlicht werden.

3. Rechnungslegungspflichten für Kapitalgesellschaften

a) Größenkategorien

Kapitalgesellschaften nehmen das Privileg der Haftungsbeschränkung in Anspruch. Ihre Rechnungslegungspflichten (§§ 264–335) gehen deshalb weit über die allgemeinen Kaufmannspflichten hinaus. Erhöhte Anforderungen ergeben sich insbesondere in folgenden Punkten:

- strengere Bewertungsvorschriften,
- Pflichtgliederungsschemata für Bilanz und Gewinn- und Verlustrechnung,
- Erweiterung des Jahresabschlusses um den Anhang,
- Aufstellung eines Lageberichts,
- Prüfungspflicht für Jahresabschluß/Lagebericht,
- Offenlegung von Jahresabschluß/Lagebericht.

Zum Schutz mittelständischer Kapitalgesellschaften sind zahlreiche Pflichten nach der Größe differenziert. Das Gesetz kennt drei Größenkategorien: kleine, mittlere und große Kapitalgesellschaften. Größenmerkmale sind wie im PublG Bilanzsumme, Umsatz und Arbeitnehmerzahl. Derzeit gelten die in Abbildung 4 aufgeführten Größengrenzen (§ 267 Abs. 1–3).

Abbildung 4: Größengrenzen für Kapitalgesellschaften

	Bilanzsumme	Umsatz	Beschäftigte
Kleinformat	≤ 3,9 Mio. DM	≤ 8,0 Mio. DM	≤ 50
Mittelformat	≤ 15,5 Mio. DM	≤ 32,0 Mio. DM	≤ 250
Großformat	> 15,5 Mio. DM	> 32,0 Mio. DM	> 250

Die ungeraden DM-Beträge resultieren aus der Umrechnung von ECU-Werten. In regelmäßigen Intervallen sollen die Grenzwerte an die inflationäre Entwicklung in der EG angepaßt werden. Im Zuge der „Mittelstandsrichtlinie“ wurden die Schwellenwerte für die kleinen und mittleren Gesellschaften um 15% bei der Bilanzsumme bzw. 18% bei den Umsatzerlösen angehoben (auf ECU-Basis).

Für die Zuordnung zu einer Größenkategorie müssen zwei von drei Kriterien erfüllt sein. Für die erstmalige Einordnung in eine Größenklasse sind die Verhältnisse am ersten Bilanzstichtag maßgebend (§ 267 Abs. 4 Satz 2). Spätere Änderungen der Größenklasse ergeben sich erst, wenn die Voraussetzungen des neuen Formats an zwei aufeinanderfolgenden Stichtagen erfüllt sind (§ 267 Abs. 4 Satz 1). Abweichend von diesen Grundregeln gelten börsennotierte Kapitalgesellschaften stets als groß (§ 267 Abs. 3 Satz 2).

b) Erstellungspflichten

Bei den Rechnungslegungspflichten ist zwischen Obliegenheiten im Innenverhältnis und Verpflichtungen im Außenverhältnis zu unterscheiden. Nicht alle Informationen, die das Gesetz im Innenverhältnis vorschreibt (Erstellungspflichten), sind anschließend auch zu veröffentlichen (Offenlegungspflicht). Unabhängig von der Größe müssen derzeit alle Kapitalgesellschaften den Jahresabschluß um einen Anhang erweitern und darüber hinaus einen Lagebericht erstellen (§ 264). Die „Mittelstandsrichtlinie" sieht für kleine Kapitalgesellschaften den Verzicht auf einen Lagebericht vor. Der Anhang ist ein reines Informationsinstrument und beinhaltet Erläuterungen zu Bilanz und Gewinn- und Verlustrechnung sowie eine Reihe darüber hinausgehender Angaben. Im Lagebericht sollen Geschäftsverlauf und Lage kommentiert sowie eine Aussage zu den Zukunftsaussichten gemacht werden.

Bereits bei der Erstellung räumt das Gesetz kleinen und mittleren Kapitalgesellschaften teilweise gravierende Erleichterungen ein. So besteht die Möglichkeit, die Bilanz extrem zusammenzufassen und bei der Gewinn- und Verlustrechnung auf den Umsatzausweis zu verzichten. Es macht jedoch wenig Sinn, bereits im Innenverhältnis Informationen zu verkürzen. Kosten werden hierdurch auch nicht eingespart, denn die Daten liegen ohnehin in der Buchhaltung vor.

c) Veröffentlichungspflichten

Grundsätzlich unterliegen sämtliche Kapitalgesellschaften der Publizitätspflicht (§ 325 Abs. 1). Wegen der besonderen Schutzbedürftigkeit der kleinen und mittleren Kapitalgesellschaften existieren für diese Gruppen jedoch gegenwärtig schon deutliche Veröffentlichungserleichterungen.

Kleine Kapitalgesellschaften sind lediglich verpflichtet, Bilanz und Anhang in stark verkürzter Form beim Handelsregister des Sitzes der Gesellschaft einzureichen (vgl. dazu im Detail die Ausführungen zur Bilanzgliederung und zum Anhang). Im Bundesanzeiger ist ein Hinweis zu veröffentlichen, bei welchem Handelsregister und unter welcher Nummer diese Unterlagen eingereicht worden sind (§ 325 Abs. 1 i.V.m. § 326 Satz 1). Soweit sich der Vorschlag und die Verwendung des Ergebnisses nicht aus Bilanz oder Anhang ergeben, ist auch eine Gewinnverwendungsrechnung beim Handelsregister einzureichen (§ 326 Satz 2).

Mittelgroße Kapitalgesellschaften müssen Jahresabschluß (Bilanz, Gewinn- und Verlustrechnung und Anhang) und Lagebericht beim Handelsregister einreichen (§ 325 Abs. 1 i.V.m. § 327). Der Jahresabschluß kann jedoch ebenfalls in verkürzter Form publiziert werden, wobei die Erleichterungen nicht ganz so weit gehen wie bei den kleinen Kapitalgesellschaften (vgl. dazu im Detail die Ausführungen zu den Gliederungsvorschriften und zum Anhang).

Große Kapitalgesellschaften sind verpflichtet, Jahresabschluß und Lagebericht zunächst im Bundesanzeiger bekanntzumachen und im Anschluß daran die Unterlagen beim Handelsregister einzureichen (§ 325 Abs. 2).

Im betroffenen Mittelstand löste die Einführung der Publizitätspflicht ab Geschäftsjahr 1987 (1987/88) heftigen Widerstand aus. Im Jahre 1988 mündete der deutsche Protest im Entwurf einer „Mittelstandsrichtlinie“, deren zentrales Anliegen darin bestand, die Registerpublizität durch eine „Hauspublizität“ zu ersetzen. Vor diesem Hintergrund hinterlegte seit 1987 nur ein verschwindend geringer Prozentsatz der mittelständischen Kapitalgesellschaften die Jahresabschlüsse beim Handelsregister. Dieses Verhalten war aufgrund unzureichender Sanktionsmechanismen (vgl. dazu die Ausführungen zu den Straf- und Bußgeldvorschriften) relativ risikolos. Der EG-Ministerrat ist den deutschen Vorstellungen jedoch nicht gefolgt. Die Entscheidung vom November 1990 sieht nur minimale Erleichterungen bei der Publizität vor.

d) Prüfungspflichten

Gegenstand der Prüfungspflicht ist die Frage, ob Buchführung, Jahresabschluß und Lagebericht im Hinblick auf Gesetz und Satzung ordnungsgemäß erstellt wurden (§ 317). Über das Ergebnis der Prüfung hat der Prüfer einen Prüfungsbericht zu erstellen (§ 321). Sind nach dem abschließenden Ergebnis der Prüfung keine Einwendungen zu erheben, erteilt der Abschlußprüfer den sog. Bestätigungsvermerk. In seiner uneingeschränkten Form hat dieser den folgenden Wortlaut (§ 322 Abs. 1):

„Die Buchführung und der Jahresabschluß entsprechen nach meiner/unserer pflichtgemäßen Prüfung den gesetzlichen Vorschriften. Der Jahresabschluß vermittelt unter Beachtung der Grundsätze ordnungsmäßiger Buchführung ein den tatsächlichen Verhältnissen entsprechendes Bild der Vermögens-, Finanz- und Ertragslage der Kapitalgesellschaft. Der Lagebericht steht im Einklang mit dem Jahresabschluß".

Der Bestätigungsvermerk ist in den Prüfungsbericht aufzunehmen. Wenn gegen den Jahresabschluß Einwendungen zu erheben sind, muß der Prüfer den Bestätigungsvermerk einschränken oder versagen (§ 322 Abs. 3).

Auch die Prüfungspflichten sind nach Größenklassen gestaffelt. Kleine Kapitalgesellschaften müssen den Jahresabschluß überhaupt nicht prüfen lassen. Die Prüfungspflicht setzt erst ab Mittelformat ein. Als Prüfer kommen Wirtschaftsprüfer bzw. Wirtschaftsprüfungsgesellschaften, bei mittleren Kapitalgesellschaften auch vereidigte Buchprüfer in Frage.

Wird die Prüfung trotz bestehender Verpflichtung unterlassen, kann der Jahresabschluß nicht festgestellt werden (§ 316 Abs. 1 Satz 2), d.h. er wird nicht rechtswirksam.

e) Fristen

Für die Erfüllung der einzelnen Rechnungslegungspflichten sind verbindliche Fristen vorgeschrieben. Die Frist zur Aufstellung des Jahresabschlusses beträgt grundsätzlich drei Monate. Kleine Kapitalgesellschaften dürfen Jahresabschluß und Lagebericht ausnahmsweise auch später aufstellen, wenn dies einem ordnungsgemäßen Geschäftsgang entspricht und eine Sechsmonatsfrist nicht überschritten wird (§ 264 Abs. 1). Die Veröffentlichung hat unverzüglich nach der Feststellung des Jahresabschlusses, bei prüfungspflichtigen Kapitalgesellschaften jedoch spätestens neun Monate nach Schluß des Geschäftsjahrs (§ 325 Abs. 1), bei nicht prüfungspflichtigen Kapitalgesellschaften spätestens zwölf Monate nach Schluß des Geschäftsjahrs zu erfolgen (§ 326).

f) Zusammenfassung

Abbildung 5 faßt die Rechnungslegungsvorschriften der Kapitalgesellschaften zusammen:

Abbildung 5: Rechnungslegungspflichten der Kapitalgesellschaften

	Größenklassen		
	klein	mittel	groß
Größengrenzen			
Umsatz Mio DM	bis 8,0	bis 32,0	über 32,0
Bilanzsumme Mio DM	bis 3,9	bis 15,5	über 15,5
Beschäftigte	bis 50	bis 250	über 250
Bilanz			
Erstellung	verkürzt	volles Schema § 266	
Veröffentlichung	verkürzt	teilweise verkürzt	vollständig
GuV-Rechnung			
Erstellung	verkürzt (ohne Umsatz)		vollständig
Veröffentlichung	nein	verkürzt	vollständig
Anhang			
Erstellung	verkürzt	teilweise verkürzt	vollständig
Veröffentlichung	verkürzt	teilweise verkürzt	vollständig
Lagebericht			
Erstellung	ja	ja	ja
Veröffentlichung	nein	ja	ja
Pflichtprüfung	nein	ja	ja
Aufstellungsfrist	maximal 6 Monate	3 Monate	3 Monate
Veröffentlichungsfrist	12 Monate	9 Monate	9 Monate

4. Zusammenhang zwischen Handels- und Steuerbilanz

Das Handelsrecht verpflichtet alle Kaufleute im öffentlichen Interesse zur Erstellung von Bilanzen. Das Steuerrecht knüpft an diese Verpflichtung an. Nach § 5 Abs. 1 EStG ist für steuerliche Zwecke „das Betriebsvermögen anzusetzen, das nach den handelsrechtlichen Grundsätzen ordnungsmäßiger Buchführung auszuweisen ist". Diese

Vorschrift bezeichnet man als den Grundsatz der Maßgeblichkeit der Handelsbilanz für die Steuerbilanz. Das Maßgeblichkeitsprinzip ist eine Vereinfachungsregelung. Kein Kaufmann soll gezwungen werden, parallel zwei Bilanzen aufzustellen.

Wie bereits ausgeführt, verfolgen Handels- und Steuerrecht im Rahmen der Bilanzierung jedoch z.T. unterschiedliche Zielsetzungen. Eine Reihe steuerlicher Subventionsmaßnahmen (Sonderabschreibungen, erhöhte Absetzungen, unversteuerte Rücklagen) beeinflussen die Gewinnermittlung. Aus handelsrechtlicher Sicht stellen diese Maßnahmen Fremdkörper dar, die die Ziele der Handelsbilanz verfälschen. Dennoch verzichtete der Gesetzgeber auf die zwangsweise Trennung von Handels- und Steuerbilanz. Die Regelung sieht vielmehr so aus, daß gemäß § 5 Abs. 1 EStG steuerrechtliche Bilanzierungswahlrechte in Übereinstimmung mit der Handelsbilanz auszuüben sind. Das Handelsrecht wiederum läßt die systemfremden steuerlichen Wahlrechte in der Handelsbilanz zu (§§ 247 Abs. 3, 254, 273, 280 Abs. 2). Im Ergebnis schlagen die steuerlichen Subventionsregelungen damit auf die Handelsbilanz durch. Diese Rückwirkung der Steuerbilanz auf die Handelsbilanz bezeichnet man als Grundsatz der umgekehrten Maßgeblichkeit.

In der Praxis ergibt sich somit keine Notwendigkeit, zwei voneinander abweichende Bilanzen zu erstellen. Das Unternehmen erstellt praktisch eine Steuerbilanz, die zugleich auch die handelsrechtlichen Pflichten abdeckt. Wenn, wie bei mehr als 90% der Unternehmen, Steuer- und Handelsbilanz identisch sind, spricht man von der sog. Einheitsbilanz.

Die Trennung von Handels- und Steuerbilanz ist fast nur bei großen Publikumsaktiengesellschaften anzutreffen. Dahinter stehen bilanzpolitische Motive, vor allem ausschüttungs- und informationspolitische Zielsetzungen. Primäres Ziel ist die sog. Dividendenkontinuität, d.h. die Glättung von Ergebnisschwankungen. In ertragsstarken Jahren wird der Ergebnisausweis nach unten, in schwachen Perioden nach oben korrigiert. Das Handelsrecht bietet hierzu größere Möglichkeiten als das Steuerrecht, das aus Gründen der Gleichmäßigkeit der Besteuerung derartige Gestaltungsmöglichkeiten einschränken muß. Besonders groß sind die Spielräume im Hinblick auf vorsichtigere Bewertungen, d.h. niedrigere Wertansätze für das Vermögen und höhere Wertansätze für Schuldpositionen. Die Möglichkeiten für eine Höherbewertung in der Handelsbilanz sind sehr begrenzt.

Die Trennung von Handels- und Steuerbilanz ist somit dann erforderlich, wenn Bilanzierungswahlrechte ausgeübt werden sollen, die in der Handelsbilanz zulässig, in der Steuerbilanz jedoch verboten sind. Es handelt sich dabei um handelsrechtliche Aktivierungs- und Passivierungswahlrechte, Bilanzierungshilfen und bestimmte Bewertungswahlrechte.

Das Handelsrecht räumt bei einigen Aktiv- und Passivpositionen dem Bilanzierenden die Entscheidung über deren Ansatz ein, so z. B. auf der Aktivseite für den Geschäfts- und Firmenwert und das Disagio, auf der Passivseite für die sog. Aufwandsrückstellungen. Das Steuerrecht kennt diese Wahlrechte nicht. Nach der Rechtsprechung des BFH sind handelsrechtliche Aktivierungswahlrechte steuerlich stets Aktivierungsgebote, und handelsrechtliche Passivierungswahlrechte führen steuerlich stets zu Passivierungsverboten.

Als Besonderheit räumt das HGB den Kapitalgesellschaften auf der Aktivseite der Bilanz sog. Bilanzierungshilfen ein (§§ 269, 274 Abs. 2). Von besonderer Bedeutung ist dabei die Möglichkeit, Ingangsetzungs- und Erweiterungskosten des Geschäftsbetriebs zu aktivieren. Durch den Ansatz dieser Positionen soll es den Kapitalgesellschaften ermöglicht werden, eine bilanzielle Überschuldung zu vermeiden. Eine konkursrechtliche Funktion kommt dieser Position jedoch nicht zu. Bei den Bilanzierungshilfen handelt es sich nicht um Vermögensgegenstände und auch nicht um Wirtschaftsgüter. Der Ansatz in der Steuerbilanz ist damit verboten.

Eine Vielzahl handelsbilanzpolitischer Möglichkeiten, Ergebnis und Eigenkapitalausweis zu gestalten, besteht im Rahmen der Bewertung des Vermögens und der Schulden. Aufgrund der starken Gläubigerschutzorientierung ist es zumeist möglich, Vermögen niedriger und Schulden höher zu bewerten als in der Steuerbilanz. Einzelheiten hierzu werden im Rahmen der Bewertungsvorschriften besprochen.

Aufgrund des engen Zusammenhangs zwischen Handels- und Steuerbilanzrecht umfaßt die nachfolgende Darstellung der Bilanzierungsvorschriften beide Rechtskreise.

C. Bilanzierungsvorschriften

1. Generalklausel und Überblick

Den Bilanzierungsvorschriften sind im Gesetz Generalklauseln vorangestellt, die die Ziele des Jahresabschlusses beinhalten. Gemäß § 238 hat der Kaufmann seine Bücher so zu führen, daß „seine Handelsgeschäfte und die Lage seines Unternehmens nach den Grundsätzen ordnungsmäßiger Buchführung (GoB)“ ersichtlich werden. Für die Aufstellung des Jahresabschlusses verlangt § 243 Abs. 2 außerdem die Einhaltung der Grundsätze der Klarheit und Übersichtlichkeit.

An den Jahresabschluß von Kapitalgesellschaften stellt das HGB höhere Anforderungen. § 264 Abs. 2 Satz 1 verlangt, daß der Jahresabschluß „unter Beachtung der Grundsätze ordnungsmäßiger Buchführung ein den tatsächlichen Verhältnissen entsprechendes Bild der Vermögens-, Finanz- und Ertragslage zu vermitteln“ hat. Im angelsächsischen Raum entspricht diese Formulierung der Forderung nach dem „true and fair view“.

Bei der Lösung konkreter Bilanzierungsprobleme helfen diese Generalklauseln und die GoB-Verweise zunächst nicht weiter. Hier sind die Einzelvorschriften von Bedeutung. In der Regel wird man davon ausgehen können, daß das den „tatsächlichen Verhältnissen entsprechende Bild“ dasjenige ist, das sich unter Beachtung der konkreten Einzelnorm ergibt. Lediglich in Ausnahmefällen wird man zur Klärung von Zweifelsfragen auf die Generalklausel zurückgreifen müssen.

Konkret stellen sich im Rahmen der Bilanzierung die drei folgenden Grundprobleme:

1. Welche Positionen müssen in die Bilanz aufgenommen werden?
2. Wie sind die Bilanzpositionen zu bewerten?
3. Wie sind Bilanz und Gewinn- und Verlustrechnung zu strukturieren?

Die erste Frage beschäftigt sich mit der „Bilanzierung dem Grunde nach“ und wird im Gesetz unter dem Begriff Ansatzvorschriften geregelt. Die zweite Frage betrifft die „Bilanzierung der Höhe nach“ und fällt unter den Begriff Bewertungsvorschriften. Ansatz- und Bewertungsvorschriften zusammen determinieren den materiellen Inhalt der Bilanz. Sie bestimmen den Betrag des Reinvermögens und die Höhe des auszuweisenden Gewinns. Strukturierungsfragen werden durch die Gliederungsvorschriften geregelt. Die Gliederungsvorschriften normieren den Informationsgehalt von Bilanz und Gewinn- und Verlustrechnung.

2. Ansatzvorschriften

a) Grundregeln

Nach § 246 Abs. 1 muß die Bilanz sämtliche Vermögensgegenstände, Schulden (und Rechnungsabgrenzungsposten) enthalten. Das Steuerrecht lehnt sich an das Handelsrecht an (§ 5 Abs. 1 EStG), verwendet aber für den Bilanzinhalt den Begriff des Wirtschaftsguts.

Vermögensgegenstände sind aus dem handelsrechtlichen Oberziel des Gläubigerschutzes definiert als „Schuldendeckungspotential". Merkmal ist die Einzelveräußerungsfähigkeit. Zu den Vermögensgegenständen gehören grundsätzlich alle Zahlungsmittel und Sachverhalte, die sich durch Einzelveräußerung in liquide Mittel umwandeln lassen. Als Schulden bezeichnet man sämtliche Auszahlungsverpflichtungen gegenüber Dritten.

Wirtschaftsgüter sind nach der Rechtsprechung des BFH durch folgende Kriterien definiert: Es ist ein Aufwand entstanden, es besteht eine Nutzenerwartung über das Geschäftsjahr hinaus, und es muß selbständige Bewertbarkeit gegeben sein. Konkret heißt dies, ein Wirtschaftsgut ist durch das Merkmal der selbständigen Beschaffungsfähigkeit gekennzeichnet. Der Begriff des Wirtschaftsguts erfaßt damit einen geringfügig größeren Bereich von Sachverhalten als der des Vermögensgegenstandes. Beispiele aus der Rechtsprechung des BFH sind geleistete Zuschüsse zum Bau von Straßen oder Transformatorenstationen etc. Derartige Zuschüsse stellen steuerrechtlich Wirtschaftsgüter dar, es mangelt jedoch an der Einzelveräußerbarkeit.

Für die Erfassung von Vermögensgegenständen und Schulden bzw. Wirtschaftsgütern gilt das Stichtagsprinzip.

Im folgenden werden die Ansatzregeln im einzelnen für Aktiv- und Passivseite dargestellt.

b) Aktivierungsregeln

Die Vorschriften über Einstellung von Positionen in die Aktivseite der Bilanz umfassen vier Regelungsbereiche (vgl. Abbildung 6).

Abbildung 6: Aktivierungsvorschriften

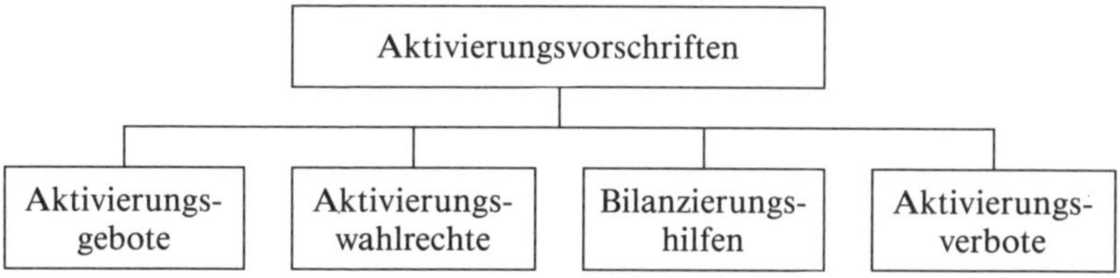

Aktivierungsgebote erzwingen den Ansatz von Positionen unter den Aktiva. Aktivierungspflichtig sind nach § 246 Abs. 1 Vermögensgegenstände und aktive Rechnungsabgrenzungsposten.

Zu den aktivierungspflichtigen Vermögensgegenständen zählen:

- Sachen (körperlich erfaßbar),
- Zahlungsmittel,
- Rechte auf Zahlungen (Bankguthaben, Forderungen etc.),
- Beteiligungsrechte,
- immaterielle Vermögensgegenstände (im Anlagevermögen nur, wenn entgeltlich erworben, § 248 Abs. 2).

Rechnungsabgrenzungsposten sind definiert (§ 250 Abs. 1 Satz 1) als Auszahlungen (für Nutzungsrechte) vor dem Abschlußstichtag, die für eine exakt abgegrenzte Zeit nach dem Bilanzstichtag im voraus geleistet wurden (z. B. vorausgezahlte Versicherungsprämien).

Bei Aktivierungswahlrechten entscheidet der Bilanzierende selbst, ob er eine bestimmte Position unter die Aktiva aufnimmt. Konsequenz einer Aktivierung ist ein erhöhter Vermögens- und damit auch ein höherer Eigenkapital- und Gewinnausweis. In der Bilanzanalyse werden solche Posten deshalb üblicherweise an Eigenkapital und Ergebnis gekürzt. Aktivierungswahlrechte existieren nur im Handelsrecht, steuerlich besteht immer Aktivierungspflicht.

Das Handelsrecht räumt ein Aktivierungswahlrecht für folgende Sachverhalte ein:

- entgeltlich erworbene Geschäfts- oder Firmenwerte (§ 255 Abs. 4 Satz 1),
- Disagio (§ 250 Abs. 3),
- gezahlte Zölle und Verbrauchsteuern auf Vorräte und Umsatzsteuer auf erhaltene Anzahlungen, die als Aufwand berücksichtigt wurde (§ 250 Abs. 1 Satz 2).

Beim entgeltlich erworbenen Geschäfts- und Firmenwert (derivativer goodwill) handelt es sich um die Differenz zwischen dem Kaufpreis für ein Unternehmen und dem Wert des übernommenen Reinvermögens, bewertet zu Zeitwerten. Derartige Zuzahlungen sind üblich, weil im Kaufpreis für das Unternehmen die zukünftigen Ertragsaussichten und nicht der Wert der Substanz abgegolten wird. Die Position Geschäfts- und Firmenwert entsteht jedoch nur beim sog. asset-deal, wenn Vermögen und Schulden des gekauften Unternehmens einzeln übernommen werden. Werden hingegen Beteiligungsrechte erworben, schließt der Wertansatz der Beteiligung auch den Goodwill ein.

Ein Disagio liegt vor, wenn der Rückzahlungsbetrag einer Verbindlichkeit den Auszahlungsbetrag übersteigt. Wirtschaftlich gesehen handelt es sich dabei um eine Zinsvorauszahlung. Durch die Aktivierung und anschließende Abschreibung wird der Zinsaufwand nach der Inanspruchnahme auf die Laufzeit (bzw. Zinsbindungsfrist) verteilt.

Bilanzierungshilfen räumt das Handelsrecht nur den Kapitalgesellschaften ein. Es handelt sich dabei um die Positionen „Ingangsetzungs- und Erweiterungskosten des Geschäftsbetriebs" (§ 269) sowie „Abgrenzungsposten für latente Steuern" (§ 274 Abs. 2). Um zu verhindern, daß die Inanspruchnahme von Bilanzierungshilfen zu einer Erhöhung des Ausschüttungspotentials führt, dürfen in diesen Fällen Gewinne nur insoweit ausgeschüttet werden, als die nach der Gewinnausschüttung verbleibenden, jederzeit auflösbaren Gewinnrücklagen (einschließlich eines Ergebnisvortrags) dem aktivierten Betrag mindestens entsprechen (§§ 269 Satz, 274 Abs. 2 Satz 3). Außerdem sind die aktivierten Ingangsetzungs- oder Erweiterungskosten in den vier auf die Aktivierung folgenden Jahren mit mindestens 25% p.a. abzuschreiben (§ 282). In der Bilanz müssen aktivierte Ingangsetzungs- oder Erweiterungskosten stets gesondert vor dem Anlagevermögen ausgewiesen werden; zusätzlich besteht Erläuterungspflicht im Anhang. Bilanzanalytiker sehen in der Inanspruchnahme dieses Wahlrechts ein Schwächezeichen und kürzen derartige Posten an Ergebnis und Eigenkapital.

Aus Gläubigerschutzgründen verbietet das Handelsrecht die Aktivierung von Gründungs- und Kapitalbeschaffungskosten (§ 248 Abs. 1) und von selbsterstellten immateriellen Vermögensgegenständen des Anlagevermögens (§ 248 Abs. 2). Während es sich bei den Gründungs- und Kapitalbeschaffungskosten eindeutig nicht um Vermögensgegenstände handelt, die auch nicht unter die Bilanzierungshilfe des § 269 fallen, hat das Verbot der Aktivierung originärer immaterieller Anlagewerte andere Gründe. Zu den immateriellen Vermögensgegenständen des Anlagevermögens zählen Patente, Konzessionen, gewerbliche Schutzrechte etc. Immaterielle Vermögensgegenstände sind körperlich nicht erfaßbar und, wenn sie nicht den Markt passiert haben, nur schwer bewertbar. Bei den erworbenen (derivativen) immateriellen Anlagewerten ist der Beweis der Marktfähigkeit dagegen gegeben und das Bewertungsproblem durch den Marktpreis gelöst. Die häufig anzutreffende Einschätzung, daß immaterielle Anlagewerte im Vergleich zu materiellen Vermögensgegenständen generell mit höheren Risiken behaftet seien, erscheint hingegen nicht begründet. Warum soll z. B. ein Patent einem anderen Risiko ausgesetzt sein als die zur Herstellung des patentierten Produkts benötigten (Spezial)-Anlagen? Man darf allerdings nicht übersehen, daß das Verbot der Aktivierung selbsterstellter immaterieller Anlagewerte leicht zu umgehen ist, indem z. B. die Forschung oder Entwicklung ausgegründet wird und die Ergebnisse anschließend gekauft werden.

c) Passivierungsregeln

Nach den allgemeingültigen Vorschriften des HGB (§§ 246 Abs. 1, 247 Abs. 1 und 3, 249, 250) setzen sich die Passiva wie in Abbildung 7 dargestellt zusammen:

Abbildung 7: Zusammensetzung der Passiva

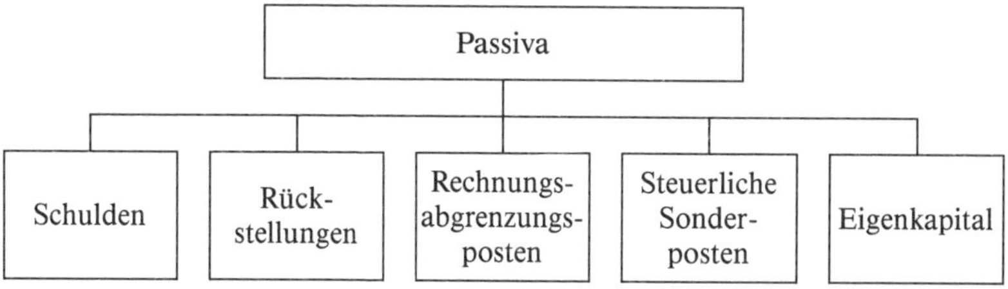

Auch bei den Passivierungsvorschriften ist zwischen Passivierungspflichten und Passivierungswahlrechten zu unterscheiden. Passivierungspflicht besteht für sämtliche Schulden, für die meisten Rückstellungen, die Rechnungsabgrenzungsposten und (als Saldo) für das Eigenkapital. Passivierungswahlrechte existieren bei einigen Rückstellungsarten sowie für die steuerlichen Sonderposten.

Schulden sind Zahlungsverpflichtungen gegenüber Dritten, die nach dem Grunde, der Höhe und dem Fälligkeitstermin feststehen. Der Gläubigerschutz verlangt ihre vollständige Erfassung. Zu den Schulden gehören insbesondere Darlehen, Anleihen, Verbindlichkeiten gegenüber Lieferanten, Dienstleistern oder der öffentlichen Hand, Wechselverbindlichkeiten und erhaltene Anzahlungen.

Bei den Rückstellungen handelt es sich um einen Posten mit sehr heterogenem Inhalt. Das Gesetz regelt im einzelnen die in Abbildung 8 dargestellten Rückstellungsarten.

Materiell haben die Rückstellungen für ungewisse Verbindlichkeiten die größte Bedeutung. Es handelt sich dabei um Schulden, bei denen Ungewißheit besteht im Hinblick auf Entstehungsgrund und/oder Höhe und/oder Fälligkeitstermin. Hierunter fallen z. B. Garantierisiken, Prozeßrisiken, mögliche Schadenersatzleistungen, Steuern u. v. a. m. Aufgrund des (potentiellen) Verbindlichkeitscharakters ist diese Gruppe von Sachverhalten passivierungspflichtig.

Auch die Pensionsverpflichtungen gehören zur Gruppe der ungewissen Verbindlichkeiten. Ihre besondere Regelung basiert auf historischen Fakten. Vor Inkrafttreten des neuen Bilanzrechts im Jahre 1987 bestand für derartige Verpflichtungen ein Passivierungswahlrecht. Für Unternehmen, die aufgrund dieses Wahlrechts in der Vergangenheit keine Pensionsrückstellungen gebildet hatten, hätte es u. U. enorme Härten bedeutet, wenn sie die entsprechenden Beträge hätten nachpassivieren müssen. In einigen Fällen wären dadurch erhebliche Eigenkapitalverluste eingetreten. Der Gesetzgeber hat es deshalb für den Altbestand der Verpflichtungen (Ansprüche, die vor dem 1. 1. 1987 erworben wurden) bei dem Passivierungswahlrecht belassen (Art. 28 Abs. 1 EGHGB). Ansprüche aus Neuzusagen unterliegen aber der Passivierungspflicht. Man muß sich wegen der Bedeutung des Problems allerdings vergegenwärtigen, daß die Masse der Ansprüche noch auf Altzusagen beruht. Für Kapitalgesellschaften schreibt Art. 28 Abs. 2 EGHGB ergänzend vor, daß der Betrag der nicht passivierten

Abbildung 8: Rückstellungsarten

Ungewisse Verbindlichkeiten	Passivierungspflicht (§ 249 Abs. 1 Satz 1)
Pensionen, Anwartschaften und pensionsähnliche Verpflichtungen	Passivierungspflicht (§ 249 Abs. 1 Satz 1) aber Ausnahmeregelung in Art. 28 Abs. 1 EGHGB
Drohende Verluste aus schwebenden Geschäften	Passivierungspflicht (§ 249 Abs. 1 Satz 1)
Unterlassene Instandhaltungsmaßnahmen	
– bei Nachholung innerhalb von 3 Monaten	Passivierungspflicht (§ 249 Abs. 1 Satz 2 Nr. 1)
– bei Nachholung innerhalb von 4–12 Monaten	Passivierungswahlrecht (§ 249 Abs. 1 Satz 3)
Unterlassene Abraumbeseitigung (Nachholung im folgenden Geschäftsjahr)	Passivierungspflicht (§ 249 Abs. 1 Satz 2 Nr. 1)
Gewährleistung ohne rechtliche Verpflichtung (Kulanz)	Passivierungspflicht (§ 249 Abs. 1 Satz 2 Nr. 2)
Bestimmte Aufwendungen i. S. des § 249 Abs. 2	Passivierungswahlrecht
Sonstige Zwecke	Passivierungsverbot (§ 249 Abs. 3)

Pensionsrückstellungen im Anhang angegeben werden muß. Aufgrund ihres Charakters als ungewisse Verbindlichkeiten stellen Pensionsverpflichtungen eindeutig Fremdkapital dar und sind nicht, wie in der Literatur vereinzelt diskutiert, als eigenkapitalähnliche Mittel zu interpretieren. Nicht passivierte Pensionsrückstellungen (Anhangangabe) werden daher bei der Bilanzanalyse der Kreditinstitute i. d. R. am Eigenkapital gekürzt.

Bei den drohenden Verlusten aus schwebenden Geschäften handelt es sich um eine nach den Bewertungsgrundsätzen des Handels- und

Steuerrechts vorgeschriebene Antizipation von Verlusten (vgl. dazu die Ausführungen zum Vorsichtsprinzip). Schwebende Geschäfte liegen vor, wenn ein Vertrag abgeschlossen wurde, der von beiden Seiten noch nicht erfüllt ist. Bei den Verträgen kann es sich um Beschaffungs-, Veräußerungs- oder Dauerschuldverhältnisse (z. B. Mietverträge) handeln. Wird daraus ein Verlust erwartet, z. B. weil bei einem Abnahmevertrag der Marktpreis der Ware unter den vereinbarten Preis gesunken ist, muß der zu erwartende Verlust bereits durch eine entsprechende Rückstellung vorweggenommen werden.

Rückstellungen für unterlassene Instandhaltung (Nachholung innerhalb von 3 Monaten), für Abraumbeseitigung (Nachholung innerhalb von 12 Monaten) und Kulanzleistungen gehören nicht zur Kategorie der ungewissen Verbindlichkeiten, denn es fehlt der Anspruch eines Dritten. Sie stellen wirtschaftliche Lasten dar, die aber vom Steuerrecht als rückstellungsfähig anerkannt wurden. Deshalb führte der Gesetzgeber mit dem HGB von 1985 eine Passivierungspflicht ein.

Eine rein handelsrechtliche Besonderheit stellen die sog. Aufwandsrückstellungen gemäß § 249 Abs. 2 dar. Diese 1985 neu in das HGB aufgenommene Vorschrift ermöglicht es, bestimmte zukünftige Aufwendungen durch Rückstellungsbildung zu antizipieren, wenn diese Aufwendungen dem Geschäftsjahr oder einem früheren Geschäftsjahr zuzuordnen sind. Mögliche Anwendungsfälle sind Kosten künftiger Großreparaturen, Kosten geplanter Generalüberholungen, Kosten für zukünftige technische Inspektionen etc. Im Bilanzrecht sind diese Rückstellungen ein Fremdkörper, denn es fehlt das Merkmal des Drittanspruchs. Aufwandsrückstellungen haben daher eher Eigenkapitalcharakter (Rücklagen). Steuerlich werden sie deshalb auch nicht anerkannt. Im Rahmen einer eigenständigen Handelsbilanzpolitik eignen sie sich jedoch vorzüglich zur Gewinnglättung.

Für weitere Zwecke läßt das HGB keine Rückstellungen zu (§ 249 Abs. 3).

Rechnungsabgrenzungsposten auf der Passivseite (§ 250 Abs. 2) betreffen spiegelbildlich vor dem Bilanzstichtag erhaltene Zahlungen, die Ertrag für eine bestimmte Zeit nach diesem Termin darstellen (z. B. erhaltene Miet(voraus)zahlungen, die z. T. den Zeitraum nach dem Bilanzstichtag betreffen).

Der Sonderposten mit Rücklageanteil ist Auffangkorb für eine Reihe steuerlicher Subventionsmaßnahmen, die über die umgekehrte Maßgeblichkeit auch in der Handelsbilanz ergebniswirksam werden. Nach § 247 Abs. 3 sind steuerlich zulässige unversteuerte Rücklagen als Sonderposten mit Rücklageanteil auszuweisen. Bei den unversteuerten Rücklagen handelt es sich um Gewinne, die aufgrund steuerlicher Spezialvorschriften (z. B. § 6b EStG) vorübergehend nicht der Besteuerung unterliegen. Die Position enthält damit einen Eigen- und einen Fremdkapitalanteil. Kapitalgesellschaften dürfen Sonderposten nur insoweit passivieren, als der Grundsatz der umgekehrten Maßgeblichkeit dies erzwingt (§ 273). Kapitalgesellschaften haben darüber hinaus das Wahlrecht, ausschließlich steuerlich bedingte (Zusatz-)Abschreibungen im Sonderposten mit Rücklageanteil auszuweisen (§ 281 Abs. 1 Satz 1). Alternativ zur direkten Kürzung aller Abschreibungen am Wertansatz der Vermögensgegenstände auf der Aktivseite führt diese Möglichkeit zum offenen Ausweis der stillen Reserven aus steuerlichen Zusatzabschreibungen. Abbildung 9 verdeutlicht die alternativen Ausweismöglichkeiten graphisch.

Abbildung 9: Alternativer Ausweis der steuerlichen Zusatzabschreibungen im Sonderposten mit Rücklageanteil

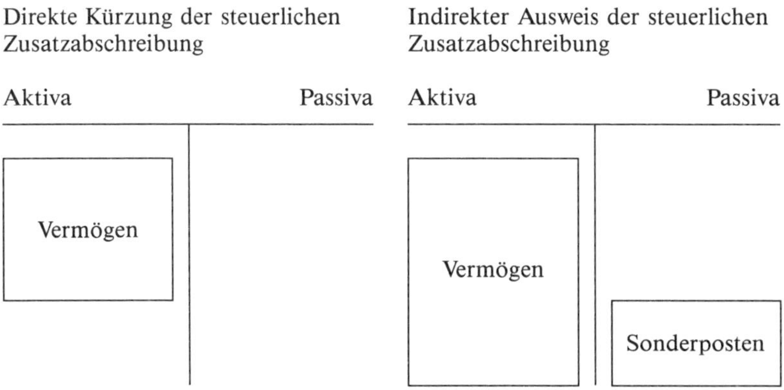

d) Latente Steuern

Die Regeln über die Aktivierung bzw. Passivierung von latenten Steuern gelten nur für Kapitalgesellschaften (§ 274). Die Entstehung von latenten Steuern setzt eine Trennung zwischen Handels- und Steuerbilanz und eine Abweichung der ermittelten Ergebnisse voraus. Diese

Trennung kann bewußt durch bilanzpolitische Maßnahmen herbeigeführt werden, die entweder nur in der Handelsbilanz zulässig sind (z. B. Aktivierung von Bilanzierungshilfen, Verzicht auf Aktivierung eines Geschäftswerts oder Disagios, Ansatz von Aufwandsrückstellungen, Abschreibungen unter den Niederstwert) oder wie die Preissteigerungsrücklage nur in der Steuerbilanz angesetzt werden dürfen (§ 51 Abs. 1 Nr. 2b EStG i. V. m. § 273 Satz 1). Da sich die ertragsabhängigen Steuern aufgrund des Steuerbilanzergebnisses ergeben, kann die Ertragsteuerbelastung eines Geschäftsjahres im Mißverhältnis zum auszuweisenden Handelsbilanzergebnis stehen. In der Regel gleichen sich solche Unterschiede in späteren Perioden wieder aus. Liegt das handelsrechtliche Ergebnis unter dem steuerlichen, würde der Steueraufwand in der handelsrechtlichen GuV-Rechnung zu hoch ausgewiesen; im umgekehrten Fall wäre der Steueraufwand zu niedrig. Die Funktion der latenten Steuern besteht im Prinzip darin, in der Handelsbilanz eine Angleichung des Steueraufwandes an das handelsrechtliche Ergebnis zu bewirken.

Ein Beispiel soll diesen Sachverhalt erläutern. Die Wertansätze in Handels- und Steuerbilanz eines Unternehmens seien mit einer Ausnahme für alle Aktiva und Passiva identisch. Ausnahme ist ein in der Steuerbilanz zu aktivierender Zuschuß zum Bau einer Trafostation in Höhe von TDM 1.000. Dieses immaterielle Wirtschaftsgut (kein Vermögensgegenstand!) muß in der Steuerbilanz aktiviert werden und würde über eine Nutzungsdauer von fünf Jahren linear abgeschrieben. Das handelsrechtliche Ergebnis beträgt über den Abschreibungszeitraum des Zuschusses konstant TDM 5.000. In der Steuerbilanz würde im Jahr 1 ein Ergebnis von TDM 5.800 ausgewiesen, und in den vier Folgejahren würde sich das Steuerbilanzergebnis dann jeweils auf TDM 4.800 belaufen. Bei einem Steuersatz von 50% wäre somit im Jahr 1 ein Betrag von TDM 2.900 an Steuern zu zahlen. Als handelsrechtliches Ergebnis ergäben sich TDM 2.100. Das handelsrechtliche Ergebnis vor Steuern von TDM 5.000 wäre damit anstelle von normalen 50% mit 58% belastet. In den Folgejahren würde sich die Steuerbelastung auf TDM 2.400 stellen, bezogen auf das handelsrechtliche Ergebnis wäre das ein Satz von 48%. Durch Aktivierung des im ersten Jahr über das „Normalmaß“ (50% des handelsrechtlichen Ergebnisses vor Steuern) hinaus gezahlten Betrages von TDM 400 DM als Rechnungsabgrenzungsposten und anschließender Auflösung in den vier Folgejahren kann handelsrechtlich der Ausweis einer gleichmäßigen Steuerbelastung von 50% dargestellt werden. Abbildung 10 faßt das Beispiel nochmals zusammen.

Abbildung 10: Steuerabgrenzung im Fall aktiver latenter Steuern

Jahr	HB-Ergebnis	StB-Ergebnis	JÜ in HB ohne Steuerabgrenzung	Steuerabgrenzung	JÜ in HB nach Steuerabgrenzung
1	5.000	5.800	2.100	+400	2.500
2	5.000	4.800	2.600	−100	2.500
3	5.000	4.800	2.600	−100	2.500
4	5.000	4.800	2.600	−100	2.500
5	5.000	4.800	2.600	−100	2.500

HB = Handelsbilanz, StB = Steuerbilanz, JÜ = Jahresüberschuß

Aktive Steuerlatenzen entstehen tendenziell durch gesetzlich erzwungene (Beispiel) oder freiwillig durchgeführte vorsichtigere Gewinnermittlung. Da konservative Bilanzierung bei den deutschen Aktiengesellschaften (noch) überwiegt, dürfte dies der Regelfall sein. In Fällen, in denen das Handelsbilanzergebnis das Steuerbilanzergebnis übersteigt, ergeben sich passive latente Steuern (Rückstellung). Passive latente Steuern sind i. d. R. ein Indikator für eine offensive Handelsbilanzpolitik, sie können aber auch dann enstehen, wenn bei ansonsten gegebener Identität von Handels- und Steuerbilanz eine Preissteigerungsrücklage gebildet wurde.

Die bilanzielle Behandlung aktiver und passiver Steuerlatenzen ist in § 274 unterschiedlich geregelt. Für aktivische latente Steuern besteht im Einzelabschluß keine Ansatzpflicht, sie dürfen lediglich als Bilanzierungshilfe (Ausschüttungssperre!) aktiviert werden (§ 274 Abs. 2). Diese Regelung ist konsequent, weil dem Abgrenzungsposten für latente Steuern kein Anspruch auf eine Steuerrückerstattung zugrunde liegt. Passivische latente Steuern hingegen sind stets passivierungspflichtig, soweit in Zukunft mit einer Steuerzahlung zu rechnen ist (§ 274 Abs. 1).

Für die Ermittlung der latenten Steuern schreibt das Gesetz eine mehrperiodige Betrachtungsweise für das zu bilanzierende und alle vorangegangenen Geschäftsjahre vor: Ist der dem Geschäftsjahr und früheren Geschäftsjahren zuzurechnende Steueraufwand zu niedrig/hoch, weil der nach den steuerrechtlichen Vorschriften zu versteuernde Gewinn niedriger/höher als das handelsrechtliche Ergebnis ist, und gleicht sich der zu niedrige/hohe Steueraufwand des Geschäftsjahrs und früherer Geschäftsjahre voraussichtlich aus, so ist/darf in Höhe der voraussichtlichen Steuerbelastung/Steuerentlastung nachfolgender Geschäftsjahre eine Rückstellung/ein Abgrenzungsposten zu bilden/gebildet werden (§ 274 Abs. 1 und 2).

Da die Ermittlung latenter Steuern sich auf Unterschiede zwischen Handels- und Steuerbilanz beschränkt, die sich in Folgeperioden ausgleichen, muß zwischen zeitlichen (timing differences) und dauerhaften (permanent differences) Differenzen unterschieden werden. Zu latenten Steuern führen lediglich zeitliche Abweichungen. Permanente Unterschiede zwischen Handels- und Steuerbilanz entstehen dadurch, daß bestimmte Aufwendungen steuerlich nicht als Betriebsausgaben anerkannt werden (Vermögensteuer, 20% der Bewirtungskosten etc.) bzw. Erträge steuerfrei bleiben (bestimmte Auslandserträge und Zinsen, Investitionszulagen). Diese sich nicht ausgleichenden Differenzen zwischen Handels- und Steuerbilanz müssen aus der Ermittlung latenter Steuern ausgeschlossen werden.

Ein zweiter Problemkreis ist die Frage, ob bei der Ermittlung latenter Steuern auf die Einzeldifferenzen abzustellen ist oder ob eine Gesamtbetrachtung – und damit eine Saldierung aktiver und passiver Differenzen – möglich ist. Das Gesetz stellt im Wortlaut eindeutig auf das Ergebnis und damit auf die Gesamtbetrachtung ab. Latente Steuern können damit vereinfacht durch Saldierung ermittelt werden. Dies gilt sowohl bezüglich der Bewertungsdifferenzen eines Geschäftsjahrs als auch geschäftsjahresübergreifend.

Die Berechnung der zeitlichen Differenzen erfolgt als Gesamtbetrachtung nach dem Schema in Abbildung 11.

Abbildung 11: Schema für die Ermittlung zeitlicher Unterschiede bei der Berechnung der latenten Steuern

	Handelsbilanzergebnis vor Steuern
±	permanente Unterschiede
=	bereinigtes Handelsbilanzergebnis
–	Steuerpflichtiges Einkommen
=	Zeitliche Unterschiede

Da das Gesetz eine Mehrjahresbetrachtung fordert, sind die zeitlichen Unterschiede zu kumulieren. Der kumulierte Unterschiedsbetrag ergibt, multipliziert mit dem Steuersatz, den Betrag der Position latente Steuern. Als Steuersatz wird in der Praxis vereinfachend zumeist von einem Satz von 50% ausgegangen.

e) Haftungsverhältnisse

Für alle Kaufleute gilt die Verpflichtung des § 251, Haftungsverhältnisse, die nicht passivierungspflichtig sind (sog. Eventualverpflichtungen) unter der Bilanz („unter dem Strich") auszuweisen, wobei Kapitalgesellschaften diese Angaben alternativ auch im Anhang machen dürfen (§ 268 Abs. 7). Im wesentlichen handelt es sich dabei um Eventualverbindlichkeiten aus der Übertragung und Begebung von Wechseln, Bürgschaften, Gewährleistungsverträgen sowie Haftungsverhältnisse aus der Bestellung von Sicherheiten für fremde Verbindlichkeiten. § 251 stellt klar, daß Haftungsverhältnisse auch dann auszuweisen sind, wenn ihnen gleichwertige Rückgriffsforderungen gegenüberstehen. Während es bei Personenfirmen ausreicht, den Gesamtbetrag der Haftungsverhältnisse anzugeben, müssen Kapitalgesellschaften die in § 251 bezeichneten Eventualverpflichtungen sowie derartige Verpflichtungen gegenüber verbundenen Unternehmen jeweils gesondert nennen (§ 268 Abs. 7).

3. Bewertungsvorschriften

a) Allgemeine Bewertungsgrundsätze

(1) Bedeutung der allgemeinen Bewertungsgrundsätze

Gemäß § 243 Abs. 1 ist der Jahreabschluß nach den Grundsätzen ordnungmäßiger Buchführung aufzustellen. Ein Großteil dieser GoB ist in den detaillierten Vorschriften des 3. Buches des HGB kodifiziert. Da es aber nicht möglich ist, sämtliche in der Praxis auftretenden Bilanzierungsprobleme abschließend zu regeln, sind den Bewertungsvorschriften einige fundamentale Grundprinzipien vorangestellt, die die Basis der bilanziellen Bewertung bilden. Aus der Kenntnis dieser Kerngrundsätze heraus können auch nicht kodifizierte Einzelfragen gesetzeskonform beantwortet werden.

Die grundlegenden Bewertungsprinzipien sind in § 252 geregelt. Abbildung 12 gibt eine Übersicht über die Einzelgrundsätze.

Abbildung 12: Allgemeine Bewertungsgrundsätze des § 252

Grundsatz	**Inhalt**
Bilanzidentität	formelle Bilanzkontinuität
Going-Concern-Prinzip	Bewertung unter Fortführungsaspekten
Einzelbewertung	keine Berücksichtigung von Wertzusammenhängen
Vorsichtsprinzip	vorsichtige Bewertung, Beachtung von Realisations- und Imparitätsprinzip
Abgrenzungsprinzip	periodengerechte Erfolgsermittlung
Stetigkeitsprinzip	materielle Bilanzkontinuität

§ 252 Abs. 2 erlaubt ein Abweichen von diesen Grundsätzen nur in begründeten Ausnahmefällen. An die Begründungen für ein Abweichen von den fundamentalen Bewertungsgrundsätzen sind hohe Anforderungen zu stellen.

(2) Grundsatz der Bilanzidentität

§ 252 Abs. 1 Nr. 1 bestimmt, daß die Wertansätze in der Eröffnungsbilanz des Geschäftsjahres mit denen der Schlußbilanz des vorhergehenden Geschäftsjahres übereinstimmen müssen. Sinn der Regelung ist die Sicherstellung der formellen Bilanzkontinuität.

(3) Going-Concern-Prinzip

Gemäß § 252 Abs. 1 Nr. 2 ist bei der Bewertung von der Fortführung der Unternehmenstätigkeit auszugehen. Dieser Grundsatz wird allgemein als Going-Concern-Prinzip bezeichnet. Er regelt, daß bei der Bewertung der Vermögensgegenstände und Schulden von der Annahme auszugehen ist, daß das Unternehmen über den Abschlußstichtag hinaus fortgeführt wird. Sinn der Vorschrift ist der Ausschluß von Liquidationswerten als Bewertungsmaßstab. Allerdings gilt dieses Prinzip nur so lange, wie der Fortführung des Unternehmens nicht rechtliche oder tatsächliche Gegebenheiten entgegenstehen.

(4) Einzelbewertungsprinzip

§ 252 Abs. 1 Nr. 3 bestimmt, daß Vermögensgegenstände und Schulden einzeln zu bewerten sind. Der Inhalt des Grundsatzes der Einzelbewertung leitet sich aus dem Ziel des Gläubigerschutzes und dem Vermögensbegriff des Handelsrechts ab. Vermögensgegenstände sind durch das Merkmal der Einzelveräußerungsfähigkeit gekennzeichnet. Bei der Bewertung ist es damit nicht zulässig, mehrere Vermögensgegenstände gemeinsam zu bewerten. Abschreibungen dürfen bei einzelnen Vermögensgegenständen nicht deshalb unterlassen werden, weil bei anderen Vermögensgegenständen (bilanziell nicht berücksichtigte) Werterhöhungen eingetreten sind.

Ausnahmen vom Grundsatz der Einzelbewertung sind möglich und z. T. bereits in Einzelvorschriften kodifiziert. Beispiele sind vor allem die Bewertungsvereinfachungsverfahren. Hinzu kommen in der Praxis übliche Ausnahmen aus Vereinfachungsgründen wie Pauschalwertberichtigungen auf Forderungen und pauschale Gängigkeitsabschläge im Vorratsvermögen.

Weiterhin schreibt § 252 Abs. 1 Nr. 3 vor, daß „zum Abschlußstichtag" zu bewerten ist. Grundsätzlich ist damit die Bewertung auf Basis der am Abschlußstichtag und nicht etwa aufgrund der zum Zeitpunkt der Bilanzerstellung vorliegenden Informationen vorzunehmen. Durchbrechungen sind im Gläubigerinteresse (handelsrechtlich) erlaubt, wenn in dem zwischen Bilanzstichtag und Bilanzerstellung liegenden „Werterhellungszeitraum" Wertminderungen auftreten. Dies ergibt sich für das Umlaufvermögen aus § 253 Abs. 3 Satz 3.

(5) Vorsichtsprinzip

Das Vorsichtsprinzip (§ 252 Abs. 1 Nr. 4) leitet sich unmittelbar aus dem Ziel des Gläubigerschutzes ab und bildet die tragende Säule der Bewertung. Mit der Formulierung „es ist vorsichtig zu bewerten" ist allerdings noch nichts über den Grad der Vorsicht gesagt. In der gleichen Vorschrift finden sich jedoch mit dem Realisations- und dem Imparitätsprinzip zwei Untergrundsätze, die das Vorsichtsprinzip stärker konkretisieren.

Nach dem Realisationsprinzip dürfen Gewinne nur berücksichtigt werden, wenn sie am Abschlußstichtag realisiert sind. Als Realisationszeitpunkt gilt der Zeitpunkt, zu dem die Leistung erbracht wurde und der Anspruch auf die Gegenleistung (die Forderung) entsteht.

Problematisch sind in diesem Zusammenhang langfristige Fertigungen, die in einzeln abrechenbare Teilleistungen zerlegbar sein müssen. Eine wichtige Konsequenz des Realisationsprinzips besteht darin, daß es die Wertobergrenze für das Vermögen festlegt: Vermögensgegenstände dürfen maximal mit den historischen Anschaffungs- oder Herstellungskosten angesetzt werden. Der Ansatz von höheren Zeitwerten würde zum Ausweis nicht realisierter Gewinne führen. Derartige noch nicht realisierte Gewinne (Unterschied zwischen Bilanz- und Zeitwert) werden als „stille Reserven“ bezeichnet.

Das Imparitätsprinzip regelt die Verlustberücksichtigung in der Weise, daß im Geschäftsjahr verursachte Verluste bereits antizipiert werden müssen, selbst wenn die tatsächliche Realisierung sich erst in den Folgeperioden ergibt. Im Grundsatz müssen Vermögensgegenstände damit auf den niedrigeren Zeitwert zum Bilanzstichtag abgewertet werden, selbst wenn eine Veräußerung zu diesem niedrigeren Wert noch nicht stattgefunden hat. Diese Verpflichtung zum Ansatz niedrigerer Zeitwerte wird als „Niederstwertprinzip“ bezeichnet. Wie später noch dargelegt wird, existieren auch zum Niederstwertprinzip eine Reihe von Ausnahmen. Ein weiterer Ausfluß des Imparitätsprinzips ist die Verpflichtung des § 249 Abs. 1 Satz 1 zur Bildung von Rückstellungen für drohende Verluste aus schwebenden Geschäften.

(6) Abgrenzungsprinzip

§ 252 Abs. 1 Nr. 5 bestimmt, daß Aufwendungen und Erträge unabhängig davon zu berücksichtigen sind, ob bereits Zahlungen geflossen sind. Dieser Grundsatz macht den Unterschied zwischen einer bilanziellen Erfolgsermittlung und einer Einnahmen-/Ausgabenrechnung (z. B. nach § 4 Abs. 3 EStG) deutlich. Ein Umsatzerlös entsteht mit Rechnungserstellung, d. h. mit der Forderung. Im Gegensatz zur Einnahmen-/Ausgabenrechnung wird nicht der Zahlungseingang abgewartet. Gleiches gilt für Aufwendungen, wenn z. B. Vergütungen für Überstunden im Monat Dezember erst nach dem Bilanzstichtag im Januar ausgezahlt werden.

(7) Stetigkeitsprinzip

Das Stetigkeitsprinzip (§ 252 Abs. 1 Nr. 6) fordert, daß die auf den vorangegangenen Jahresabschluß angewandten Bewertungsmethoden beibehalten werden sollen. Damit werden die Möglichkeiten der Bilanzpolitik deutlich eingeschränkt. Im Grundsatz ist der Wechsel einer einmal gewählten Bewertungsmethode unzulässig. Sinn der Vorschrift ist die Sicherstellung der Vergleichbarkeit von Jahresabschlüssen in der Zeitreihe. Ein einzelner Jahresabschluß ist relativ wenig aussagefähig. Insbesondere für die Analyse der Ertragslage ist eine Mehrjahresbetrachtung erforderlich. Diese Analyse würde erheblich beeinträchtigt, wenn die Unternehmen von Jahresabschluß zu Jahresabschluß die Bewertungsmethoden (willkürlich) ändern könnten. Das Stetigkeitsprinzip muß damit im Zusammenhang mit der Forderung der Generalklausel des § 264 Abs. 2 Satz 1 nach dem den „tatsächlichen Verhältnissen entsprechenden Bild der Vermögens-, Finanz- und Ertragslage" gesehen werden.

Ein Problem ist jedoch, wie streng das Stetigkeitsprinzip zu interpretieren ist. Nach dem Wortlaut des § 252 Abs. 1 Nr. 6 handelt es sich um eine Soll- und keine Mußvorschrift. Soll-Vorschriften sind nach der juristischen Methodenlehre als Quasi-Mußvorschriften zu interpretieren. „Soll" heißt, daß die Regel im Normalfall angewandt werden muß. Lediglich in Ausnahmefällen darf abgewichen werden. Dies besagt auch § 252 Abs. 2, der Abweichungen von allen allgemeinen Bewertungsgrundsätzen, also auch vom Stetigkeitsgebot, nur in begründeten Ausnahmefällen zuläßt.

Es bleibt die Frage, welche Gründe einen Wechsel der Bewertungsmethode rechtfertigen. Zweifellos muß der Grundsatz der Bewertungsstetigkeit durchbrochen werden, wenn andere gesetzliche Vorschriften dies fordern. An erster Stelle ist hier das Imparitätsprinzip zu nennen. Der Grundsatz der Vorsicht dominiert gegenüber dem Stetigkeitsgebot. Darüber hinaus sind Methodenwechsel erforderlich, wenn die Zulässigkeit einer Bewertungsmethode von bestimmten Voraussetzungen abhängig ist und diese sich geändert haben. Gleiches gilt für Rechtsänderungen. Alle übrigen Methodenwechsel unterliegen einer strengen Begründungspflicht und müssen von Kapitalgesellschaften zusätzlich im Anhang erläutert werden (§ 284 Abs. 2 Nr. 3). Aufgrund der Dominanz des Gläubigerschutzes sind Wechsel zu einer vorsichtigeren Bewertungsmethode generell leichter begründbar als der umgekehrte Fall.

b) Einzelvorschriften zur Bewertung

(1) Wertobergrenze für Aktiva: Anschaffungs-/Herstellungskosten

Als Konsequenz des Realisationsprinzips regelt § 253 Abs. 1 Satz 1, daß Vermögensgegenstände höchstens mit den Anschaffungs- oder

Herstellungskosten anzusetzen sind. Das Steuerrecht schließt sich in § 6 Abs. 1 Nr. 1 EStG dieser Regelung an. Detailvorschriften definieren, was unter Anschaffungs- und Herstellungskosten zu verstehen ist.

Der Anschaffungskostenbegriff ist rechtsformunabhängig in § 255 Abs. 1 definiert. Die Anschaffungskosten setzen sich danach wie in Abbildung 13 dargestellt zusammen. Für alle Bestandteile der Anschaffungskosten gilt, daß sie dem Vermögensgegenstand einzeln zurechenbar sein müssen.

Abbildung 13: Anschaffungskostendefinition

	Anschaffungspreis
–	Anschaffungspreisminderungen
+	Anschaffungsnebenkosten
+	nachträgliche Anschaffungskosten
=	Anschaffungskosten

Beschaffungsvorgänge müssen erfolgsneutral erfolgen. Deshalb sind vom Anschaffungspreis die Anschaffungspreisminderungen wie Rabatte, Skonti und Boni abzusetzen.

Der Anschaffungsvorgang erstreckt sich nach dem Gesetzeswortlaut bis zum Zeitpunkt der Betriebsbereitschaft und umfaßt die bis dahin angefallenen Kosten. Aktivierungspflichtig sind deshalb auch die Anschaffungsnebenkosten. Hierzu zählen insbesondere Frachten, Transportversicherungen, Montage- und Fundamentierungskosten, Gebühren (z. B. Notargebühren), Vermittlungskosten und Provisionen, Zölle und Steuern (z. B. Grunderwerbsteuer). Die im Normalfall als Vorsteuer abzugsfähige Umsatzsteuer auf den Kaufpreis gehört nicht zu den Anschaffungskosten. Auch Zinsen für die Finanzierung des Erwerbs dürfen nicht aktiviert werden.

In die Anschaffungskosten sind auch nachträgliche Anschaffungskosten (z. B. nachgeforderte Anliegerbeiträge für ein Grundstück) einzubeziehen. Auch im Rahmen von Um- oder Ausbauten anfallende Kosten gehören in diese Kategorie.

Werden Vermögensgegenstände nicht am Markt beschafft, sondern selbst erstellt (Erzeugnisse, selbsterstellte Anlagen), bilden die angefallenen Herstellungskosten die Obergrenze der Bewertung. Auch der

Begriff der Herstellungskosten ist rechtsformunabhängig geregelt. § 255 Abs. 2 Satz 1 umschreibt Herstellungskosten als „die Aufwendungen, die durch den Verbrauch von Gütern und die Inanspruchnahme von Diensten für die Herstellung eines Vermögensgegenstands, seine Erweiterung oder für eine über seinen ursprünglichen Zustand hinausgehende wesentliche Verbesserung entstehen".

Handels- und Steuerrecht unterscheiden zwischen aktivierungspflichtigen und aktivierungsfähigen Bestandteilen der Herstellungskosten. Der Umfang der aktivierungspflichtigen Herstellungskosten (Wertuntergrenze) ist dabei in HGB und Einkommensteuerrecht unterschiedlich geregelt.

§ 255 Abs. 2 stellt bei der Bestimmung der Wertuntergrenze (aktivierungspflichtige Kostenelemente) auf das Kriterium der Zurechenbarkeit von Kosten ab. Aktivierungspflichtig sind nur die Kosten, die den Vermögensgegenständen als Einzelkosten direkt zugerechnet werden können. Dies ergibt sich im Umkehrschluß aus der Formulierung des § 255 Abs. 2 Satz 3, nach der für angemessene Teile der Material- und Fertigungsgemeinkosten sowie Abschreibungen auf das Anlagevermögen ein Aktivierungswahlrecht besteht. Darüber hinaus dürfen Kosten der allgemeinen Verwaltung, Aufwendungen für soziale Einrichtungen des Betriebs, für freiwillige soziale Leistungen und für betriebliche Altersversorgung in die Herstellungskosten eingerechnet werden (§ 255 Abs. 2 Satz 4). Fremdkapitalzinsen gehören grundsätzlich nicht zu den Herstellungskosten. Sie dürfen ausnahmsweise aktiviert werden, wenn sie zur Finanzierung eines Herstellungsvorgangs dienen und der Umfang sich auf den Herstellungszeitraum begrenzt (§ 255 Abs. 3). Ein generelles Verbot besteht für die Aktivierung von Vertriebskosten (§ 255 Abs. 2 Satz 6). Dies gilt auch für sog. Sondereinzelkosten des Vertriebs.

Im Einkommensteuerrecht (Abschnitt 33 EStR) schließt die Wertuntergrenze auch die Material- und Fertigungsgemeinkosten ein und liegt damit deutlich über dem handelsrechtlichen Mindestwert. Abbildung 14 stellt die handels- und steuerrechtliche Definition der Herstellungskosten einander gegenüber.

Die Wahlrechte bei der Ermittlung der Herstellungskosten eröffnen eine enorme Bandbreite bilanzpolitischer Möglichkeiten. Der Ansatz von Teilkosten (Beschränkung auf die Einzelkosten) findet sich in der Praxis allerdings nur in sehr wenigen Handelsbilanzen. Für die Masse

Abbildung 14: Handels- und steuerrechtliche Definition der Herstellungskosten

Kostenart	**Handelsrecht § 255 Abs. 2 u. 3**	**Steuerrecht Abschnitt 33 EStR**
Materialeinzelkosten	Aktivierungspflicht	Aktivierungspflicht
Fertigungseinzelkosten	Aktivierungspflicht	Aktivierungspflicht
Sondereinzelkosten der Fertigung	Aktivierungspflicht	Aktivierungspflicht
Materialgemeinkosten	Aktivierungswahlrecht	Aktivierungspflicht
Fertigungsgemeinkosten	Aktivierungswahlrecht	Aktivierungspflicht
Abschreibungen auf das Anlagevermögen	Aktivierungswahlrecht	Aktivierungspflicht
Verwaltungskosten	Aktivierungswahlrecht	Aktivierungswahlrecht
bestimmte Sozialkosten	Aktivierungswahlrecht	Aktivierungswahlrecht
Fremdkapitalzinsen	u. U. Aktivierungswahlrecht	u. U. Aktivierungswahlrecht
Vertriebskosten	generelles Verbot	generelles Verbot

der Unternehmen mit Einheitsbilanz ist ohnehin die steuerliche Wertuntergrenze bindend. Die Aktivierung von Verwaltungskosten und Zinsen wird bilanzanalytisch als bedenklich interpretiert. Bei Einbeziehung von Zinsen in die Herstellungskosten besteht außerdem eine besondere Informationspflicht im Anhang (§ 284 Abs. 2 Nr. 5).

Auch bei Herstellungsvorgängen existiert das Problem nachträglich anfallender Kosten. In diesen Fällen geht es um die Abgrenzung zwischen aktivierungspflichtigem Herstellungs- und aufwandswirksamem Erhaltungsaufwand. Handels- und Steuerrecht (§ 255 Abs. 2 Satz 1, Abschnitt 157 EStR) nennen identisch die beiden folgenden Kriterien, die zu nachträglichen Herstellungskosten führen:

- Erweiterung eines vorhandenen Vermögensgegenstands (= Schaffung neuer Substanz),
- wesentliche Verbesserung eines Gegenstands über seinen ursprünglichen Zustand hinaus (= Erhöhung des Nutzungspotentials).

Sind diese Voraussetzungen nicht gegeben, handelt es sich um ergebniswirksamen Reparaturaufwand.

(2) Bewertung des Anlagevermögens

(a) Besonderheiten bei der Ermittlung der Anschaffungs-/ Herstellungskosten

Zum Anlagevermögen gehören nach § 247 Abs. 2 (nur) die Gegenstände, „die bestimmt sind, dauernd dem Geschäftsbetrieb zu dienen". Typischerweise sind dies Immobilien, Maschinen- und Fuhrpark, Betriebs- und Geschäftsausstattung aber auch immaterielle Werte (Patente, Konzessionen etc.) sowie Beteiligungen. Entscheidend für die Zugehörigkeit zum Anlagevermögen ist dabei nicht die Art des Vermögensgegenstands, sondern seine o. g. Zweckbestimmung.

Für die Ermittlung der Anschaffungskosten des Anlagevermögens gelten keine grundsätzlichen Besonderheiten. Zu erwähnen ist lediglich die Methode der Festbewertung (§ 240 Abs. 3), ein Bewertungsvereinfachungsverfahren, das im Sachanlagevermögen angewendet werden darf (auch in der Steuerbilanz). Festwerte dienen der Inventur- und Bewertungsvereinfachung. Für eine bestimmte Sachanlagenposition werden Menge und Preis über mehrere Bilanzstichtage hinweg konstant gehalten. Zugänge werden sofort als Aufwand behandelt. Anwendungsbeispiele sind Werkzeuge, Büromöbel, Hotelgeschirr, Gleisanlagen etc. Für die Anwendung der Festbewertung müssen folgende Voraussetzungen gegeben sein:

- Zugehörigkeit zum Sachanlagevermögen,
- regelmäßiger Ersatz,
- nur geringe Schwankungen des Bestandes im Hinblick auf Größe, Wert und Zusammensetzung,
- Gesamtwert der Position für das Unternehmen von nachrangiger Bedeutung,
- alle drei Jahre ist eine Inventur durchzuführen.

Für Änderungen des Festwertes aufgrund der im 3-Jahresturnus durchzuführenden Inventur gilt steuerrechtlich (Abschn. 31 Abs. 5 EStR) folgende Anpassungsregel:

- Abweichungen nach oben sind nur bei einer mehr als 10%igen Veränderung erforderlich,
- Abweichungen nach unten sind in jedem Fall zu korrigieren.

Die steuerliche Handhabung der Anpassungen wird auch handelsrechtlich für zulässig gehalten.

(b) Abschreibungen

Aufgrund der längerfristigen Zweckbestimmung des Anlagevermögens stellt sich regelmäßig die Frage der Folgebewertung. Hierbei ist zu differenzieren zwischen abnutzbarem und nicht abnutzbarem Anlagevermögen. Nur das abnutzbare Anlagevermögen unterliegt regelmäßigen nutzungsbedingten Wertminderungen, die durch planmäßige Abschreibungen zu berücksichtigen sind. Darüber hinaus können Abschreibungen (auch beim nicht abnutzbaren Anlagevermögen) nur aufgrund des Imparitätsprinzips oder aufgrund steuerlicher oder handelsrechtlicher Sondervorschriften Platz greifen. Abbildung 15 gibt

Abbildung 15: Handels- und steuerrechtliche Abschreibungsvorschriften für das Anlagevermögen

<table>
<tr><th></th><th>abnutzbares Anlagevermögen</th><th>nicht abnutzbares Anlagevermögen</th></tr>
<tr><td rowspan="2">Abschreibungs-pflichten</td><td>planmäßige Abschreibung (§ 253 Abs. 2 Satz 1, § 7 EStG)</td><td></td></tr>
<tr><td colspan="2">außerplanmäßige Abschreibung bei voraussichtlich dauernder Wertminderung (§ 253 Abs. 2 Satz 3, § 6 Abs. 1 Nr. 1 Satz 2 EStG)</td></tr>
<tr><td rowspan="3">Abschreibungs-wahlrechte</td><td colspan="2">außerplanmäßige Abschreibung bei nur vorübergehender Wertminderung (§ 253 Abs. 2 Satz 3, § 6 Abs. 1 Nr. 1 Satz 2 EStG), bei Kapitalgesellschaften beschränkt auf Finanzanlagen (§ 279 Absatz 1 Satz 2)</td></tr>
<tr><td colspan="2">außerplanmäßige Abschreibungen auf den für die steuerliche Anerkennung notwendigen Wert (§§ 254, 279 Abs. 2), z. B. steuerliche Abschreibungen gem. §§ 7a–g EStG</td></tr>
<tr><td colspan="2">Abschreibungen im Rahmen vernünftiger kaufmännischer Beurteilung (nur in der Handelsbilanz von Personenfirmen, § 253 Abs. 4)</td></tr>
</table>

einen Überblick über die Abschreibungsregelungen des Handels- und Steuerrechts. Das Steuerrecht verwendet anstelle des Begriffs „Abschreibung“ den Ausdruck „Absetzung für Abnutzung oder Substanzverringerung“, kurz AfA.

Abschreibungen auf das abnutzbare Anlagevermögen müssen planmäßig erfolgen. Determinanten des Abschreibungsplans sind:

- die Anschaffungs- bzw. Herstellungskosten (Abschreibungsbasis),
- ein eventueller Restwert am Ende der Nutzungsdauer,
- die Nutzungsdauer,
- die Abschreibungsmethode.

Bei der Bestimmung der Nutzungsdauer muß die wirtschaftliche Nutzungsdauer des Vermögensgegenstandes geschätzt werden. Praktische Hilfestellung geben dabei die steuerlichen Abschreibungstabellen mit normierten Nutzungsdauern für typische Gegenstände des abnutzbaren Anlagevermögens. Für bestimmte Positionen existieren gesetzliche Vorschriften über die Nutzungsdauer, so z. B. für den Geschäfts- und Firmenwert (nach § 7 Abs. 1 Satz 3 EStG 15 Jahre, handelsrechtlich differenziert gemäß § 255 Abs. 4 Sätze 2 und 3) und für die Ingangsetzungs- und Erweiterungskosten des Geschäftsbetriebs (gemäß § 282 maximal 4 Folgejahre).

Als Abschreibungsmethoden steht eine Vielzahl von Varianten zur Auswahl (vgl. Abbildung 16).

Abbildung 16: Abschreibungsmethoden

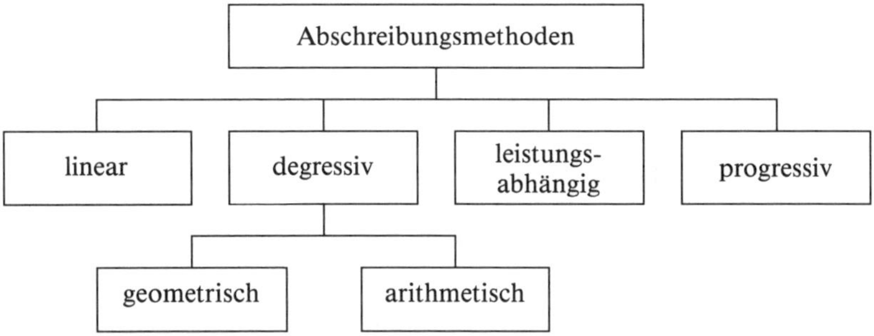

Die lineare Abschreibung verteilt die Anschaffungs- und Herstellungskosten in gleichen Beträgen auf die Jahre der Nutzung. Bei der degressiven Methode handelt es sich um eine Abschreibung mit im Zeitablauf fallenden Jahresbeträgen (vgl. dazu das Zahlenbeispiel in Abbildung 17). Die leistungsabhängige Abschreibung verrechnet die Wertminderungen nach Inanspruchnahme. Bei der progressiven Abschreibung steigen die Beträge im Zeitablauf.

Die Abschreibungsvorschriften des Handels- und Steuerrechts eröffnen erhebliche bilanzpolitische Spielräume. Deshalb ist es wichtig, insbesondere die steuerliche Wirkungsweise dieses Instruments richtig einzuschätzen. Abschreibungen mindern die Steuerbemessungsgrundlage (den zu versteuernden Gewinn). Sie reduzieren damit die Steuerzahlung (nur) in Höhe des Steuersatzes auf den Abschreibungsbetrag. Vorgezogene Abschreibungen (degressive, erhöhte und Sonderabschreibungen) bewirken Gewinnverschiebungen in die Zukunft und damit keine zusätzliche Steuerersparnis, sondern einen befristeten zinslosen Steuerkredit.

Handelsrechtlich besteht freie Wahl der Abschreibungsmethoden im Rahmen der GoB. Grundsätzlich sind damit alle Methoden zulässig, es sei denn, der Abschreibungsverlauf widerspricht offensichtlich dem Nutzungsverlauf (beschränkt die progressive Abschreibung auf seltene Fälle). Aufgrund des Maßgeblichkeitsprinzips (und seiner Umkehrung) orientiert sich die Praxis jedoch üblicherweise an den steuerlichen Regelungen und schöpft die Möglichkeiten zur Steuerverschiebung aus.

Das Steuerrecht kennt grundsätzlich die lineare Abschreibungsmethode (§ 7 Abs. 1 Satz 1 EStG). Nur bei beweglichen Wirtschaftsgütern des Anlagevermögens ist die geometrisch degressive Methode zulässig, die mit einem konstanten Prozentsatz (derzeit maximal 30%) vom (sinkenden) Buchwert ermittelt wird (§ 7 Abs. 2). Für die gleiche Gruppe darf alternativ auch die leistungsabhängige Abschreibung angewendet werden (§ 7 Abs. 1 Satz 4 EStG). Sondervorschriften regeln die Abschreibungen für Gebäude (§ 7 Abs. 4 und 5 EStG). Darüber hinaus existiert eine Reihe von wirtschaftspolitisch bedingten Vorschriften über erhöhte Absetzungen und Sonderabschreibungen (z. B. §§ 7a–g). Für Kapitalgesellschaften bestehen Informationspflichten über die Inanspruchnahme derartiger steuerlich bedingter Zusatzabschreibungen (§ 281). Vereinfachend dürfen geringwertige Wirtschaftsgüter mit Anschaffungskosten von maximal 800 DM im Zugangsjahr voll abgeschrieben werden (§ 6 Abs. 2 EStG).

Wechsel der Abschreibungsmethoden sind steuerlich lediglich von degressiv nach linear möglich, nicht aber umgekehrt (§ 7 Abs. 3 EStG).

In der Praxis wird dieser Methodenwechsel von vornherein eingeplant, da bei der degressiven Abschreibung die Beträge mit fortschreitender Nutzungsdauer immer geringer werden. Er findet zu dem Zeitpunkt statt, in dem die lineare Abschreibung über die Restnutzungsdauer zu höheren Beträgen führt als die Fortsetzung der degressiven Abschreibung. Bei 30%iger Degression ist dies immer 3 Jahre vor Nutzungsende der Fall. Abbildung 17 zeigt mit einem Vergleich der beiden praktisch bedeutsamsten Methoden (linear und geometrisch degressiv), wann der Methodenwechsel sinnvoll erfolgt.

Abbildung 17: Vergleich lineare/geometrisch degressive Abschreibungsmethode (ohne/mit Übergang zur linearen Methode)

Beispiel: Maschine mit Anschaffungskosten von 100.000 DM, Nutzungsdauer 10 Jahre, lineare Abschreibung 10% p. a., degressive Abschreibung 30% vom Buchwert zu Beginn des Geschäftsjahrs (in Spalte Buchwert)

Jahr	linear		degressiv		degressiv	
	Buchwert	Abschreibung	Buchwert	Abschreibung	Buchwert	mit Wechsel Abschreibung
1	100.000	10.000	100.000	30.000	100.000	30.000
2	90.000	10.000	70.000	21.000	70.000	21.000
3	80.000	10.000	49.000	14.700	49.000	14.700
4	70.000	10.000	34.300	10.290	34.300	10.290
5	60.000	10.000	24.010	7.203	24.010	7.203
6	50.000	10.000	16.807	5.042	16.807	5.042
7	40.000	10.000	11.765	3.529	11.765	3.529
8	30.000	10.000	8.235	2.470	8.235	2.745
9	20.000	10.000	5.765	1.730	5.490	2.745
10	10.000	10.000	4.035	1.211	2.745	2.745

Außerplanmäßige Abschreibungen des Anlagevermögens können aufgrund des Imparitätsprinzips erforderlich werden, um außergewöhnliche Wertminderungen zu berücksichtigen. Anlaß dafür können z. B. gesunkene Wiederbeschaffungswerte, unvorhergesehener technischer Fortschritt, schlechte Kapazitätsauslastung oder Katastrophenschäden sein. Im Anlagevermögen besteht nur dann Abschreibungspflicht, wenn die Wertminderung voraussichtlich dauerhaft ist. Bei nur vorübergehender Wertminderung besteht ein Abschreibungswahlrecht (für Kapitalgesellschaften auf Finanzanlagen beschränkt). Man spricht deshalb vom sog. gemilderten Niederstwertprinzip (im Gegensatz zum Umlaufvermögen, wo das strenge Niederstwertprinzip gilt). Das Steuerrecht kennt mit dem Ansatz des niedrigeren „Teilwerts" eine vergleichbare Regelung (§ 6 Abs. 1 Nr. 1 Satz 2 EStG). Der Teilwert orientiert sich an niedrigeren Wiederbeschaffungkosten. Gründe für Teilwertabschreibungen sind nach der BFH-Rechtsprechung z. B. Fehlinvestitionen, nachhaltig gesunkene Rentabilität, gesunkene Marktpreise.

Fallen die Voraussetzungen für eine außerplanmäßige Abschreibung wieder weg, darf sowohl im Handelsrecht (§ 253 Abs. 5) als auch im Steuerrecht der niedrigere Wertansatz beibehalten werden (Beibehaltungswahlrecht). Eine Sonderregelung gilt dabei für Kapitalgesellschaften. § 280 bestimmt, daß diese bei Wegfall der Gründe für eine außerplanmäßige Abschreibung einer Zuschreibungspflicht unterliegen (§ 280 Abs. 1: Wertaufholungsgebot). In diesem Zusammenhang würde jedoch das Maßgeblichkeitsprinzip zu unangenehmen Konsequenzen führen, denn eine Zuschreibung (Erhöhung des Wertansatzes) führt zu einem Ertrag, der i. d. R. auch der Besteuerung unterliegt. Da das Handelsrecht aber steuerneutral sein soll, entbindet § 280 Abs. 2 Kapitalgesellschaften vom Wertaufholungsgebot in den Fällen, in denen die Zuschreibung steuerwirksam werden würde. Faktisch besteht damit ein Zuschreibungswahlrecht. Kommt diese Regelung zum Zuge, muß der Betrag der unterlassenen Zuschreibung im Anhang (§ 280 Abs. 3) angegeben werden.

(3) Bewertung des Umlaufvermögens

(a) Besonderheiten bei der Ermittlung der Anschaffungs-/ Herstellungskosten

Zum Umlaufvermögen gehören als Hauptgruppen: Vorräte, (kurz- und mittelfristige) Forderungen, Wertpapiere und liquide Mittel. Auch das Umlaufvermögen ist grundsätzlich zu Anschaffungs- und Herstellungskosten zu bewerten (Obergrenze), wobei die Herstellungskosten für die Bewertung der unfertigen und fertigen Erzeugnisse herangezogen werden.

Selbstverständlich gilt auch im Umlaufvermögen das Prinzip der Einzelbewertung. Bei der praktischen Durchführung der Vorratsbewertung wäre die strenge Beachtung dieses Grundsatzes sehr aufwendig. Deshalb sind für die Gruppe der Vorräte einige Vereinfachungsverfahren zur Ermittlung der Anschaffungs- bzw. Herstellungskosten zugelassen. Gleichartige Gegenstände des Vorratsvermögens können jeweils zu Gruppen zusammengefaßt und mit dem gewogenen Durchschnittswert bewertet werden (§ 240 Abs. 4, Anwendung vor allem bei Warenbeständen). Ausschließlich Roh-, Hilfs- und Betriebsstoffe dürfen – unter den gleichen Voraussetzungen wie beim Sachanlagevermögen – mit einem Festwert angesetzt werden (§ 240 Abs. 4). Beide Methoden sind auch steuerlich zulässig.

Eine Besonderheit bei der Ermittlung der Anschaffungskosten der Vorräte stellen die sog. Verbrauchsfolgeverfahren dar. Bei gleichartigen Gegenständen des Vorratsvermögens darf, soweit es den GoB entspricht, unterstellt werden, daß die zuerst oder zuletzt angeschafften oder hergestellten Vermögensgegenstände zuerst oder in einer sonstigen bestimmten Folge verbraucht oder veräußert worden sind (§ 256). Als mögliche Verbrauchsfolgefiktionen kommen in Frage:

- Fifo = first in first out
- Lifo = last in first out
- Hifo = highest in first out
- Loifo = lowest in first out

Die vier genannten Methoden unterstellen jeweils eine ganz bestimmte Reihenfolge der Entlagerung. So geht z. B. die Fifo-Methode davon aus, daß die zuerst eingekauften/hergestellten Vorratsgüter auch als erste wieder verbraucht werden. Bei Fifo und Lifo handelt es sich um zeitdeterminierte, bei Hifo und Loifo um preisbestimmte Folgen. Das Gesetz läßt die Verbrauchsfolgeverfahren ausdrücklich als Fiktionen zu. Eine Grenze ist nach den GoB lediglich dann zu sehen, wenn das unterstellte Verfahren in der Realität undenkbar wäre (z. B. die Lifo-Bewertung von verderblichen Vorräten).

Das Beispiel in Abbildung 18 verdeutlicht die Wirkungsweise der vier Methoden im Vergleich zur Bewertung mit gewogenen Durchschnittswerten. Vom Niederstwertprinzip wird dabei zunächst noch abstrahiert.

Bei steigender Preistendenz (im Beispiel mit Ausnahme von Zugang 3 gegeben) führen die Lifo- und die Hifo-Methode im Vergleich zu den übrigen Verfahren zu den niedrigsten Wertansätzen für den Bestand und damit zum höchsten Aufwandsansatz in der GuV-Rechnung. Zugleich ist die Kollisionsgefahr mit dem in jedem Falle zu beachtenden Niederstwertprinzip geringer als bei den übrigen Verfahren. Läge der Marktpreis am Bilanzstichtag im Beispiel bei 12 DM/Stück, müß-

Abbildung 18: Verbrauchsfolgeverfahren

Daten:	Stück	DM/Stück
Anfangsbestand	200	10
Zugang 1	100	15
Zugang 2	200	18
Zugang 3	100	13
Endbestand	250	?
Verbrauch	350	?

Methode	Bestandswert DM	Verbrauch DM
gewogener Durchschnitt	3.500	4.900
Fifo	4.000	4.400
Lifo	2.750	5.650
Hifo	2.650	5.750
Loifo	4.350	4.050

ten sowohl beim Ansatz gewogener Durchschnittswerte als auch bei Fifo- und Loifo-Methode die Bestände auf DM 3.000 abgewertet werden, der Aufwand würde DM 5.400 betragen.

Handelsrechtlich gelten alle Verbrauchsfolgefiktionen mit Ausnahme von Loifo als anwendbar, steuerrechtlich ist einzig die Lifo-Methode zugelassen (§ 6 Abs. 1 Nr. 2a EStG). Bei inflationären Tendenzen ist die Lifo-Methode äußerst interessant, denn sie führt zu vergleichsweise niedrigen Vorratswerten und reduziert damit auch den zu versteuernden Gewinn (Steuerverlagerungseffekt).

Führt die Anwendung der Gruppenbewertung oder eines Verbrauchsfolgeverfahrens zur Legung erheblicher stiller Reserven, so sind die Unterschiedsbeträge zwischen Buchwert und höherem Börsen- oder Marktpreis von Kapitalgesellschaften im Anhang anzugeben (§ 284 Abs. 2 Nr. 4).

Für Waren läßt die BFH-Rechtsprechung darüber hinaus die nicht kodifizierte retrograde Wertermittlung als Bewertungserleichterung zu. Da es bei Waren u. U. schwierig ist, die Anschaffungskosten zu ermitteln, dürfen diese durch Absetzung des üblichen Bruttogewinnaufschlags vom Verkaufspreis errechnet werden.

(b) Ansatz niedrigerer Werte

Im gesamten Umlaufvermögen gilt handels- und steuerrechtlich das strenge Niederstwertprinzip, d.h. auch bei nur vorübergehender Wertminderung müssen Abschreibungen auf die Vermögensgegenstände zwingend vorgenommen werden (§ 253 Abs. 3 Satz 1). Dabei gilt das Stichtagsprinzip. Wertminderungen, die erst nach dem Stichtag eintreten (z.B. bis zum Zeitpunkt der Bilanzerstellung), sind nicht zu antizipieren. Der nach dem Niederstwertprinzip anzusetzende niedrigere Wert ermittelt sich nach dem Gesetz als

- Wert, der sich aus dem niedrigeren Börsen- bzw. Marktpreis am Stichtag ergibt (§ 253 Abs. 3 Satz 1) oder, wenn ein solcher nicht feststellbar ist, als
- niedrigerer beizulegender Stichtagswert (§ 253 Abs. 3 Satz 2).

Börsen- oder Marktpreise lassen sich i.d.R. unproblematisch bestimmen, außerdem fallen hier die Preise von Absatz- und Beschaffungsmarkt – abgesehen von Spesen – nicht auseinander. Bei der Ermittlung des beizulegenden Stichtagswerts stellt sich für Vorräte die Frage, ob dabei vom Beschaffungs- oder vom Absatzmarkt auszugehen ist. In der Literatur wird dabei überwiegend folgende Lösung vertreten:

- beschaffungsmarktorientierte Bewertung für Roh-, Hilfs- und Betriebsstoffe sowie für fremdbeziehbare Erzeugnisse,
- absatzmarktorientierte Bewertung für unfertige und fertige Erzeugnisse und Überbestände an Roh-, Hilfs- und Betriebsstoffen,
- beschaffungs- und absatzmarktorientierte Bewertung (doppeltes Minimum) für Waren und Überbestände an Erzeugnissen.

Der Grundsatz des Gläubigerschutzes spricht prinzipiell für eine Orientierung am Absatzmarkt (Einzelveräußerungspreis). Übersteigen bei Erzeugnissen die Herstellungskosten den voraussichtlichen Veräußerungserlös, so ist der niedrigere Stichtagswert durch retrograde Wertermittlung festzustellen. Vom zu erwartenden Netto-Veräußerungserlös sind die noch zu erwartenden Aufwendungen bis zur Fertigstellung abzusetzen.

Für Forderungen besagt das Niederstwertprinzip, daß zu erwartende Forderungsverluste, die am Stichtag bereits begründet waren, durch (Einzel-)Wertberichtigungen berücksichtigt werden müssen. Für das allgemeine Kreditrisiko ist es zulässig, auf Basis von Erfahrungswerten eine Pauschalwertberichtigung zu bilden. Diese Pauschalwertberichtigung dürfen Kapitalgesellschaften nicht als Korrekturposten auf der Passivseite der Bilanz ausweisen, sondern es ist eine direkte Absetzung von der Position Forderungen vorzunehmen. Weitere Abwertungsgründe bei Forderungen sind Unverzinslichkeit oder Niedrigverzinslichkeit (Ausnahme bei kurzer Restlaufzeit) und Kursverluste bei Fremdwährungsforderungen, wenn der Kurs der Fremdwährung am Bilanzstichtag unter dem Kurs zum Transaktionszeitpunkt liegt.

Nur in der Handelsbilanz ist es darüber hinaus möglich, die stichtagsbezogenen Niederstwertansätze noch zu unterschreiten, um Wertminderungen der nächsten Zukunft zu antizipieren (§ 253 Abs. 3 Satz 3). Während die zwangsweisen Niederstwertabschreibungen auf Wertminderungen basieren, die zum Stichtag bereits eingetreten (aber noch nicht realisiert) sind, beziehen sich die Wahlrechtsabschreibungen gemäß § 253 Abs. 3 Satz 3 auf darüber hinausgehende erwartete Wertminderungen. Kapitalgesellschaften müssen Abschreibungen unter den Niederstwert entweder in der GuV-Rechnung gesondert ausweisen oder im Anhang angeben (§ 277 Abs. 3 Satz 1).

Für Kapitalgesellschaften gilt beim Wegfall der Gründe für eine (außerplanmäßige) Abschreibung im Umlaufvermögen die gleiche Regelung wie im Anlagevermögen. Prinzipiell besteht nach § 280 Abs. 1 Zuschreibungspflicht. Da jedoch das Steuerrecht die Beibehaltung des niedrigeren Wertansatzes gestattet, bewirkt die Regelung des § 280 Abs. 2 faktisch ein Aufwertungswahlrecht.

(4) Bewertung der Passiva

Zur Bewertung der Passiva enthält das HGB nur wenige Grundregeln (§ 253 Abs. 1 Satz 2). Danach sind anzusetzen:

- Verbindlichkeiten mit ihrem Rückzahlungsbetrag,
- Rentenverpflichtungen ohne Gegenleistung zum Barwert,
- Rückstellungen in Höhe des nach vernünftiger kaufmännischer Beurteilung notwendigen Betrags.

Für Kapitalgesellschaften regelt § 283 darüber hinaus, daß das gezeichnete Kapital (Stamm- bzw. Grundkapital) mit dem Nennbetrag anzusetzen ist.

Die Bewertung von Verbindlichkeiten mit dem Erfüllungsbetrag ist i. d. R. unproblematisch. Bei in Geld zu leistenden Verpflichtungen ist dies der Nennbetrag, bei Sach- oder Dienstleistungsverbindlichkeiten entspricht der Wert dem Betrag der zur Begleichung der Schuld zu erbringenden Aufwendungen. Liegt bei Darlehensverbindlichkeiten der Rückzahlungs- über dem Ausgabebetrag, ist selbstverständlich der höhere Rückzahlungsbetrag zu passivieren (Differenz: Disagio). Bei Fremdwährungsverbindlichkeiten gilt nach dem Imparitätsprinzip, daß zu erwartende Kursverluste (Briefkurs der Fremdwährung am Bilanzstichtag liegt über dem Briefkurs zum Zeitpunkt der Entstehung der Verbindlichkeit) antizipiert werden müssen. Nicht realisierte Währungsgewinne dürfen hingegen nach dem Realisationsprinzip noch nicht ausgewiesen werden.

Bei Rentenverpflichtungen ist der Barwert nach finanzmathematischen Grundsätzen zu ermitteln. Hinsichtlich des zugrundezulegenden Zinssatzes wird die Untergrenze bei 3%, die Obergrenze beim Zinssatz für langfristige Kapitalanlagen gesehen.

Rückstellungen sind nach vernünftiger kaufmännischer Beurteilung zu bewerten, d.h. zu schätzen. Bei der Schätzung sind die fundamentalen Grundsätze der Vorsicht und das Imparitätsprinzip zu beachten. Der Schätzrahmen bei den Rückstellungen schließt notwendig eine bilanzpolitische Bandbreite ein, wobei die Möglichkeit zu vorsichtigen Ansätzen in der Handelsbilanz größer als in der Steuerbilanz ist. Dies gilt insbesondere für die versicherungsmathematische Bewertung der Pensionsrückstellungen, für die das Steuerrecht in § 6a EStG das Teilwertverfahren und einen Rechnungszinsfuß von 6% normiert. Handelsrechtlich ist sowohl ein anderes Bewertungsverfahren als auch ein niedrigerer Zinssatz (Untergrenze 3%) möglich. Ein höherer Zinssatz als 6% kollidiert mit dem Prinzip der umgekehrten Maßgeblichkeit und verbietet sich wohl auch aufgrund des allgemeinen Vorsichtsprinzips.

Die Bewertung des gezeichneten Kapitals zum Nennbetrag (§ 283) gilt auch für den Fall, daß das Kapital noch nicht vollständig eingezahlt ist. In diesem Fall stehen der Kapitalgesellschaft eine aktivische (§ 272 Abs. 1 Satz 2) und eine passivische (§ 272 Abs. 1 Satz 3) Ausweisalternative zur Auswahl. Das Beispiel in Abbildung 19 verdeutlicht beide Darstellungsformen.

Abbildung 19: Ausweis des nicht vollständig eingezahlten gezeichneten Kapitals

Beispiel: – gezeichnetes Kapital 3.000.000 DM
– bereits eingezahlt 1.500.000 DM
– am Stichtag eingefordert 1.000.000 DM

Aktivischer Ausweis gemäß § 272 Abs. 1 Satz 2:

Aktiva		Passiva	
Ausstehende Einlagen – davon eingefordert DM 1.000.000	1.500.000	gezeichnetes Kapital	3.000.000

Passivischer Ausweis gemäß § 272 Abs. 1 Satz 3:

Aktiva		Passiva	
Umlaufvermögen Forderungen u. sonst. Vermögensgegenstände Eingeforderte, noch nicht eingezahlte Einlagen	1.000.000	gezeichnetes Kapital – nicht eingeforderte Einlagen eingefordertes Kapital	3.000.000 500.000 2.500.000

4. Gliederungsvorschriften

a) Überblick

Der Gesetzgeber hat darauf verzichtet, Einzelkaufleuten und Personengesellschaften die Gliederung des Jahresabschlusses vorzuschreiben. § 247 Abs. 1 verlangt lediglich, daß in der Bilanz das Anlage- und das Umlaufvermögen, das Eigenkapital, die Schulden sowie die Rechnungsabgrenzungsposten gesondert auszuweisen und „hinreichend aufzugliedern" sind. Für die GuV-Rechnung fordert § 242 Abs. 2 eine „Gegenüberstellung der Aufwendungen und Erträge des Geschäftsjahrs."

Detaillierte Formvorschriften über die Gliederung von Bilanz und Gewinn- und Verlustrechnung finden sich erst im für die Kapitalgesellschaften geltenden 2. Abschnitt des 3. Buches des HGB in den §§ 265 (allgemeine Gliederungsgrundsätze), 266–274 (Bilanzgliederung) und 275–278 (Gliederung der GuV-Rechnung). Dabei wird innerhalb der Gliederungsvorschriften eine Pflichtendifferenzierung nach der Größe der Kapitalgesellschaft vorgenommen. Die vollständigen Grundgliederungsschemata gelten lediglich für das Großformat. Für das Kleinformat – hierunter fallen ca. 90% der Gesellschaften mbH – läßt das Gesetz bereits auf der Ebene der Erstellung, d. h. im Innenverhältnis, drastische Verkürzungen bei der Bilanzgliederung zu. Die Gewinn- und Verlustrechnung darf im Klein- und Mittelformat ohne Umsatzangabe erstellt werden, sie beginnt dann mit dem Rohergebnis. Durch weitere Veröffentlichungserleichterungen für das Klein- und Mittelformat ist der Bilanzanalytiker mit sehr unterschiedlichen Informationsgehalten der Jahresabschlüsse konfrontiert.

Von wesentlicher Bedeutung ist auch das Wechselspiel zwischen Bilanz, Gewinn- und Verlustrechnung und Anhang. Zahlreiche Vorschriften überlassen es dem Bilanzierenden, ob er eine bestimmte Information in Bilanz oder GuV-Rechnung aufnimmt oder ob er sie in den Anhang integriert (vgl. dazu „Checkliste Anhang“). Diese Vielzahl von unterschiedlich ausgeübten Wahlrechten erschwert die Lesbarkeit des Jahresabschlusses zusätzlich.

Die bei Verabschiedung des neuen Bilanzrechts geäußerte Erwartung, daß auch die Personenfirmen sich an den Gliederungsvorschriften der Kapitalgesellschaften orientieren, hat sich nur zum Teil erfüllt.

b) Allgemeine Gliederungsgrundsätze

Nach § 265 gelten folgende fundamentale Grundsätze für die Gliederung von Bilanz und Gewinn- und Verlustrechnung:

– Die Form der Darstellung, insbesondere die Gliederung aufeinanderfolgender Bilanzen und Gewinn- und Verlustrechnungen (und Anhänge), ist beizubehalten (Grundsatz der Gliederungsstetigkeit). Wenn in Ausnahmefällen wegen besonderer Umstände Abweichungen erforderlich sind, muß im Anhang eine entsprechende Angabe und Begründung erfolgen (§ 265 Abs. 1).

– Zu den Posten der Bilanz und der GuV-Rechnung sind die entsprechenden Vorjahresbeträge anzugeben (§ 265 Abs. 2).

– Fallen Vermögensgegenstände oder Schulden unter mehrere Bilanzpositionen, so sind in der Bilanz oder im Anhang entsprechende Mitzugehörigkeitsvermerke anzubringen. Dies jedoch nur insoweit, als es zur Aufstellung eines klaren und übersichtlichen Jahresabschlusses erforderlich ist (§ 265 Abs. 3).

– Existieren mehrere Geschäftszweige mit spezifischen Gliederungsvorschriften (so z. B. für Kreditinstitute und Versicherungen), muß der Jahresabschluß nach der für einen (i. d. R. den bedeutendsten) Geschäftszweig vorgeschriebenen Gliederung aufgestellt und nach den für die anderen Geschäftszweige geltenden Schemata ergänzt werden. Die Ergänzung ist im Anhang zu nennen und zu begründen (§ 265 Abs. 4).

– Weitere Untergliederungen und neue Positionen sind im Rahmen der Klarheit und Übersichtlichkeit zulässig (§ 265 Abs. 5). Gleiches gilt für die Gliederung und Bezeichnung der mit arabischen Ziffern versehenen Bilanz- und GuV-Positionen (§ 265 Abs. 6).

– Zusammenfassungen der in den gesetzlichen Gliederungsschemata mit arabischen Ziffern versehenen Bilanz- und GuV-Positionen sind ausschließlich dann erlaubt, wenn die Posten nur unerhebliche Beträge beinhalten oder wenn dadurch die Klarheit der Darstellung vergrößert wird. In diesen Fällen müssen die zusammengefaßten Posten jedoch im Anhang gesondert ausgewiesen werden (§ 265 Abs. 7). Diese Ausnahmevorschrift wurde von den meisten großen Kapitalgesellschaften zur Regel umfunktioniert (ca. 90%). Bilanz und Gewinn- und Verlustrechnung enthalten nur Hauptpositionen, die Aufgliederungen erfolgen erst im Anhang. Diese Technik erschwert nicht unwesentlich die Datenerfassung für die maschinelle Analyse von Jahresabschlüssen. Um die Auswertung der Jahresabschlüsse nicht zu einem Suchspiel werden zu lassen, geben immerhin etwa zwei Drittel der Großunternehmen (freiwillig) Orientierungshilfen durch numerierte Verweise in Bilanz und GuV-Rechnung auf korrespondierende Anhangerläuterungen.

– Leerposten brauchen nicht aufgeführt zu werden, es sei denn, daß im Vorjahr eine entsprechende Position ausgewiesen wurde (§ 265 Abs. 8).

c) Bilanzgliederung

(1) Gliederungssystematik

Der Grundaufbau der Bilanzgliederung (vgl. dazu Abbildung 20) ist an Liquiditätsgesichtspunkten bzw. Fristenstrukturen orientiert. Auf der Aktivseite finden sich die beiden Hauptgruppen Anlage- und Umlaufvermögen. Die Zuordnung von Vermögensgegenständen zu einer dieser Kategorien hängt von ihrer generellen Zweckbestimmung ab. Zum Anlagevermögen gehören nur die Gegenstände, „die bestimmt sind, dauernd dem Geschäftsbetrieb zu dienen“ (§ 247 Abs. 2). Damit wird die Aktivseite mit Positionen eröffnet, die lange Zeit benötigen, bis sie sich im Betriebsprozeß in liquide Mittel umgewandelt haben. Beim Umlaufvermögen dagegen laufen diese Transformationsprozesse in kürzeren Intervallen ab. Die Gruppengliederung des Umlaufvermögens folgt dem Prozeß der Geldwerdung in der Reihenfolge: Vorräte, Forderungen, liquide Mittel. Die Passivseite wird mit dem Eigenkapital eröffnet, das dem Unternehmen prinzipiell langfristig zur Verfügung steht. Im Anschluß daran folgen die Verbindlichkeiten, zu denen in Bilanz und/oder Anhang Angaben über die Restlaufzeiten gemacht werden müssen.

Ein weiteres Gliederungsprinzip ist die Hervorhebung von Problempositionen. Dies gilt insbesondere für die Positionen „Ausstehende Einlagen“, „Aufwendungen für die Ingangsetzung oder Erweiterung des Geschäftsbetriebs“, die noch vor dem Anlagevermögen gesondert auszuweisen sind, sowie die immateriellen Vermögensgegenstände, die den Sachanlagen vorangestellt werden. Generell gesondert müssen auch die aktivisch bzw. passivisch abgegrenzten latenten Steuern ausgewiesen bzw. im Anhang angegeben werden (§ 274 Abs. 1 u. 2).

Große Bedeutung wird auch dem Ausweis von Positionen beigemessen, die aus Unternehmensverbindungen (Beteiligungsverhältnissen i. w. S.) resultieren. Typisches Merkmal von Unternehmensverbindungen ist der wechselseitige Einfluß auf die Vermögens-, Finanz- und Ertragslage der beteiligten Partner. Wirtschaftliche Probleme der Muttergesellschaft ziehen oftmals auch die Töchter in Mitleidenschaft, und Krisen bei einer Tochtergesellschaft nötigen i. d. R. die Obergesellschaft zu Stützungsmaßnahmen. Um diese Gefährdungspotentiale deutlich hervortreten zu lassen, verlangt das Gesetz eine besondere Transparenz der Unternehmensverbindungen, abgestuft nach der Intensität der Beteiligung. Es ist zu unterscheiden zwischen Anteilen an zum gleichen Konzern gehörenden Unternehmen („Anteile an verbundenen Unternehmen“) und übrigen Beteiligungen. Auch bei den Ausleihungen, Forderungen und Verbindlichkeiten ist ein gesonderter Ausweis der Posten vorgeschrieben, die verbundene Unternehmen bzw. Beteiligungen betreffen.

Die Gliederung des Eigenkapitals orientiert sich am Kriterium der Mittelherkunft. Das gezeichnete Kapital entspricht dem Grund- bzw. Stammkapital und wird von den Eigentümern aufgebracht. Bei den Rücklagen unterscheidet das Gesetz zwischen „Kapitalrücklagen“, die aus Aufgeldern bzw. Zuzahlungen der Gesellschafter resultieren, und Gewinnrücklagen, die aus thesaurierten Gewinnen gebildet werden. Innerhalb der Gewinnrücklagen wird hinsichtlich der Verwendbarkeit differenziert in gesetzliche Rücklage, Rücklage für eigene Anteile, satzungsmäßige und andere Rücklagen.

(2) Grundschema der Bilanzgliederung

Bei der Bilanzerstellung ist das Grundschema der Bilanzgliederung (§ 266 Abs. 2 und 3) für mittlere und große Kapitalgesellschaften verbindlich. Veröffentlichen müssen nach diesem Schema lediglich die großen Kapitalgesellschaften. Für die kleinformatigen Kapitalgesellschaften bestehen bereits im Rahmen der Bilanzerstellung drastische Möglichkeiten zur Reduzierung der Bilanzposten, das Mittelformat kann bei der Veröffentlichung eine Reihe von Erleichterungen in Anspruch nehmen.

Die Bilanzgliederung des § 266 ist noch nicht vollständig, zahlreiche Einzelvorschriften verlangen zusätzliche Angaben. Wie bereits erwähnt, besteht zudem die Möglichkeit, einige Posten entweder separat in der Bilanz auszuweisen oder im Anhang anzugeben. Die Ziele Klarheit und Übersichtlichkeit sprechen allerdings dafür, die Bilanz nicht zu überfrachten und Ausweiswahlrechte grundsätzlich zugunsten der Anhanginformation auszuüben. Dementsprechend umfaßt das von uns in Abbildung 20 zusammengestellte Grundgliederungsschema nur die Positionen, für die das Gesetz den Pflichtausweis in der Bilanz vorsieht. Zu den Forderungen und Verbindlichkeiten ist anzumerken, daß sich auch die Praxis herausgebildet hat, die Restlaufzeitenvermerke entgegen dem Gesetzeswortlaut in den Anhang zu verweisen.

Bei der Gliederung der Position „Eigenkapital“ ist zu berücksichtigen, daß die Bilanz sowohl vor Gewinnverwendung als auch unter Berücksichtigung der vollständigen oder teilweisen Gewinnverwendung aufgestellt werden darf (§ 268 Abs. 1). Die Handhabung hängt von Rechtsform und Satzung bzw. Gesellschaftsvertrag ab. Das Grundschema der Bilanzgliederung in Abbildung 20 stellt auf den Zustand vor Gewinnverwendung ab. Das Jahresergebnis entspricht dem in der Gewinn- und Verlustrechnung ausgewiesenen Jahresüberschuß (bzw.

Abbildung 20: Grundschema der Bilanzgliederung

Aktivseite

A. Ausstehende Einlagen
- davon eingefordert:

B. Aufwendungen für die Ingangsetzung und Erweiterung des Geschäftsbetriebs

C. Anlagevermögen
- I. Immaterielle Vermögensgegenstände
  1. Konzessionen, gewerbliche Schutzrechte und ähnliche Rechte und Werte sowie Lizenzen an solchen Rechten und Werten
  2. Geschäfts- oder Firmenwert
  3. geleistete Anzahlungen
- II. Sachanlagen
  1. Grundstücke, grundstücksgleiche Rechte und Bauten einschließlich der Bauten auf fremden Grundstücken
  2. technische Anlagen und Maschinen
  3. andere Anlagen, Betriebs- und Geschäftsausstattung
  4. geleistete Anzahlungen und Anlagen im Bau
- III. Finanzanlagen
  1. Anteile an verbundenen Unternehmen
  2. Ausleihungen an verbundene Unternehmen
  3. Beteiligungen
  4. Ausleihungen an Unternehmen, mit denen ein Beteiligungsverhältnis besteht
  5. Wertpapiere des Anlagevermögens
  6. sonstige Ausleihungen

D. Umlaufvermögen
- I. Vorräte
  1. Roh-, Hilfs- und Betriebsstoffe
  2. unfertige Erzeugnisse, unfertige Leistungen
  3. fertige Erzeugnisse und Waren
  4. geleistete Anzahlungen
- II. Forderungen und sonstige Vermögensgegenstände
  1. Forderungen aus Lieferungen und Leistungen
     - davon Restlaufzeit mehr als 1 Jahr:
  2. Forderungen gegen verbundene Unternehmen
     - davon Restlaufzeit mehr als 1 Jahr:
  3. Forderungen gegen Unternehmen, mit denen ein Beteiligungsverhältnis besteht
     - davon Restlaufzeit mehr als 1 Jahr:
  4. sonstige Vermögensgegenstände
     - davon Restlaufzeit mehr als 1 Jahr:
- III. Wertpapiere
  1. Anteile an verbundenen Unternehmen
  2. eigene Anteile
  3. sonstige Wertpapiere
- IV. Schecks, Kassenbestand, Bundesbank- und Postgiroguthaben, Guthaben bei Kreditinstituten

E. Rechnungsabgrenzungsposten
- I. Abgrenzungsposten für latente Steuern
- II. Sonstige Rechnungsabgrenzungsposten

Passivseite

A. Eigenkapital
- I. Gezeichnetes Kapital
- II. Kapitalrücklage
- III. Gewinnrücklagen
  1. gesetzliche Rücklage
  2. Rücklage für eigene Anteile
  3. satzungsmäßige Rücklagen
  4. andere Gewinnrücklagen
- IV. Gewinnvortrag/Verlustvortrag
- V. Jahresüberschuß/Jahresfehlbetrag

B. Sonderposten mit Rücklageanteil

C. Rückstellungen
1. Rückstellungen für Pensionen und ähnliche Verpflichtungen
2. Steuerrückstellungen
3. sonstige Rückstellungen

D. Verbindlichkeiten
1. Anleihen
   - davon konvertibel:
   - davon Restlaufzeit bis zu 1 Jahr:
2. Verbindlichkeiten gegenüber Kreditinstituten
   - davon Restlaufzeit bis zu 1 Jahr:
3. erhaltene Anzahlungen auf Bestellungen
   - davon Restlaufzeit bis zu 1 Jahr:
4. Verbindlichkeiten aus Lieferungen und Leistungen
   - davon Restlaufzeit bis zu 1 Jahr:
5. Verbindlichkeiten aus der Annahme gezogener Wechsel und der Ausstellung eigener Wechsel
   - davon Restlaufzeit bis zu 1 Jahr:
6. Verbindlichkeiten gegenüber verbundenen Unternehmen
   - davon Restlaufzeit bis zu 1 Jahr:
7. Verbindlichkeiten gegenüber Unternehmen, mit denen ein Beteiligungsverhältnis besteht
   - davon Restlaufzeit bis zu 1 Jahr:
8. sonstige Verbindlichkeiten
   - davon aus Steuern:
   - davon im Rahmen der sozialen Sicherheit:
   - davon Restlaufzeit bis zu 1 Jahr:

E. Rechnungsabgrenzungsposten

Dieses Gliederungsschema entspricht § 266 Abs. 2 und 3 mit Erweiterungen, die das Gesetz an anderer Stelle verlangt.

Für das nicht eingezahlte Kapital wurde die aktivische Ausweisform (§ 272 Abs. 1 Satz 2) gewählt.

Ausweiswahlrechte Bilanz/Anhang wurden nicht berücksichtigt (vgl. dazu S. 79–89).

Abbildung 21: Kleinformatige Bilanz

Aktiva	**Passiva**
A. Ausstehende Einlagen – davon eingefordert: **B. Aufwendungen für die Ingangsetzung und Erweiterung des Geschäftsbetriebs** **C. Anlagevermögen** I. Immaterielle Vermögensgegenstände II. Sachanlagen III. Finanzanlagen **D. Umlaufvermögen** I. Vorräte II. Forderungen und sonstige Vermögensgegenstände – davon Restlaufzeit mehr als 1 Jahr: III. Wertpapiere IV. Schecks, Kassenbestand, Bundesbank- und Postgiroguthaben, Guthaben bei Kreditinstituten **E. Rechnungsabgrenzungsposten** I. Abgrenzungsposten für latente Steuern II. Sonstige Rechnungsabgrenzungsposten	**A. Eigenkapital** I. Gezeichnetes Kapital II. Kapitalrücklage III. Gewinnrücklagen IV. Gewinnvortrag/Verlustvortrag V. Jahresüberschuß/Jahresfehlbetrag **B. Sonderposten mit Rücklageanteil** **C. Rückstellungen** **D. Verbindlichkeiten** – davon Restlaufzeit bis zu einem Jahr: **E. Rechnungsabgrenzungsposten**

mit negativem Vorzeichen dem Jahresfehlbetrag), hinzu kommt ein eventueller Ergebnisvortrag aus der Vorperiode (Gewinn-/Verlustvortrag).

Bei teilweiser Gewinnverwendung (typisch für Aktiengesellschaften) tritt an die Stelle der Posten Ergebnisvortrag (A. IV.) und Jahresergebnis (A. V.) die Position „Bilanzgewinn“ bzw. „Bilanzverlust“. Auch dieser Posten ist innerhalb des Eigenkapitals auszuweisen und im Falle des Bilanzverlusts offen zu saldieren (§ 268 Abs. 1 Satz 2).

Bei vollständiger Gewinnverwendung wird nur der (neue) Gewinn- bzw. Verlustvortrag ausgewiesen.

Wenn das Eigenkapital durch Verluste aufgebraucht ist und sich ein Überschuß der Passivposten über die Aktivposten ergibt, ist dieser Differenzbetrag auf der Aktivseite unter der Bezeichnung „Nicht durch Eigenkapital gedeckter Fehlbetrag" auszuweisen (§ 268 Abs. 3).

(3) Kleinformatige Bilanzgliederung

Im Kleinformat sind bereits bei der Bilanzerstellung erhebliche Zusammenfassungen möglich. Kleinformatige Kapitalgesellschaften brauchen nur eine verkürzte Bilanz aufzustellen, in der nur die mit römischen Zahlen und Großbuchstaben bezeichneten Posten des Schemas nach § 266 Abs. 2 u. 3 gesondert aufgeführt werden müssen (§ 266 Abs. 1 Satz 3). Abbildung 21 zeigt die Inhalte der kleinformatigen Bilanz.

Durch die starke Aggregation hat die kleinformatige Bilanz nur einen sehr geringen Aussagegehalt.

(4) Bilanzveröffentlichung im Mittelformat

Mittelgroße Kapitalgesellschaften dürfen ihre Bilanz in der für kleine Kapitalgesellschaften nach § 266 Abs. 1 Satz 3 vorgeschriebenen Kurzform zum Handelsregister einreichen (§ 327 Nr. 1). Zusätzlich sind jedoch die folgenden Posten aus der Gliederung des Großformats in der Bilanz oder im Anhang gesondert anzugeben (die Positionsnummern entsprechen nicht § 327 Nr. 1, sondern dem Schema in Abbildung 20):

Aktiva:

C I 2	Geschäfts- oder Firmenwert
C II 1	Grundstücke, grundstücksgleiche Rechte und Bauten einschließlich der Bauten auf fremden Grundstücken
C II 2	technische Anlagen und Maschinen
C II 3	andere Anlagen, Betriebs- und Geschäftsausstattung
C II 4	geleistete Anzahlungen und Anlagen im Bau
C III 1	Anteile an verbundenen Unternehmen
C III 2	Ausleihungen an verbundene Unternehmen
C III 3	Beteiligungen

C III 4	Ausleihungen an Unternehmen, mit denen ein Beteiligungsverhältnis besteht
D II 2	Forderungen gegen verbundene Unternehmen
D II 3	Forderungen gegen Unternehmen, mit denen ein Beteiligungsverhältnis besteht
D III 1	Anteile an verbundenen Unternehmen
D III 2	eigene Anteile

Passiva:

D 1	Anleihen, davon konvertibel
D 2	Verbindlichkeiten gegenüber Kreditinstituten
D 6	Verbindlichkeiten gegenüber verbundenen Unternehmen
D 7	Verbindlichkeiten gegenüber Unternehmen, mit denen ein Beteiligungsverhältnis besteht

Auch unter Berücksichtigung dieser Zusatzangaben ermöglicht die mittelformatige Bilanzgliederung noch keinen allzu tiefen Einblick in die Vermögens- und Finanzlage. Gegenüber dem Kleinformat werden vor allem die „Verbundaktiva“ und „Verbundpassiva“ zusätzlich herausgestellt.

(5) Anlagenspiegel

§ 268 Abs. 2 verpflichtet alle Kapitalgesellschaften, in der Bilanz oder im Anhang die Entwicklung der einzelnen Posten des Anlagevermögens und des Postens „Aufwendungen für die Ingangsetzung und Erweiterung des Geschäftsbetriebs“ darzustellen. Diese Darstellung wird üblicherweise als „Anlagenspiegel“, z. T. auch als „Anlagengitter“ bezeichnet.

Für die Erstellung des Anlagenspiegels ist seit der Bilanzrechtsreform die direkte Bruttomethode vorgeschrieben. Ausgehend vom Bestand der zu Beginn des Geschäftsjahrs vorhandenen Anlagegegenstände zu ursprünglichen Anschaffungs- bzw. Herstellungskosten sind die Veränderungen des Geschäftsjahres aufzuzeigen und die Überleitung zum Endbestand zu Buchwerten vorzunehmen. Dabei müssen folgende Mindestangaben gemacht werden:

- Bestand zu Beginn des Geschäftsjahres, bewertet mit historischen Anschaffungs- bzw. Herstellungskosten,

- Zugänge des Geschäftsjahres zu Anschaffungs-/Herstellungskosten,
- Abgänge des Geschäftsjahres zu ursprünglichen Anschaffungs-/Herstellungskosten,
- Umbuchungen im Geschäftsjahr, bewertet mit ursprünglichen Anschaffungs-/Herstellungskosten,
- kumulierte Abschreibungen (einschließlich der im Geschäftsjahr insgesamt vorgenommenen Abschreibungen),
- Abschreibungen des Geschäftsjahrs (nachrichtlich separat auszuweisen),
- Zuschreibungen des Geschäftsjahrs,
- Buchwert am Ende des Geschäftsjahrs (mit Vorjahresvergleichswerten).

Ausgehend vom Anfangsbestand zu Bruttowerten muß der Endbestand zu Nettobuchwerten durch Durchrechnung der Veränderungen des Geschäftsjahrs einschließlich der kumulierten Abschreibungen ermittelt werden. Nach dem Grundsatz der Bilanzidentität hat der Anlagenspiegel des Geschäftsjahrs außerdem lückenlos an die Vorjahresdarstellung anzuschließen. Ein kleines Problem ergibt sich in diesem Zusammenhang bei den Zuschreibungen. In konsequenter Umsetzung des Bruttoprinzips müßten bei den Zuschreibungen eigentlich auch die kumulierten Beträge genannt werden, das Gesetz verlangt jedoch lediglich den Ausweis der Zuschreibungen des Geschäftsjahres. Dieses Problem wird i. d. R. gelöst durch Saldierung der Zuschreibungen aus Vorperioden mit den kumulierten Abschreibungen. Weiterhin ist zu beachten, daß die Angabe der Geschäftsjahresabschreibungen außerhalb des rechnerischen Schemas nachrichtlich erfolgen muß, da die Beträge auch in den kumulierten Abschreibungen enthalten sind.

Im Gesetz sind lediglich die Mindestinhalte des Anlagenspiegels, nicht aber eine bestimmte Darstellungsform vorgeschrieben. In der Praxis haben sich im wesentlichen zwei Grundraster herausgebildet: Ein 9-spaltiges Schema mit den gesetzlich geforderten Mindestinformationen (Abbildung 22) und ein 13-spaltiges erweitertes Schema mit freiwilligen Zusatzinformationen (Abbildung 23).

Für Erstellungszwecke ist das erweiterte Schema zu empfehlen, da es sich buchungstechnisch nachvollziehen läßt, wenn die Abschreibungen in der Buchhaltung nicht direkt, sondern über Wertberichtigungskonten vorgenommen werden. Die Anlagegegenstände bleiben dann mit den historischen Anschaffungs-/Herstellungskosten auf den An-

Abbildung 22: Mindestschema für den Anlagenspiegel

Anfangsbestand AK/HK	Zugänge AK/HK	Abgänge AK/HK	Umbuchungen AK/HK	Abschreibungen kumuliert

Zuschreibungen GJ	Endbestand GJ	Endbestand VJ	Abschreibungen GJ

AK/HK = historische Anschaffungs- und Herstellungskosten
GJ = Geschäftsjahr
VJ = Vorjahr

Abbildung 23: Erweitertes Schema für den Anlagenspiegel

Entwicklung des Bestandes zu Anschaffungs-/Herstellungskosten				
Anfangsbestand AK/HK	Zugänge AK/HK	Abgänge AK/HK	Umbuchungen AK/HK	Endbestand GJ AK/HK

Entwicklung der kumulierten Abschreibungen					Buchwerte netto	
Anfangsbestand	Zugänge	Abgänge	Umbuchungen	Endbestand	GJ	VJ

lagenkonten stehen und gehen auch mit diesen Werten ab. Die kumulierten Abschreibungen ergeben sich aus den Wertberichtigungskonten; Zuschreibungen aus Vorperioden sind zu saldieren, bei Abgang ist die Wertberichtigung aufzulösen.

Ein Sonderproblem bei der Aufstellung des Brutto-Anlagenspiegels ist die Behandlung der geringwertigen Wirtschaftsgüter. Hier wäre streng genommen eine arbeitsaufwendige Einzelabgangskontrolle erforderlich. Im Gesetzgebungsverfahren wurde jedoch klargestellt, daß bei sofortiger Aufwandsverrechnung der geringwertigen Wirtschaftsgüter der gleichzeitige Ausweis als Zu- und Abgang der Periode als GoB-konform anzusehen ist.

Der Anlagenspiegel ist ein wertvolles Informationsinstrument, denn er gibt Auskunft über das Investitionsverhalten und die Abschreibungspolitik der Kapitalgesellschaft. Durch Gegenüberstellung von kumulierten Abschreibungen und Anlagenbruttobestand kann der Abschreibungsgrad des Anlagevermögens ermittelt werden.

d) Gliederung der Gewinn- und Verlustrechnung

(1) Überblick

Aufgabe der Gewinn- und Verlustrechnung ist nicht die Erfolgsermittlung, sondern die Information über die Entstehungsursachen des Ergebnisses, die sog. Erfolgsquellen. Dazu muß die GuV-Rechnung sinnvoll strukturiert sein und darf nicht zu stark aggregiert werden.

Die Gewinn- und Verlustrechnung ist nach dem HGB grundsätzlich in Staffelform aufzustellen. Das Gesetz überläßt den Kapitalgesellschaften dabei die Wahl zwischen (traditionellem) Gesamtkostenverfahren (§ 275 Abs. 2) und (international verbreitetem) Umsatzkostenverfahren (§ 275 Abs. 3).

Abbildung 25 zeigt in Gegenüberstellung die Gliederungsschemata für die GuV-Rechnung nach Gesamt- und Umsatzkostenverfahren.

Beiden Schemata gemeinsam ist die erfolgsquellenorientierte Strukturierung der Aufwendungen und Erträge mit Ergebnisblöcken (vgl. Abbildung 24).

Abbildung 24: Gliederungssystematik der Gewinn- und Verlustrechnung

		Position GKV	Position UKV
	Betriebsergebnis	1–8	1–7
±	Finanzergebnis	9–13	8–12
=	Ergebnis der gewöhnlichen Geschäftstätigkeit	14	13
±	außerordentliches Ergebnis	15–17	14–16
=	Ergebnis vor Steuern (nicht im Schema vorgesehen)		
–	Steuern	18/19	17/18
=	Jahresüberschuß/Jahresfehlbetrag	20	19

GKV = Gesamtkostenverfahren, UKV = Umsatzkostenverfahren

Abbildung 25: Gliederung der G & V-Rechnung nach Gesamtkosten- und Umsatzkostenverfahren

G & V-Gliederung nach § 275 Abs. 2 (Gesamtkostenverfahren)	**G & V-Gliederung nach § 275 Abs. 3 (Umsatzkostenverfahren)**
1. Umsatzerlöse 2. Erhöhung oder Verminderung des Bestands an fertigen und unfertigen Erzeugnissen 3. andere aktivierte Eigenleistungen 4. sonstige betriebliche Erträge 5. Materialaufwand: a) Aufwendungen für Roh-, Hilfs- und Betriebsstoffe und für bezogene Waren b) Aufwendungen für bezogene Leistungen 6. Personalaufwand: a) Löhne und Gehälter b) soziale Abgaben und Aufwendungen für Altersversorgung und für Unterstützung – davon für Altersversorgung 7. Abschreibungen: a) auf immaterielle Vermögensgegenstände des Anlagevermögens und Sachanlagen sowie auf aktivierte Aufwendungen für die Ingangsetzung und Erweiterung des Geschäftsbetriebs b) auf Vermögensgegenstände des Umlaufvermögens, soweit diese die in dem Unternehmen üblichen Abschreibungen überschreiten 8. sonstige betriebliche Aufwendungen 9. Erträge aus Beteiligungen – davon aus verbundenen Unternehmen 10. Erträge aus anderen Wertpapieren und Ausleihungen des Finanzanlagevermögens – davon aus verbundenen Unternehmen 11. sonstige Zinsen und ähnliche Erträge – davon aus verbundenen Unternehmen 12. Abschreibungen auf Finanzanlagen und auf Wertpapiere des Umlaufvermögens 13. Zinsen und ähnliche Aufwendungen – davon an verbundene Unternehmen 14. Ergebnis der gewöhnlichen Geschäftstätigkeit 15. außerordentliche Erträge 16. außerordentliche Aufwendungen 17. außerordentliches Ergebnis 18. Steuern vom Einkommen und vom Ertrag 19. sonstige Steuern 20. Jahresüberschuß/Jahresfehlbetrag	1. Umsatzerlöse 2. Herstellungskosten der zur Erzielung der Umsatzerlöse erbrachten Leistungen 3. Bruttoergebnis vom Umsatz 4. Vertriebskosten 5. allgemeine Verwaltungskosten 6. sonstige betriebliche Erträge 7. sonstige betriebliche Aufwendungen 8. Erträge aus Beteiligungen – davon aus verbundenen Unternehmen 9. Erträge aus anderen Wertpapieren und Ausleihungen des Finanzanlagevermögens – davon aus verbundenen Unternehmen 10. sonstige Zinsen und ähnliche Erträge – davon aus verbundenen Unternehmen 11. Abschreibungen auf Finanzanlagen und auf Wertpapiere des Umlaufvermögens 12. Zinsen und ähnliche Aufwendungen – davon an verbundene Unternehmen 13. Ergebnis der gewöhnlichen Geschäftstätigkeit 14. außerordentliche Erträge 15. außerordentliche Aufwendungen 16. außerordentliches Ergebnis 17. Steuern von Einkommen und vom Ertrag 18. sonstige Steuern 19. Jahresüberschuß/Jahresfehlbetrag

Mit den Ergebnisblöcken Betriebs-, Finanz- und außerordentliches Ergebnis folgt die GuV-Grundstruktur der in der Bilanzanalyse üblichen Betrachtungsweise. Bei der Analyse der Ertragslage wird das Jahresergebnis nach Quellen zerlegt, um Anhaltspunkte für die Ertragsprognose zu gewinnen. Wichtigster Punkt ist dabei die klare Abgrenzung des außerordentlichen Ergebnisses. Im Gegensatz zur bilanzanalytischen Betrachtungsweise, die sämtliche betriebs- und periodenfremden sowie außerordentlichen Vorgänge hierunter erfaßt, fallen nach HGB nur solche Vorgänge darunter, die sich außerhalb der gewöhnlichen Geschäftstätigkeit ereignen. Das außerordentliche Ergebnis ist somit sehr eng definiert. Als außerordentliche Geschäftsvorfälle werden in der Literatur nur wenige Vorgänge genannt wie z. B.:

- Verkauf oder Aufgabe von Teilbetrieben,
- außergewöhnliche Schadensfälle,
- Sanierungsvorgänge.

In den veröffentlichten Jahresabschlüssen finden sich demzufolge äußerst selten außerordentliche Erträge und Aufwendungen.

Nicht zu den außerordentlichen Vorgängen i.S. von § 275 gehören z. B. Erträge/Verluste aus Anlagenabgang; Erträge aus der Auflösung von Rückstellungen, Sonderposten und Pauschalwertberichtigungen auf Forderungen; Zuschreibungserträge, Einstellungen in den Sonderposten. Die genannten Geschäftsvorfälle zählen zu den sonstigen betrieblichen Erträgen oder Aufwendungen. Gemessen an der sinnvollen bilanzanalytischen Betrachtungsweise, wird das Betriebsergebnis in seiner Aussagefähigkeit damit durch außerordentliche Komponenten verwässert. Das Problem wird zusätzlich dadurch verschärft, daß die Positionen „sonstige betriebliche Erträge/Aufwendungen“ mit Ausnahme der Sonderpostenzuführungen/-auflösungen nicht aufgegliedert werden müssen. Zahlreiche Banken haben daraus die Konsequenz gezogen, die Position „sonstige betriebliche Erträge“ generell dem außerordentlichen Ergebnis zuzuordnen, wenn wegen fehlender Aufgliederung des Postens keine eindeutige Zuordnung möglich ist.

Bei gleicher Grundstruktur unterscheiden sich Gewinn- und Verlustrechnungen nach Gesamt- und Umsatzkostenverfahren deutlich in Aufbau und Aussage. Die Unterschiede beziehen sich im wesentlichen auf die betrieblichen Erträge und Aufwendungen. Ab Position 9 (GKV) bzw. 8 (UKV) sind beide Schemata identisch.

(2) Gesamtkostenverfahren

Das Gesamtkostenverfahren stellt den gesamten Aufwendungen die gesamte Leistung der Periode gegenüber. Die notwendige Angleichung des Mengengerüsts der Aufwendungen und Erträge vollzieht sich über die Positionen „Bestandsveränderung“ und „aktivierte Eigenleistungen“. Enthalten die Aufwendungen beispielsweise Kosten für eine Erhöhung des Lagerbestandes an Erzeugnissen, so steht diesen Kosten im Umsatz noch kein Gegenwert gegenüber. Ohne Korrektur wäre das Ergebnis des Geschäftsjahrs verzerrt (zu niedrig). Zur Kompensation der Aufwendungen für die Lagerproduktion werden die dafür angefallenen Kosten als Bestandserhöhung unter den Leistungen erfaßt. Umgekehrt verhält es sich, wenn der Umsatz (partiell) aus dem Abbau von Lagerbeständen resultiert. Die Periodenleistung ist in diesem Fall um die Bestandsminderung zu korrigieren. Fallen für die Erstellung von selbstgenutzten Anlagegegenständen Aufwendungen an, findet sich deren Gegenwert in der Position „andere aktivierte Eigenleistungen“.

Die betrieblichen Aufwendungen sind im Gesamtkostenverfahren nach primären Kostenarten, d. h. nach Art des verbrauchten Produktionsfaktors, gegliedert (Materialaufwand, Personalaufwand, Abschreibungen). Die zu diesen Posten geforderten Untergliederungen sowie die zusätzlichen Informationen über außerplanmäßige und rein steuerliche Abschreibungen (§ 277 Abs. 3 Satz 1 und § 281 Abs. 2 Satz 1) eröffnen zumindest grob einen Einblick in die Aufwandsstruktur. Hinzu kommt, daß die Primärkosten in Struktur und Höhe nicht durch interne Kostenschlüsselungen in der Kostenrechnung beeinflußbar sind.

(3) Umsatzkostenverfahren

Eine der wesentlichen Neuerungen der Bilanzrechtsreform von 1985 war die alternative Zulassung des Umsatzkostenverfahrens. Begründet wurde dieser Schritt mit der verbesserten internationalen Vergleichbarkeit der Jahresabschlüsse bzw. mit Vereinfachungen für international tätige Unternehmen.

Gesamt- und Umsatzkostenverfahren liegt ein völlig unterschiedlicher Denkansatz zugrunde. Beim Gesamtkostenverfahren bilden die Gesamtkosten der Periode den Ausgangspunkt. Den gesamten Periodenkosten wird die gesamte Periodenleistung (Umsatzerlöse zu-/

abzüglich Bestandsveränderungen und aktivierte Eigenleistungen) gegenübergestellt. Beim Umsatzkostenverfahren dagegen ist der Umsatz Ausgangspunkt der Betrachtung. Dem Umsatz werden (ausschließlich) diejenigen Kosten gegenübergestellt, die zur Umsatzerzielung erforderlich waren. Im Falle einer Erhöhung der Erzeugnisbestände führt dies zu einer entsprechenden Kürzung der Periodenkosten, bei einem Abbau der Erzeugnisvorräte erhöhen sich die Periodenkosten um den Betrag der Bestandsminderung. Abbildung 26 macht den Unterschied zwischen beiden Verfahren graphisch deutlich.

Abbildung 26: Vergleich Gesamt-/Umsatzkostenverfahren

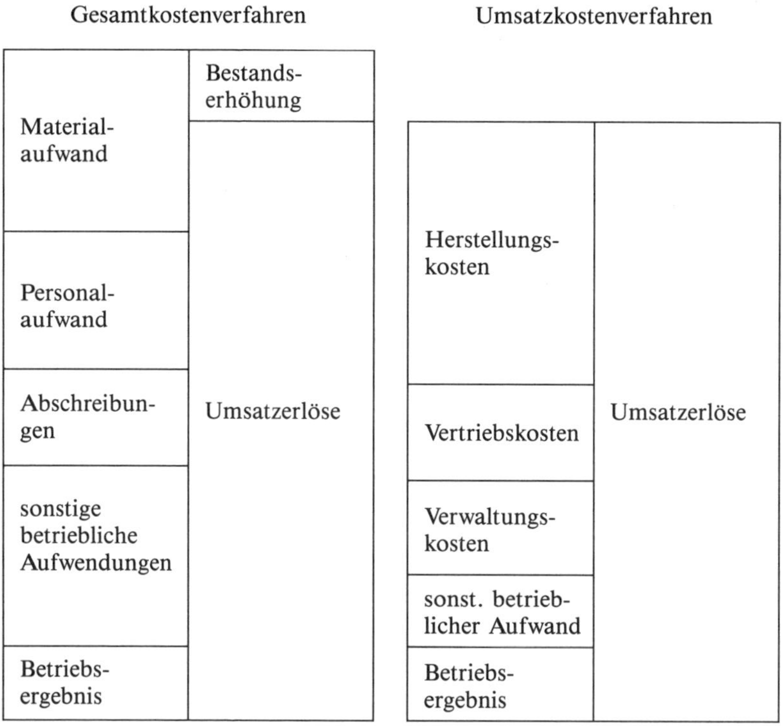

Wie aus Abbildung 26 hervorgeht, liegt ein zweiter gravierender Unterschied zwischen Umsatz- und Gesamtkostenverfahren in der Systematik der Aufwandsarten. Beim Gesamtkostenverfahren werden die Aufwendungen nach der Art des verbrauchten Produktionsfaktors strukturiert, beim Umsatzkostenverfahren hingegen nach betrieblichen Funktionen (Herstellungs-, Vertriebs- und Verwaltungskosten). Die Verteilung der Kosten auf die betrieblichen Funktionsbereiche ergibt sich aus der Kostenstellenrechnung oder einer statistischen Kostenverteilung. Abbildung 27 verdeutlicht die Überleitung von der Kostenstruktur des Gesamtkostenverfahrens zur Struktur des Umsatzkostenverfahrens.

Aus bilanzpolitischer Sicht ist das Umsatzkostenverfahren dem Gesamtkostenverfahren grundsätzlich überlegen. Bei der Transformation der Primärkosten in die Kosten der Funktionsbereiche ist z.T. eine Schlüsselung von Gemeinkosten erforderlich. Diese Schlüsselung ist betriebswirtschaftlich nicht sinnvoll und bietet gegenüber dem Gesamtkostenverfahren zusätzliche Möglichkeiten, die Aufwandsstruktur bilanzpolitisch zu gestalten. Betriebsvergleiche sind damit zum Scheitern verurteilt. Ein weiteres Problem ist die mangelnde Vergleichbarkeit von GuV-Rechnungen nach Gesamt- und Umsatzkostenverfahren. Auch mit Hilfe der bei Anwendung des Umsatzkostenverfahrens erforderlichen Zusatzangaben (gem. § 285 Nr. 8 im Einzelabschluß Material- und Personalaufwand, gem. § 314 Abs. 1 Nr. 4 im Konzernabschluß nur der Personalaufwand) kann keine Überleitung zum Gesamtkostenverfahren hergestellt werden. Es fehlen die Bestandsveränderungen (für Fertigerzeugnisse auch nicht aus Bilanzvergleich ermittelbar!) und die aktivierten Eigenleistungen. Zudem ist auch der sonstige betriebliche Aufwand nicht identisch, da im Umsatzkostenverfahren die meisten Komponenten den Kosten der Funktionsbereiche zugeordnet werden und nur ein nicht verteilbarer Rest unter „sonstiger betrieblicher Aufwand" ausgewiesen wird.

Auf weitere Details zum Umsatzkostenverfahren soll verzichtet werden, denn insgesamt hat diese Form der Darstellung in Deutschland nur untergeordnete Bedeutung. Im mittelständischen Bereich wird das Umsatzkostenverfahren mit Ausnahme von Tochterunternehmen ausländischer Obergesellschaften praktisch überhaupt nicht angewendet, und selbst bei den international operierenden Großunternehmen erstellt nur eine Minorität von ca. 10% die GuV-Rechnung nach diesem Verfahren.

Abbildung 27: Überleitung Gesamtkosten-/Umsatzkostenverfahren

- **Gesamtkostenverfahren:**

	TDM
Umsatzerlöse	1.000
Bestandserhöhung	
Erzeugnisse	+50
aktivierte Eigenleistungen	+10
Gesamtleistung	1.060

			Kostenstellenrechnung			
			Produktion	Vertrieb	Verwaltung	sonst. betr. Aufwand
			TDM	TDM	TDM	TDM
Materialaufwand	400	→	370	10	20	–
Personalaufwand	250	→	140	60	50	–
Abschreibungen	150	→	90	35	25	–
sonstiger betriebl. Aufwand	180	→	80	40	30	30
betriebl. Aufwand	980		680	145	125	30
Betriebsergebnis	80					
			./. 60*			

- **Umsatzkostenverfahren:**

Umsatzerlöse	1.000
Herstellungskosten	620
Bruttoergebnis	380
Vertriebskosten	145
Verwaltungskosten	125
sonst. betriebl. Aufwand	30
Betriebsergebnis	80

* Kosten der Bestandsveränderung (50), der aktivierten Eigenleistungen (10)

(4) Ergebnis-Verwendungsrechnung

Gemäß § 325 Abs. 1 sind Vorschlag und Beschluß über die Ergebnisverwendung zusätzlich zu veröffentlichen, falls diese Informationen sich nicht bereits aus dem Jahresabschluß ergeben.

Damit besteht die Möglichkeit, die Ergebnis-Verwendungsrechnung in die Gewinn- und Verlustrechnung bzw. den Anhang zu integrieren oder aber auch separat zu erstellen und zu veröffentlichen.

Das Schema für die Verwendung des Ergebnisses ist in Abbildung 28 dargestellt.

Abbildung 28: Darstellung der Ergebnisverwendung

	Jahresüberschuß/Jahresfehlbetrag
±	Gewinn-/Verlustvortrag der Vorperiode
+	Entnahmen aus der Kapitalrücklage
+	Entnahmen aus Gewinnrücklagen (separat für die einzelnen Arten der Gewinnrücklagen)
–	Einstellungen in Gewinnrücklagen (separat für die einzelnen Arten der Gewinnrücklagen)
=	Bilanzgewinn/Bilanzverlust
–	Gewinnausschüttung
=	Gewinn-/Verlustvortrag

D. Anhang

1. Überblick

Alle Kapitalgesellschaften haben den Jahresabschluß um einen Anhang zu erweitern, der mit Bilanz und Gewinn- und Verlustrechnung eine Einheit bildet (§ 264 Abs. 1 Satz 1). Zusammen sollen diese drei Instrumente den Abschlußlesern ein den tatsächlichen Verhältnissen entsprechendes Bild von der Vermögens-, Finanz- und Ertragslage vermitteln. Der Anhang hat in diesem Zusammenhang zwei Funktionen. Zum einen besteht seine Aufgabe darin, Bilanz und Gewinn- und Verlustrechnung zu erläutern (§ 284). Zweitens ist für den Anhang jedoch noch eine Vielzahl von weiteren Pflichtangaben vorgesehen, die weit über die traditionellen Informationsinhalte von Bilanz und GuV-Rechnung hinausgehen. Ein Großteil dieser Angaben betrifft Bereiche, die von den Unternehmen als vertraulich eingestuft werden (z. B. Angaben über Beziehungen zu Unternehmensorganen, Informationen über Beteiligungen). Die Mittelstandsrichtlinie räumt kleinen Kapitalgesellschaften in diesen Punkten zukünftig einige Erleichterungen ein.

Die Pflicht zur Anhangerstellung betrifft grundsätzlich alle Kapitalgesellschaften. Welche Informationen im einzelnen erstellt und welche davon veröffentlicht werden müssen, hängt von der Unternehmensgröße ab.

2. Checkliste „Anhanginformationen"

Im Gesetz selbst existiert keine zusammenhängende Übersicht über die einzelnen Anhanginformationen. Die Vorschriften sind vielmehr breit über den zweiten und dritten Abschnitt des 3. Buches des HGB sowie die rechtsformspezifischen Spezialgesetze (AktG, GenG, GmbHG) verstreut. Wir haben deshalb eine vollständige Checkliste der Anhanginformationen erstellt. Diese Übersicht ist im Hinblick auf die Veröffentlichung wie folgt sachlogisch strukturiert:

1. Erläuterungen und Angaben zu Bilanzierungs- und Bewertungsmethoden
1.1 Methodenerläuterungen
1.2 Angaben zu einzelnen Bewertungsmaßnahmen
2. Erläuterungen zum Jahresabschluß
2.1 Allgemeine Erläuterungen
2.2 Erläuterungen zur Bilanz
2.3 Erläuterungen zur GuV-Rechnung und zum Jahresergebnis
3. Sonstige Angaben
3.1 Haftungsverhältnisse und sonstige finanzielle Verpflichtungen
3.2 Beziehungen zu verbundenen Unternehmen und Beteiligungen
3.3 Beziehungen zu Unternehmensorganen
3.4 Weitere Angaben

Neben den einzelnen Informationspflichten gibt die Übersicht darüber hinaus über folgende Fragen Auskunft:

- *Erstellung:* In dieser Spalte sind größenspezifische und rechtsformspezifische Angabepflichten aufgeführt.
- *Veröffentlichung:* Diese Spalte enthält Veröffentlichungserleichterungen für kleine und mittlere Kapitalgesellschaften/Genossenschaften.
- *Alternativangabe:* Einige Informationen können wahlweise entweder in der Bilanz/Gewinn- und Verlustrechnung oder im Anhang gegeben werden.

Abbildung 29 gibt einen vollständigen Überblick über die Erstellungs- und Veröffentlichungspflichten zum Anhang.

Abbildung 29: Checkliste Anhanginformationen im Einzelabschluß

		Rechts-Grundlage	Erstellung	Veröffent-lichung	Alternativ-angabe
1.	**Erläuterungen und Angaben zu Bilanzierungs- und Bewertungsmethoden**				
1.1	**Methodenerläuterungen**				
1.1.1	Angabe und Begründung, wenn wegen mehrerer Geschäftszweige verschiedene Gliederungsvorschriften zu beachten waren	§ 265 Abs. 4 Satz 2	K/G	K/G	–
1.1.2	Angabe und Begründung von Unterbrechungen der Darstellungsstetigkeit	§ 265 Abs. 1 Satz 2	K/G	K/G	–
1.1.3	Angabe der auf die Posten der Bilanz und der Gewinn- und Verlustrechnung angewandten Bilanzierungs- und Bewertungsmethoden	§ 284 Abs. 2 Nr. 1	K/G	K/G	–
1.1.4	Angabe der Grundlagen der Währungsumrechnung	§ 284 Abs. 2 Nr. 2	K/G	K/G	–
1.1.5	Angabe und Begründung von Abweichungen bei den Bilanzierungs- und Bewertungsmethoden sowie gesonderte Darstellung des Einflusses auf die Vermögens-, Finanz- und Ertragslage	§ 284 Abs. 2 Nr. 3	K/G	K/G	–
1.1.6	Angabe über die Einbeziehung von Fremdkapitalzinsen in die Herstellungskosten	§ 284 Abs. 2 Nr. 5	K/G	K/G	–
1.2	**Angabe zu einzelnen Bewertungsmaßnahmen**				
1.2.1	Ausweis eines Unterschiedsbetrags bei Anwendung einer Bewertungsmethode nach § 240 Abs. 4, § 256 Satz 1 (Durchschnittsbewertung, Verbrauchsfolgeverfahren wie Lifo etc.), wenn der Börsenkurs oder Marktpreis erheblich von dem bilanziellen Wertansatz abweicht	§ 284 Abs. 2 Nr. 4	K/G	K/G	–

Abbildung 29: Checkliste Anhanginformationen im Einzelabschluß (Fortsetzung)

		Rechts-Grundlage	Erstellung	Veröffent-lichung	Alternativ-angabe
1.2.2	Angabe und Begründung des Betrags der im Geschäftsjahr allein nach steuerrechtlichen Vorschriften vorgenommenen Abschreibungen, getrennt nach Anlage- und Umlaufvermögen (soweit er sich nicht aus der Bilanz oder der G&V-Rechnung ergibt)	§ 281 Abs. 2 Satz 1	K	K	–
1.2.3	Angabe und Begründung des Betrags der aus steuerlichen Gründen unterlassenen Zuschreibungen	§ 280 Abs. 3	K	K	–
1.2.4	Angabe der Rechtsgrundlagen für die Bildung des Sonderpostens mit Rücklageanteil	§ 273 Satz 2	K/G	K/G	Bilanz
1.2.5	Angabe der Rechtsgrundlagen bei Ausweis der steuerrechtlichen Abschreibungen im Sonderposten mit Rücklageanteil	§ 281 Abs. 1 Satz 2	K/G	K/G	Bilanz
1.2.6	Angabe der Gründe für die planmäßige Abschreibung des Geschäfts- oder Firmenwerts (gemäß § 255 Abs. 4 Satz 3)	§ 285 Nr. 13	K/G	K/G	–
2.	**Erläuterungen zum Jahresabschluß**				
2.1.	**Allgemeine Erläuterungen**				
2.1.1	Zusatzangaben, wenn der Jahresabschluß trotz Anwendung der Grundsätze ordnungsmäßiger Buchführung kein den tatsächlichen Verhältnissen entsprechendes Bild der Vermögens-, Finanz- und Ertragslage vermittelt	§ 264 Abs. 2 Satz 2	K/G	K/G	–
2.1.2	Angabe und Erläuterung nicht mit dem Vorjahr vergleichbarer Beträge einzelner Jahresabschlußpositionen	§ 265 Abs. 2 Satz 2	K/G	K/G	–

2.1.3	Angabe und Erläuterung angepaßter Vorjahresvergleichszahlen	§ 265 Abs. 2 Satz 3	K/G	K/G	–
2.2	**Erläuterungen zur Bilanz**				
2.2.1	Mitzugehörigkeitsvermerke bei Bilanzpositionen	§ 265 Abs. 3 Satz 1	K/G	K/G	Bilanz
2.2.2	Erläuterung zusammengefaßter Bilanzpositionen	§ 265 Abs. 7 Nr. 2	K/G	K/G	–
2.2.3	Erläuterungen von Beträgen größeren Umfangs, die Vermögensgegenstände betreffen, die erst nach dem Stichtag rechtlich entstehen	§ 268 Abs. 4 Satz 2	K/G	K/G	–
2.2.4	Dgl. für Verbindlichkeiten, die erst nach dem Stichtag rechtlich entstehen	§ 268 Abs. 5 Satz 3	K/G	K/G	–
2.2.5	Darstellung der Entwicklung des Anlagevermögens und des Postens „Aufwendungen für die Ingangsetzung und Erweiterung des Geschäftsbetriebs" (Anlagenspiegel)	§ 268 Abs. 2 Satz 1	K/G	K/G	Bilanz
2.2.6	Angabe der Geschäftsjahresabschreibung für die Posten des Anlagevermögens sowie den Posten „Aufwendungen für die Ingangsetzung und Erweiterung des Geschäftsbetriebs"	§ 268 Abs. 2 Satz 3	K/G	K/G	Bilanz
2.2.7	Angabe, wenn bei erstmaliger Erstellung des Anlagenspiegels für Altbestände anstelle der ursprünglichen Anschaffungs-/Herstellungskosten die Buchwerte aus dem Vorjahresabschluß übernommen wurden	Art. 24 Abs. 6 EGHGB	K/G	K/G	–
2.2.8	Angabe der Ausleihungen, Forderungen und Verbindlichkeiten gegenüber Gesellschaftern	§ 42 Abs. 3 GmbHG	GmbH	GmbH	Bilanz
2.2.9	Angabe eines aktivisch abgegrenzten Disagios	§ 268 Abs. 6	K/G	K/G	Bilanz
2.2.10	Erläuterung zu aktivierten Ingangsetzungs- und Erweiterungskosten des Geschäftsbetriebs	§ 269 Satz 1	K/G	K/G	–

Abbildung 29: Checkliste Anhanginformationen im Einzelabschluß (Fortsetzung)

		Rechts-Grundlage	Erstellung	Veröffent-lichung	Alternativ-angabe
2.2.11	Erläuterungen zur aktivischen Abgrenzung latenter Steuern	§ 274 Abs. 2 Satz 2	K/G	K/G	–
2.2.12	Angabe der Rückstellung für latente Steuern	§ 274 Abs. 1	K/G	K/G	Bilanz
2.2.13	Erläuterung von sonstigen Rückstellungen, die in der Bilanz nicht gesondert ausgewiesen werden und einen nicht unerheblichen Umfang haben	§ 285 Nr. 12	mgK/G	gK/G	–
2.2.14	Angabe des Betrags nicht passivierter Rückstellungen für Pensionen und ähnliche Verpflichtungen aus Ansprüchen, die vor dem 1. 1. 1987 erworben wurden	Art. 28 Abs. 2 EGHGB	K/G	K/G	–
2.2.15	Angabe des Gesamtbetrags der Verbindlichkeiten				
	– mit einer Restlaufzeit von über 5 Jahren	§ 285 Nr. 1 a	K/G	K/G	–
	– die durch Pfandrechte oder ähnliche Rechte gesichert sind, unter Angabe von Art und Form der Sicherheiten	§ 285 Nr. 1 b	K/G	K/G	–
	und Aufgliederung für jede in der Bilanz ausgewiesene Verbindlichkeitsposition, sofern sich diese Angaben nicht aus der Bilanz ergeben	§ 285 Nr. 2	mgK/G	gK/G	–
2.2.16	Angabe des Gewinn-/Verlustvortrages aus Vorjahr bei teilweiser Gewinnverwendung	§ 268 Abs. 1 Satz 2	K/G	K/G	Bilanz
2.2.17	Angabe bestimmter zusätzlicher Bilanzpositionen	§ 327 Nr. 1	–	mK/G	Bilanz
2.2.18	Angabe des Betrags der in andere Gewinnrücklagen eingestellten Eigenkapitalanteile von Wertaufholungen bei Vermögensgegenständen des Anlage- und Umlaufvermögens und von nur bei der steuerlichen Gewinnermittlung gebildeten Passivposten	§ 29 Abs. 4 GmbHG § 58 Abs. 2a AktG	K	K	Bilanz

2.2.19	Angabe des Betrags der im Geschäftsjahr vorgenommenen				
	– Einstellungen in die Kapitalrücklage	§ 152 Abs. 2 Nr. 1 AktG	AG	AG	Bilanz
	– Entnahmen aus der Kapitalrücklage	§ 152 Abs. 2 Nr. 2 AktG	AG	AG	Bilanz
2.2.20	Angabe des Betrags der im Geschäftsjahr vorgenommenen				
	– Einstellungen in die Gewinnrücklagen aus dem Bilanzgewinn des Vorjahrs	§ 152 Abs. 3 Nr. 1 AktG	AG	AG	Bilanz
	– Einstellungen in die Gewinnrücklagen aus dem Jahresüberschuß des Geschäftsjahrs	§ 152 Abs. 3 Nr. 2 AktG	AG	AG	Bilanz
	– Entnahmen aus den Gewinnrücklagen für das Geschäftsjahr	§ 152 Abs. 3 Nr. 3 AktG	AG	AG	Bilanz
	jeweils gesondert zu den einzelnen Posten der Gewinnrücklagen				
2.2.21	Angaben über den Bestand und Zugang an Vorratsaktien sowie über deren Verwertung	§ 160 Abs. 1 Nr. 1 AktG	AG	AG	–
2.2.22	Angaben über den Bestand an eigenen Aktien und dessen Veränderung	§ 160 Abs. 1 Nr. 2 AktG	AG	AG	–
2.2.23	Angaben über die Gattungen von Aktien (Zahl und Nennbetrag)	§ 160 Abs. 1 Nr. 3 AktG	AG	AG	–
2.2.24	Angaben über das genehmigte Kapital	§ 160 Abs. 1 Nr. 4 AktG	AG	AG	–
2.2.25	Angaben über Wandelschuldverschreibungen und vergleichbare Wertpapiere	§ 160 Abs. 1 Nr. 5 AktG	AG	AG	–
2.2.26	Angaben über Genußrechte, Rechte aus Besserungsscheinen und ähnliche Rechte	§ 160 Abs. 1 Nr. 6 AktG	AG	AG	–

Abbildung 29: Checkliste Anhanginformationen im Einzelabschluß (Fortsetzung)

		Rechts-Grundlage	Erstellung	Veröffent-lichung	Alternativ-angabe
2.2.27	Erläuterung der Beträge, die aus Kapitalherabsetzungen/Auflösung von Kapital- und Gewinnrücklagen gewonnen und – zum Ausgleich von Wertminderungen, – zur Deckung von sonstigen Verlusten, – zur Einstellung in die Kapitalrücklage verwandt wurden	§ 240 Satz 3 AktG	AG	AG	–
2.2.28	Beifügung einer Sonderrechnung und Angabe der Gründe, falls eine anläßlich einer Sonderprüfung nach §§ 258 ff. AktG festgestellte Unterbewertung nicht mehr zu einer Korrektur der entsprechenden Bilanzansätze führt	§ 261 Abs. 1 Satz 3 AktG	AG	AG	–
2.2.29	Berichterstattung über den Abgang unterbewerteter Vermögensgegenstände und die Verwendung des Ertrags aus dem Abgang	§ 261 Abs. 1 Satz 4 AktG	AG	AG	–
2.2.30	Angabe des Änderungsbetrags der Geschäftsguthaben sowie der Haftsummen im Geschäftsjahr, Betrag der Haftsumme am Ende des Geschäftsjahres	§ 338 Abs. 1 Satz 2	G	G	–
2.3	**Erläuterungen zur Gewinn- und Verlustrechnung und zum Jahresergebnis**				
2.3.1	Erläuterung zusammengefaßter Positionen	§ 265 Abs. 7 Nr. 2	K/G	mgK/G	–
2.3.2	Angabe der außerplanmäßigen handelsrechtlichen Geschäftsjahresabschreibung nach § 253 Abs. 2 Satz 3 (Niederstwertabschreibungen)	§ 277 Abs. 3 Satz 1	K	mgK	G&V-Rechnung

2.3.3	Angabe der außerplanmäßigen handelsrechtlichen Geschäftsjahresabschreibung nach § 253 Abs. 3 Satz 3 (Abschreibungen unter den Niederstwert zur Berücksichtigung zukünftiger Wertschwankungen)	§ 277 Abs. 3 Satz 1	K	mgK	G&V-Rechnung
2.3.4	Erläuterung außerordentlicher Aufwendungen und Erträge, die für die Beurteilung der Ertragslage nicht von untergeordneter Bedeutung sind, hinsichtlich Betrag und Art	§ 277 Abs. 4 Satz 2	K/G	mgK/G	–
2.3.5	Dgl. für Erträge und Aufwendungen, die einem anderen Geschäftsjahr zuzuordnen sind	§ 277 Abs. 4 Satz 3	K/G	mgK/G	–
2.3.6	Angabe der Erträge aus der Auflösung des Sonderpostens mit Rücklageanteil/der Einstellungen in den Sonderposten mit Rücklageanteil	§ 281 Abs. 2 Satz 2	K/G	mgK/G	G&V-Rechnung
2.3.7	Angabe des Ausmaßes, in dem das Jahresergebnis dadurch beeinflußt wurde, daß bei Vermögensgegenständen im Geschäftsjahr oder in früheren Geschäftsjahren steuerrechtliche Abschreibungen vorgenommen oder beibehalten wurden oder ein Sonderposten nach § 273 gebildet wurde; ferner des Ausmaßes erheblicher künftiger Belastungen, die sich aus einer solchen Bewertung ergeben	§ 285 Nr. 5	mgK	gK	–
2.3.8	Angabe, in welchem Umfang die Ertragsteuern das Ergebnis der gewöhnlichen Geschäftstätigkeit und das außerordentliche Ergebnis belasten	§ 285 Nr. 6	K	mgK	–
2.3.9	Aufgliederung der Umsatzerlöse nach Tätigkeitsbereichen und Regionen	§ 285 Nr. 4	gK/G	gK/G	–
2.3.10	Bei Anwendung des Umsatzkostenverfahrens: Angabe des Personalaufwands, gegliedert nach § 275 Abs. 2 Nr. 6	§ 285 Nr. 8 b	K/G	mgK/G	–
2.3.11	Bei Anwendung des Umsatzkostenverfahrens: Angabe des Materialaufwands, gegliedert nach § 275 Abs. 2 Nr. 5	§ 285 Nr. 8 a	mgK/G	gK/G	–

Abbildung 29: Checkliste Anhanginformationen im Einzelabschluß (Fortsetzung)

		Rechts-Grundlage	Erstellung	Veröffent-lichung	Alternativ-angabe
2.3.12	Gewinnverwendungsrechnung gem. § 158 Abs. 1 Satz 1 AktG	§ 158 Abs. 1 Satz 2 AktG	AG	AG	G&V-Rechnung
3.	**Sonstige Angaben**				
3.1	**Haftungsverhältnisse und sonstige finanzielle Verpflichtungen**				
3.1.1	Angabe der Haftungsverhältnisse gemäß § 251, jeweils gesondert (unter Angabe der gewährten Pfandrechte und sonstigen Sicherheiten)	§ 268 Abs. 7	K/G	K/G	Bilanz
3.1.2	Angabe des Gesamtbetrags der sonstigen finanziellen Verpflichtungen, die nicht in der Bilanz erscheinen und auch nicht nach § 251 anzugeben sind, sofern diese Angaben für die Beurteilung der Finanzlage von Bedeutung sind	§ 285 Nr. 3	mgK/G	mgK/G	–
3.2	**Beziehungen zu verbundenen Unternehmen und Beteiligungen**				
3.2.1	Angabe der Haftungsverhältnisse gemäß § 251, soweit solche Verpflichtungen verbundene Unternehmen betreffen	§ 268 Abs. 7	K/G	K/G	Bilanz
3.2.2	Angabe gemäß § 285 Nr. 3, soweit die sonstigen finanziellen Verpflichtungen verbundene Unternehmen betreffen	§ 285 Nr. 3	mgK/G	mgK/G	–
3.2.3	Angaben zu Beteiligungen (Name, Sitz, Anteil am Kapital, Eigenkapital, letztes Ergebnis)	§ 285 Nr. 11	K/G	K/G	gesonderte Aufstellung

3.2.4	Angabe, wenn von der Ausnahmeregelung des § 286 Abs. 3 Satz 1 Nr. 2 Gebrauch gemacht wurde (keine Angabe nach § 285 Nr. 11, weil nach vernünftiger kaufmännischer Beurteilung Nachteile zu erwarten sind)	§ 286 Abs. 3 Satz 3	K/G	K/G	–
3.2.5	Hinweis auf die besondere Aufstellung des Anteilsbesitzes und den Ort ihrer Hinterlegung	§ 287 Satz 3	K/G	K/G	–
3.2.6	Angaben über wechselseitige Beteiligungen unter Nennung des Unternehmens	§ 160 Abs. 1 Nr. 7 AktG	AG	AG	–
3.2.7	Angabe über das Bestehen einer Beteiligung am berichtenden Unternehmen, wem die Beteiligung gehört, ob sie 25% übersteigt oder eine Mehrheitsbeteiligung ist	§ 160 Abs. 1 Nr. 8 AktG	AG	AG	–
3.3	**Beziehungen zu Unternehmensorganen**				
3.3.1	Angabe der Mitglieder des Geschäftsführungsorgans und eines Aufsichtsrats (Vorsitzende und Stellvertreter sind als solche zu bezeichnen)	§ 285 Nr. 10	K	K	–
3.3.2	Angabe der Mitglieder des Vorstands und eines Aufsichtsrats einer Genossenschaft	§ 338 Abs. 2 Nr. 2	G	G	–
3.3.3	Angabe der Vorschüsse und Kredite an Mitglieder des Geschäftsführungsorgans, eines Aufsichtsrats, eines Beirats oder einer ähnlichen Einrichtung (unter Angabe der Zinssätze, der wesentlichen Bedingungen, der im Geschäftsjahr zurückgezahlten Beträge sowie zugunsten dieser Personen eingegangenen Haftungsverhältnisse), jeweils getrennt für jede Personengruppe	§ 285 Nr. 9c	K	K	–

Abbildung 29: Checkliste Anhanginformationen im Einzelabschluß (Fortsetzung)

		Rechts-Grundlage	Erstellung	Veröffentlichung	Alternativangabe
3.3.4	Angabe über die Gesamtbezüge (Gehälter, Gewinnbeteiligungen, Aufwandsentschädigungen, Versicherungsentgelte, Provisionen und Nebenleistungen jeder Art) für den unter 3.3.3 genannten Personenkreis (jeweils getrennt nach Gruppen). In die Gesamtbezüge sind auch Bezüge einzurechnen, die nicht ausgezahlt, sondern in Ansprüche anderer Art umgewandelt oder zur Erhöhung anderer Ansprüche verwendet werden. Außer den Bezügen für das Geschäftsjahr sind die weiteren Bezüge anzugeben, die im Geschäftsjahr gewährt, bisher aber in keinem Jahresabschluß angegeben worden sind.	§ 285 Nr. 9a	mgK	mgK	–
3.3.5	Gesamtbezüge (Abfindungen, Ruhegehälter, Hinterbliebenenbezüge und Leistungen verwandter Art) für frühere Mitglieder der bezeichneten Organe und ihre Hinterbliebenen (jeweils getrennt nach Gruppen), ferner der Betrag der für diese Personengruppe gebildeten Rückstellungen für laufende Pensionen und Anwartschaften auf Pensionen und der Betrag der nicht gebildeten Rückstellungen	§ 285 Nr. 9b	mgK	mgK	–
3.3.6	Angabe der Forderungen gegenüber Mitgliedern des Vorstandes/Aufsichtsrats einer Genossenschaft	§ 338 Abs. 3	G	G	–
3.4	**Weitere Angaben**				
3.4.1	Angabe der durchschnittlichen Arbeitnehmerzahl (getrennt nach Gruppen)	§ 285 Nr. 7	mgK/G	mgK/G	–

3.4.2	Angabe über die Zahl der im Laufe des Geschäftsjahres eingetretenen oder ausgeschiedenen Genossen sowie des Bestands am Geschäftsjahresende	§ 338 Abs. 1 Satz 1	G	G	–
3.4.3	Angabe von Name und Anschrift des Prüfungsverbandes, dem die Genossenschaft angehört	§ 338 Abs. 2 Nr. 1	G	G	–
3.4.4	Angabe der Mutterunternehmen, die für größten/kleinsten Kreis von Unternehmen Konzernabschluß aufstellen	§ 285 Nr. 14	K	K	–

Abkürzungserläuterungen

K = alle Kapitalgesellschaften

G = alle Genossenschaften

mK/G = mittlere Kapitalgesellschaften/Genossenschaften

mgK/G = mittlere und große Kapitalgesellschaften/Genossenschaften

gK/G = große Kapitalgesellschaften/Genossenschaften

3. Wichtige Einzelangaben

Eine Reihe von Einzelangaben ist von besonderer inhaltlicher Bedeutung und bedarf deshalb einiger kurzer Erläuterungen. Im einzelnen handelt es sich dabei um Angaben zu den Bilanzierungs- und Bewertungsmethoden, Verbindlichkeiten, sonstigen finanziellen Verpflichtungen, Beteiligungen, Beziehungen zu Unternehmensorganen, steuerliche Maßnahmen im Jahresabschluß sowie die Aufgliederung der Umsatzerlöse.

a) Angaben zu den Bilanzierungs- und Bewertungsmethoden

Für die Analyse von Jahresabschlüssen ist es unabdinglich, die zugrundeliegenden Bewertungsmethoden zu kennen. Die Zahlen selbst besagen grundsätzlich nichts, wenn man nicht weiß, wie sie zustande gekommen sind. Im Anhang müssen zu folgenden Punkten Erläuterungen gegeben werden:

- Bilanzierungs- und Bewertungsmethoden (§ 284 Abs. 2 Nr. 1),
- Methoden der Umrechnung von Fremdwährungspositionen (§ 284 Abs. 2 Nr. 2),
- Abweichungen von Bilanzierungs- und Bewertungsmethoden (§ 284 Abs. 2 Nr. 3).

Die Bilanzierungspraxis tendiert bei diesen Angaben zu knappen und globalen Aussagen sowie redundanten Ausführungen über die Anwendung zwingender gesetzlicher Vorschriften. Der Forderung des § 264 Abs. 2 nach dem den tatsächlichen Verhältnissen entsprechenden Einblick in die Vermögens-, Finanz- und Ertragslage werden solche Ausführungen nur bedingt gerecht. Für die korrekte Interpretation der Jahreabschlußzahlen wären ausführliche Angaben insbesondere zu den Abschreibungen (Methoden und Nutzungsdauern, getrennt nach Gruppen von Anlagegegenständen), zur Ermittlung der Herstellungskosten (Bestandteile), zur Anwendung von Bewertungsvereinfachungsverfahren und zur Rückstellungsbildung und -bewertung erforderlich. Besondere Aufmerksamkeit sollte ein Bilanzleser der Frage der Durchbrechung der Bewertungsstetigkeit widmen, denn hinter (bilanzpolitischen) Methodenwechseln verbergen sich i.d.R. gravierende Veränderungen der Lage des Unternehmens.

Abbildung 30: Verbindlichkeitenspiegel

Art der Verbindlichkeit	Gesamtbetrag	davon mit einer Restlaufzeit von			gesicherte Beträge	Art der Sicherheit
		≤1 Jahr	1–5 Jahren	>5 Jahren		
	TDM	TDM	TDM	TDM	TDM	
gegenüber Kreditinstituten	40 000	25 000	8 000	7 000	7 000	Grundpfandrechte
aus Lieferungen und Leistungen	35 000	35 000			–	
gegenüber verbundenen Unternehmen	18 000	15 000	3 000		3 000	Sicherungsabtretung von Forderungen
gegenüber Gesellschaftern	12 000		12 000		12 000	Grundpfandrechte
sonstige Verbindlichkeiten	5 000	5 000			–	–
Summe	110 000	80 000	23 000	7 000	22 000	

Bilanzangabe (Detaillierung nach jeweiligem Bilanzformat) [Gesamtbetrag und ≤1 Jahr]

Angabe freiwillig [1–5 Jahren]

b) Angaben zu den Verbindlichkeiten

Zu den Verbindlichkeiten ist eine Reihe von Zusatzangaben über Restlaufzeiten und Besicherung erforderlich, die den Gläubigern einen relativ guten Einblick in die Finanzlage gewährleistet. Es bietet sich an, diese Angaben – obwohl z. T. für die Bilanz vorgeschrieben – im Anhang zusammenzufassen. Hierzu wurde der sog. Verbindlichkeitenspiegel entwickelt. Die Form dieser Übersicht geht aus Abbildung 30 auf S. 91 hervor.

c) Angaben zu den sonstigen finanziellen Verpflichtungen

Neben der klassischen Kreditfinanzierung haben die nicht bilanzwirksamen modernen Finanzierungsformen wie Leasing erheblich an Bedeutung gewonnen. Als Verkaufsargument spielt dabei die „Schonung der Bilanz" eine nicht unwesentliche Rolle. Eine vernünftige Beurteilung der Finanzlage eines Unternehmens ist damit ohne Kenntnis derartiger Vorgänge nicht durchführbar. Nach § 285 Nr. 3 müssen Kapitalgesellschaften deshalb den Gesamtbetrag der sonstigen finanziellen Verpflichtungen, die nicht in der Bilanz erscheinen und auch nicht nach § 251 (Eventualverpflichtungen) anzugeben sind, im Anhang nennen. Die Information ist nur erforderlich, sofern die Angaben zur Beurteilung der Finanzlage von Bedeutung sind.

Das Gesetz sagt nichts darüber aus, was unter den „sonstigen finanziellen Verpflichtungen" zu verstehen ist. Aus der Entstehungsgeschichte dieser Vorschrift geht hervor, daß insbesondere folgende Sachverhalte gemeint sind:

- mehrjährige Verpflichtungen aus Miet- und Leasingverträgen,
- Verpflichtungen aus begonnenen Investitionsvorhaben,
- Verpflichtungen aus künftigen Großreparaturen,
- Verpflichtungen aus künftigen Umweltschutzmaßnahmen.

Es reicht aus, den Gesamtbetrag dieser Verpflichtungen zu nennen. Eine Erläuterungspflicht besteht nicht. Offen ist, ob der Nominalwert oder der Barwert derartiger Verpflichtungen anzugeben ist. In der Praxis finden sich beide Varianten, daneben auch die Angabe von Jahresbeträgen mit Fälligkeiten oder Vertragslaufzeiten.

d) Angaben zu Beteiligungen

Zu den wichtigsten Grundsätzen des Bilanzrechts gehört die Forderung nach Transparenz der Unternehmensverbindungen. Zusammenbrüche von Konzernen zeigen immer wieder, welche Gefährdungen aus derartigen Konstruktionen für die Gläubiger erwachsen. Alle Kapitalgesellschaften müssen deshalb eine Vielzahl von Angaben zum Anteilsbesitz machen (§ 285 Nr. 11). Für sämtliche Beteiligungen ab 20% sind zu nennen:

- Firma,
- Sitz,
- Höhe des Anteils am Kapital,
- Eigenkapital,
- Ergebnis des letzten Geschäftsjahres.

Die Offenlegung von Beteiligungsverhältnissen und die Nachvollziehbarkeit des Erfolgs der Beteiligungspolitik werden von vielen Unternehmen als schmerzhaft empfunden. Für die Angaben zu den Beteiligungen existiert deshalb eine Reihe von Ausnahmevorschriften (vgl. Punkt h). Außerdem machen die meisten Kapitalgesellschaften zumindest partiell von der Möglichkeit des § 287 Gebrauch, diese Angaben in einer separaten Aufstellung zu machen. Diese Aufstellung braucht auch von großen Kapitalgesellschaften nicht im Bundesanzeiger veröffentlicht zu werden. Es genügt Handelsregistereinreichung und ein entsprechender Verweis darauf im Anhang.

e) Angaben über Beziehungen zu Unternehmensorganen

Gemäß § 285 Nr. 10 müssen alle Mitglieder des Geschäftsführungsorgans und eines Aufsichtsrats namentlich im Anhang aufgeführt werden. Darüber hinaus verlangt § 285 Nr. 9 die Angabe:

- der Bezüge der Geschäftsführung, eines Aufsichtsrats oder Beirats getrennt nach Gruppen (incl. Nebenleistungen),
- der Bezüge früherer Mitglieder der genannten Organe,
- der gewährten Vorschüsse und Kredite (mit Konditionen).

Im Rahmen der Mittelstandsrichtlinie ist vorgesehen, auf die Berichtspflicht der Geschäftsführungsbezüge zu verzichten, wenn daraus Rückschlüsse auf die Vergütung einzelner Mitglieder gezogen werden können.

f) Angaben über steuerliche Maßnahmen

Das HGB nimmt zwar auf das Maßgeblichkeitsprinzip (insbesondere auf seine Umkehrung) aus Gründen der Steuerneutralität Rücksicht, aber es belegt die (das handelsrechtliche Bild verfälschenden) rein steuerlich bedingten Maßnahmen mit strengen Informationspflichten. So bestehen folgende Angabepflichten:

- Angabe und Begründung des Betrags der im Geschäftsjahr allein nach steuerlichen Vorschriften vorgenommenen Abschreibungen, getrennt nach Anlage- und Umlaufvermögen (§ 281 Abs. 2);
- Angabe und Begründung des Betrags der im Geschäftsjahr aus steuerlichen Gründen unterlassenen Zuschreibungen (§ 280 Abs. 3);
- Angabe des Ausmaßes, in dem das Jahresergebnis dadurch beeinflußt wurde, daß bei Vermögensgegenständen im Geschäftsjahr oder in früheren Geschäftsjahren Abschreibungen aufgrund steuerrechtlicher Vorschriften vorgenommen oder beibehalten wurden oder ein Sonderposten gebildet wurde; ferner das Ausmaß erheblicher künftiger Belastungen, die sich aus einer solchen Bewertung ergeben (§ 285 Nr. 5).

Zur Einschränkung der berichtspflichtigen Tatbestände hat es sich eingebürgert, bei den Bewertungsmethoden so weit wie möglich die steuerliche Vorgehensweise auch als handelsrechtliche Methode zu deklarieren.

g) Aufgliederung der Umsatzerlöse

Um Jahresabschlußinteressenten die Beurteilung der Absatzsituation zumindest global zu ermöglichen, schreibt § 285 Nr. 4 eine Aufgliederung der Umsatzerlöse nach Tätigkeitsbereichen und geographisch bestimmten Märkten vor. Der Detaillierungsgrad der Angaben ist nicht vorgeschrieben, lediglich die Anlehnung an die Vertriebsorganisation.

h) Unterlassen von Anhangangaben

Die Angabepflichten im Anhang sind zum Teil sehr weitgehend und könnten im Einzelfall dem berichtenden Unternehmen bzw. Dritten Schaden zufügen. Deshalb sieht das Gesetz für bestimmte Fälle Ausnahmen von der Informationspflicht vor (§ 286):

- Generell hat die Berichterstattung insoweit zu unterbleiben, als es für das Wohl der Bundesrepublik Deutschland oder eines ihrer Länder erforderlich ist (§ 286 Abs. 1).

- Die Aufgliederung der Umsatzerlöse (§ 285 Nr. 4) kann unterbleiben, soweit die Aufgliederung nach vernünftiger kaufmännischer Beurteilung dazu geeignet ist, der Kapitalgesellschaft oder einem Unternehmen, an dem eine mindestens 20%ige Beteiligung besteht, einen erheblichen Nachteil zuzufügen (§ 286 Abs. 2).
- Die Angaben zum Anteilsbesitz nach § 285 Nr. 11 können unterbleiben, soweit sie für die Darstellung der Vermögens-, Finanz- und Ertragslage unerheblich sind oder nach vernünftiger kaufmännischer Beurteilung geeignet sind, der Kapitalgesellschaft oder dem anderen Unternehmen einen erheblichen Nachteil zuzufügen (§ 286 Abs. 3 Satz 1). Die Angabe des Eigenkapitalanteils und des Jahresergebnisses kann unterbleiben, wenn das betreffende Unternehmen nicht publizitätspflichtig ist und die berichtende Kapitalgesellschaft weniger als 50% der Anteile besitzt (§ 286 Abs. 3 Satz 2).

Darüber hinaus besteht die bereits erwähnte Möglichkeit, die Angaben über den Anteilsbesitz nach § 285 Nr. 11 statt im Anhang in einer gesonderten Aufstellung zu machen (§ 287).

E. Lagebericht

Nach der derzeit geltenden Regelung müssen sämtliche Kapitalgesellschaften unabhängig von der Unternehmensgröße einen Lagebericht erstellen. Offenlegungs- und Prüfungspflicht für den Lagebericht setzen allerdings erst ab Mittelformat ein. Nach der EG-Mittelstandsrichtlinie soll jedoch künftig bei den kleinen Kapitalgesellschaften auf die Erstellung des Lageberichts verzichtet werden.

Zentrale Aufgabe des Lageberichts ist es, den Geschäftsverlauf und die Lage der Kapitalgesellschaft so darzustellen, daß ein den tatsächlichen Verhältnissen entsprechendes Bild vermittelt wird (§ 289 Abs. 1). Für den Lagebericht als reines Informationsinstrument gelten die aus dem Gläubigerschutz resultierenden Restriktionen sowie die ausschließliche Vergangenheitsorientierung des Jahresabschlusses nicht.

Die Darlegungen zum Geschäftsverlauf beziehen sich auf die abgelaufene Periode. Dabei soll nach Auffassung der Literatur auf folgende Themenbereiche eingegangen werden:

- Entwicklung des Ergebnisses,
- Entwicklung der Vermögens- und Finanzlage,
- besondere Ereignisse des abgelaufenen Geschäftsjahrs,
- Beschaffungsbereich,
- Produktions- bzw. Leistungsbereich,
- Absatzbereich,
- Investition und Finanzierung,
- Personal- und Sozialwesen.

Für die Berichterstattung über die Lage des Unternehmens wird nach herrschender Meinung Zukunftsorientierung gefordert, denn die Adressaten des Lageberichts benötigen derartige Informationen für ihre Entscheidungen. Umstritten ist lediglich das Ausmaß der Zukunftsinformation. Zum Teil werden in der Literatur mehr oder weniger detaillierte Planungen gefordert. Vernünftigerweise kann jedoch lediglich eine Globalaussage gemeint sein. Auch die Praxis beschränkt sich in diesem Bereich auf Tendenzaussagen.

Über die Lageberichterstattung i. e. S. hinaus soll der Lagebericht auch eingehen auf:

- Vorgänge von besonderer Bedeutung, die nach dem Geschäftsjahresende eingetreten sind (§ 289 Abs. 2 Nr. 1),
- die voraussichtliche Entwicklung der Kapitalgesellschaft (§ 289 Abs. 2 Nr. 2),
- den Bereich Forschung und Entwicklung (§ 289 Abs. 2 Nr. 3).

Die beiden ersten Zusatzpflichten unterstreichen nochmals deutlich die Zukunftsorientierung des Lageberichts. Berichtspflichtige Vorgänge nach Schluß des Geschäftsjahrs müssen für die Beurteilung der Vermögens-, Finanz- und Ertragslage von besonderer Bedeutung sein (z. B. Veränderungen der politischen oder wirtschaftlichen Rahmenbedingungen, Marktveränderungen, der Abschluß wesentlicher Verträge, Kauf/Verkauf von Beteiligungen, gravierende Änderungen im Personalbereich). Negative Entwicklungen dürfen dabei nicht verschwiegen werden.

Bei der Berichterstattung über die voraussichtliche Entwicklung wird im allgemeinen ein Zeithorizont von 1 – 2 Jahren als ausreichend angesehen. Nach herrschender Meinung reichen verbale Ausführungen über die Zukunftserwartungen aus.

Für die Beurteilung der Zukunftsaussichten ist die Berichterstattung über die Forschungs- und Entwicklungstätigkeit von größter Bedeutung. Eine zu detaillierte Information könnte allerdings dazu führen, daß Wettbewerbsvorteile preisgegeben werden. Man wird deshalb lediglich globale Informationen über Ziele der Forschung, Forschungseinrichtungen, Mitarbeiter in der Forschung, Investitionen, Umweltschutz etc. erwarten können.

Über die vom Gesetz geforderten Inhalte hinaus ist der Lagebericht offen für zusätzliche freiwillige Informationen wie. z. B. Kapitalflußrechnungen, Kennzahlen, Substanzerhaltungsrechnungen, Sozialberichte usw.

F. Straf- und Bußgeldvorschriften

In den §§ 331 bis 335 regelt das HGB die Folgen von Rechtsverstößen gegen die Rechnungslegungsvorschriften. Als Straftatbestand, der mit Geldstrafe oder Freiheitsstrafe bis zu drei Jahren geahndet wird, gelten gemäß § 331 im wesentlichen unrichtige Angaben durch vertretungsberechtigte Personen in allen Rechnungslegungsinstrumenten (Jahresabschluß/Konzernabschluß, Lagebericht, Konzernlagebericht usw.). Auch die Verletzung der Berichts- und Geheimhaltungspflicht des Abschlußprüfers (§§ 332, 333) stellt einen Straftatbestand dar.

Sonstige Verstöße (§ 334) gelten lediglich als Ordnungswidrigkeit, die mit einer Geldbuße bis zu 50000,– DM geahndet werden kann (§ 334 Abs. 3). Darunter fallen im wesentlichen Verstöße gegen Vorschriften über Form, Inhalt, Bewertung, Gliederung und Informationspflichten im Einzel- und Konzernabschluß bzw. -lagebericht, aber auch Verstöße gegen die Offenlegungs- und Veröffentlichungsvorschriften.

Personen, die den gesetzlichen Verpflichtungen nicht nachkommen, können durch das Registergericht nur auf Antrag durch die Festsetzung von Zwangsgeld zur Pflichterfüllung angehalten werden (§ 335). Antragsberechtigt sind lediglich Gesellschafter, Gläubiger oder der Gesamtbetriebsrat bzw., wenn ein solcher nicht besteht, der Betriebsrat. Durch diese Antragsvoraussetzung kann die tatsächliche Befolgung der Offenlegungspflichten der Kapitalgesellschaften von Amts wegen nicht erzwungen werden.

II. Grundlagen des Konzernbilanzrechts

A. Bedeutung von Konzernabschlüssen

Zahlreiche Gründe lassen es aus Sicht einer Unternehmensleitung sinnvoll erscheinen, ihre wirtschaftlichen Aktivitäten so zu organisieren, daß sie in mehreren rechtlich selbständigen Unternehmen angesiedelt sind, wobei die Führung letztlich jedoch immer von der Gesamtunternehmensleitung, der Konzernspitze, ausgeht.

Gründe für die Konzernbildung können unter anderem von

- steuerlichen,
- haftungsrechtlichen,
- organisatorischen oder
- wachstumspolitischen

Überlegungen ausgehen. Die Konzernbildung führt regelmäßig dazu, daß in den einzelnen Jahresabschlüssen jeweils nur noch ein Teil der wirtschaftlichen Aktivitäten des Konzerns abgebildet wird. Die Transparenz der Vermögens-, Finanz- und Ertragslage geht sehr schnell verloren. Hinzu kommt, daß das durch die Einzelabschlüsse der beteiligten Gesellschaften vermittelte Bild durch zahlreiche konzerninterne Vorgänge zum Teil erheblich verzerrt wird.

Vorgänge, die die Aussagefähigkeit der einzelnen Jahresabschlüsse verfälschen, sind insbeondere:

- konzerninterne Geschäfte, die zum Ausweis von Zwischengewinnen führen, die am Markt noch nicht realisiert sind,
- gezielte geschäftspolitische Strategien, um das Erscheinungsbild eines konzernabhängigen Unternehmens, wie es durch den Jahresabschluß vermittelt wird, entweder zu verbessern oder zu verschlechtern, also die Umsetzung von
  - Stützungs- oder
  - Abschöpfungsstrategien.

Zwar gibt es eine Vielzahl rechtlicher Versuche, derartige Gestaltungen gezielt zu unterbinden, die praktische Wirkung muß jedoch vielfach bezweifelt werden. Ein regelmäßiger Blick in die Wirtschaftspresse wird dies sehr schnell belegen. Zu vielfältig sind die Gestaltungsmöglichkeiten, die der Konzernleitung zur Verfügung stehen, da letztlich doch immer Geschäfte innerhalb des Konzerns solche sind, an denen keine gleichberechtigten Partner mitwirken und damit die Marktbedingungen weitgehend außer Kraft gesetzt sind.

Der Konzernabschluß stellt somit den Versuch dar, ein Instrument der Rechnungslegung zu entwickeln, bei dem alle Auswirkungen der vielfältigen Gestaltungsmöglichkeiten auf die Darstellung der Vermögens-, Finanz- und Ertragslage des Konzerns eliminiert werden. Ein derart konzipierter Konzernabschluß baut auf der sogenannten Einheitstheorie auf, nach der ein Bild vermittelt werden soll, wie es sich dann darstellen würde, wenn der Konzern ein einziges rechtlich selbständiges Unternehmen wäre.

Das deutsche Konzernbilanzrecht basiert in Anlehnung an die 7. EG-Richtlinie zur Harmonisierung des europäischen Gesellschaftsrechts auf der Einheitstheorie. Dies bedeutet aber, daß der Konzernabschluß auf einer Fiktion aufbaut, die den tatsächlichen Gegebenheiten nicht entspricht. Dieser Tatsache muß sich vor allem der Leser eines Konzernabschlusses stets bewußt sein, um keine falschen Schlüsse zu ziehen. Da der Konzernabschluß ein reines Informationsinstrument darstellt und sich an ihn keinerlei rechtliche Konsequenzen wie Konkurs, Steuerzahlungen oder Ausschüttungen knüpfen, sind die Konzernrechnungslegungsvorschriften durchweg liberaler gehalten, da insbesondere der Gläubigerschutzgedanke durch die Ausschüttungssperrfunktion im Konzernabschluß nicht zum Tragen kommt.

Ein Bilanzanalytiker, der beispielsweise aus der Sicht einer kreditgebenden Bank einen Konzernabschluß analysiert, muß stets bedenken, daß Kreditnehmer nie der Konzern ist und damit die im Konzernabschluß ausgewiesenen Vermögensgegenstände sich auf mehrere rechtlich selbständige Unternehmen verteilen, mit denen unter Umständen keinerlei Geschäftsbeziehungen unterhalten werden. Dies macht die Interpretation zahlreicher gängiger Kennzahlen aus der Jahresabschlußanalyse teilweise sehr schwierig. So leidet insbesondere jede Berechnung eines Konzern-Cash-Flows in besonderem Maße unter dem Fiktionscharakter des Konzernabschlusses. Die Interpretation eines Konzern-Cash-Flows muß daher stets unter besonderer Berücksichtigung der individuellen Verhältnisse erfolgen.

Trotz dieser Einschränkungen stellt der Konzernabschluß ein bedeutsames Instrument der Unternehmensanalyse dar. Indes muß man sich stets darüber im klaren sein, daß die spezifischen Vorschriften zur

Konzernrechnungslegung einem Konzernabschluß einen anderen Aussagewert verleihen als einem Einzelabschluß und daß vor allem die zahlreichen konsolidierungstechnischen Vorschriften eine Vielzahl von Wahlrechten beinhalten, aus denen ein umfangreiches, spezifisch konzernbilanzpolitisches Instrumentarium entsteht.

B. Einheitstheorie

Die Generalnorm des Konzernbilanzrechts ergibt sich aus dem § 297 Abs. 3 Satz 1, der besagt, daß die Vermögens-, Finanz- und Ertragslage der einbezogenen Unternehmen so im Konzernabschluß darzustellen sind, als ob „diese ein einziges Unternehmen wären".

Nach diesem Verständnis stellt der Konzernabschluß einen sogenannten „Quasi-Einzelabschluß" dar. Dieses Grundprinzip bestimmt dann im wesentlichen alle gesetzlichen Detailregelungen zum Konsolidierungskreis und den anzuwendenden Verfahren und Methoden der Konsolidierung. Im einzelnen ergeben sich daraus die folgenden Grundsätze der Konzernbilanzierung, wenngleich davon in noch zu erwähnenden Ausnahmefällen Abweichungen vorkommen können:

- Alle in den Konzernabschluß einbezogenen Unternehmen werden grundsätzlich so behandelt, als wären sie unselbständige Betriebsabteilungen.
- Alle „In-sich-Geschäfte" des Konzerns sind im Rahmen der Erstellung des Konzernabschlusses zu eliminieren.
- Innerhalb des Konzerns sind einheitliche Bilanzierungs- und Bewertungsmethoden anzuwenden (Grundsatz der Einheitlichkeit der Bewertung).
- Die Erstellung des Konzernabschlusses hat auf der Basis von Einzelabschlüssen zu erfolgen, die zum gleichen Stichtag erstellt wurden.
- Konzernfremde Minderheitsgesellschafter gelten grundsätzlich als Gesellschafter des Konzerns mit der Folge, daß beispielsweise die auf Konzernfremde entfallenden Kapitalanteile zum Eigenkapital des Konzerns gehören.

Die Fiktion der rechtlichen Einheit ist damit die tragende Säule des Konzernbilanzrechts. Daraus folgt, daß Aussagen aufgrund eines Konzernabschlusses stets vor diesem Hintergrund zu beurteilen sind: dem Konzern als Fiktion.

C. Konsolidierungskreis

1. Pflicht zur Aufstellung von Konzernabschlüssen

Die Pflicht zur Aufstellung von Konzernabschlüssen ergibt sich aus § 290. Sie besteht für inländische Kapitalgesellschaften stets dann, wenn sie gegenüber anderen Unternehmen (Tochterunternehmen) die Eigenschaft eines Mutterunternehmens haben. Zwei Konzepte begründen die Eigenschaft eines Mutterunternehmens:

- das Konzept der einheitlichen Leitung (§ 290 Abs. 1), oder
- das Control-Konzept (§ 290 Abs. 2).

Die Pflicht zur Aufstellung eines Konzernabschlusses tritt bereits ein, wenn die Bedingungen eines der beiden Konzepte realisiert sind. Unabhängig davon überschneiden sich in der großen Mehrzahl der Fälle beide Konzepte.

Das Konzept der einheitlichen Leitung, auch unter dem Namen ökonomisches Konzept bekannt, knüpft an den Begriff der einheitlichen Leitung nach dem früheren Aktiengesetz von 1965 an. Die Frage, ob einheitliche Leitung im Einzelfall gegeben ist, beurteilt sich nach den tatsächlichen Verhältnissen bezüglich der Entscheidungsausübung in den wesentlichen unternehmerischen Bereichen; dabei ist auf das Gesamtbild abzustellen. Es ist in der Fachliteratur umstritten, ob die Vermutungen einheitlicher Leitung, die das Aktiengesetz von 1965 kannte, auf den § 290 Abs. 1 übertragen werden können.

Das Control-Konzept des § 290 Abs. 2, auch juristisches Konzept genannt, entspricht dem Grundgedanken der 7. EG-Richtlinie, die dieses Prinzip den Mitgliedsstaaten als Mindestprinzip vorschreibt. Im Gegensatz zum Konzept der einheitlichen Leitung genügt es beim Control-Konzept bereits, daß die Möglichkeit der Beherrschung besteht. Es kommt somit nicht auf den Nachweis der tatsächlichen Beherrschung an.

Die Kriterien, die zur Beherrschung führen, sind im § 290 Abs. 2 vollzählig genannt. Sie sind erfüllt, wenn einem Mutterunternehmen bei einem anderen Unternehmen (Tochterunternehmen)

- die Mehrheit der Stimmrechte der Gesellschafter zusteht (Nr. 1),
- das Recht zusteht, die Mehrheit der Mitglieder des Verwaltungs-,

Leitungs- oder Aufsichtsorgans zu bestellen oder abzuberufen und das Mutterunternehmen gleichzeitig Gesellschafter ist (Nr. 2),
- das Recht zusteht, einen beherrschenden Einfluß aufgrund eines mit diesem Unternehmen geschlossenen Beherrschungsvertrags oder aufgrund einer Satzungsbestimmung dieses Unternehmens auszuüben (Nr. 3).

Die Beherrschungsvermutungen des § 290 Abs. 2 sind unwiderlegbar. Es genügt, wenn eine der drei genannten Voraussetzungen erfüllt ist.

Eine für die mittelständische Wirtschaft sehr bedeutende Detailfrage ist die Konzernrechnungslegungspflicht der GmbH & Co. KG. Es stellt sich die Frage, ob die Komplementär-GmbH die einheitliche Leitung über die KG ausübt bzw. diese aufgrund der Komplementärs-Stellung (ggf. auch ohne Einlage) beherrscht. Die vorherrschende Literaturmeinung verneint die Konzernrechnungslegungspflicht, soweit sich die GmbH ausschließlich auf ihre Komplementärfunktion beschränkt und nicht am allgemeinen wirtschaftlichen Verkehr teilnimmt. In diesem Falle wird die GmbH & Co. KG als einheitliches Unternehmen angesehen, es fehlt dann insoweit an einem Tochterunternehmen (WP-Handbuch 1985/86 Bd. II, S. 297; a. A.: Biener/Berneke, S. 287 f.). Bei einer über die reine Komplementärfunktion hinausgehenden wirtschaftlichen Betätigung der GmbH dürfte jedoch die eigenständige Unternehmenseigenschaft der GmbH zu bejahen sein. Dann wäre auch ein Mutter-/Tochter-Verhältnis mit der KG gegeben, das dann die Konzerneigenschaft begründete.

Grundsätzlich hat somit jede inländische Kapitalgesellschaft, die die Eigenschaft eines Mutterunternehmens gemäß § 290 hat, einen Konzernabschluß aufzustellen, in den neben dem Mutterunternehmen selbst auch alle Tochterunternehmen einzubeziehen sind. Eine Differenzierung zwischen inländischen und ausländischen Gesellschaften erfolgt nicht, der Konzernabschluß ist somit als Weltabschluß aufzustellen.

Von diesem allgemeinen Prinzip weicht das Gesetz jedoch in einer Vielzahl von Fällen aufgrund von Ausnahmevorschriften ab.

2. Ausnahmen von der Konzernrechnungslegungspflicht

a) Größenabhängige Befreiungen

Die wichtigste Ausnahmeregelung enthält zweifellos § 293 Abs. 1, der die Pflicht zur Erstellung von Konzernabschlüssen auf solche Konzerne begrenzt, die die dort genannten Größenschwellen überschreiten.

Das Gesetz formuliert zwei Größenschwellen, eine für die Summe aller in den Konzernabschluß einzubeziehenden Unternehmen (unkonsolidierte Werte) und eine für den Konzernabschluß selbst (konsolidierte Werte). Nur das Überschreiten beider Schwellen löst die Pflicht zur Erstellung eines Konzernabschlusses aus.

Die Schwellenwerte betragen:

	konsolidiert	unkonsolidiert
Bilanzsumme	46,8 Mio DM	39 Mio DM
Umsatzerlöse	96 Mio DM	80 Mio DM
Beschäftigtenzahl	500	500

Die Befreiung greift bereits dann, wenn zwei der jeweils drei Schwellenwerte am Abschlußstichtag oder am vorhergehenden Abschlußstichtag nicht überschritten wurden.

b) Befreiende Konzernabschlüsse

Grundsätzlich ergibt sich aufgrund der allgemeinen Regelungen des § 290 auch die Verpflichtung zur Aufstellung von Teilkonzernabschlüssen; das heißt Kapitalgesellschaften, die zugleich Mutter- und Tochterunternehmen sind, haben ebenfalls einen Konzernabschluß für den Konzernteil aufzustellen, für den sie selbst Mutterunternehmen sind. Bei mehrstufigen Konzernen ist somit auf jeder Konzernstufe ein Teilkonzernabschluß zu erstellen. Man nennt diese Reglung im deutschen Schrifttum auch „Tannenbaumprinzip".

Eine Ausnahme von diesem allgemeinen Grundsatz enthält § 291. Danach besteht keine Verpflichtung zur Aufstellung eines Teilkonzernabschlusses, wenn der Teilkonzern in einen übergeordneten Konzernabschluß einbezogen ist, der von einem Mutterunternehmen mit Sitz in der EG nach jeweiligem nationalen Recht gemäß der 7. EG-Richtlinie erstellt und gemäß der 8. EG-Richtline geprüft ist (§ 291 Abs. 2). In diesem Fall ist der übergeordnete befreiende Konzernabschluß jedoch nach deutschem Recht und in deutscher Sprache offenzulegen (§ 291 Abs. 1). Ferner hat der Anhang zum Einzelabschluß des befreiten Unternehmens einen Hinweis auf Name und Sitz des Mutterunternehmens, das den befreienden Konzernabschluß aufgestellt hat und einen Hinweis auf die Befreiung selbst zu enthalten (§ 290 Abs. 2 Nr. 3).

Minderheitsgesellschafter können jedoch verlangen, daß gleichwohl ein Teilkonzernabschluß erstellt wird. In diesem Fall müssen Aktionäre, die zusammen über mindestens 10% des Kapitals einer AG bzw. einer KGaA halten, bzw. Gesellschafter einer GmbH, die zusammen mindestens 20% des Kapitals halten, spätestens 6 Monate vor Ablauf des Geschäftsjahres die Aufstellung eines Konzernabschlusses verlangen (§ 290 Abs. 3 Satz 1). Bei Gesellschaften, bei denen ein Mutterunternehmen mindestens 90% der Anteile hält, ist die Inanspruchnahme der Befreiung nur möglich, wenn die Minderheitsgesellschafter der Befreiung zugestimmt haben (§ 290 Abs. 3 Satz 2).

Eine weitere Befreiungsmöglichkeit ergibt sich aus § 292, nach dem der Bundesminister der Justiz ermächtigt wird, auch Konzernabschlüsse als befreiend anzuerkennen, die von einem Mutterunternehmen mit Sitz außerhalb der EG aufgestellt wurden, soweit sie EG-Recht entsprechen oder gleichwertig sind. Zur Zeit liegt eine solche Rechtsverordnung jedoch noch nicht vor.

3. Ausnahmen von der Einbeziehungspflicht

Neben der gänzlichen Befreiung von der Verpflichtung, einen Konzernabschluß zu erstellen, kennt das Gesetz Ausnahmen von der grundsätzlichen Verpflichtung, neben dem Mutterunternehmen alle Tochterunternehmen ohne Rücksicht auf ihren Sitz (Weltabschlußprinzip) in den Konzernabschluß einzubeziehen (§ 294 Abs. 1).

a) Einbeziehungsverbot

So enthält § 295 Abs. 1 ein Verbot der Einbeziehung solcher Tochterunternehmen, deren Tätigkeit sich von der der anderen einbezogenen Unternehmen derart unterscheidet, daß die Einbeziehung mit der Verpflichtung, im Konzernabschluß ein den tatsächlichen Verhältnissen entsprechendes Bild zu vermitteln, kollidieren würde. Indes stellt § 295 Abs. 2 klar, daß allein die Tatsache, daß Konzerunternehmen teils Industrie-, Handels- und Dienstleistungsunternehmen oder mit unterschiedlichen Erzeugnissen befaßt sind, noch keine abweichende Tätigkeit im Sinne des § 295 Abs. 1 begründet.

Im Konzernanhang ist auf die Nichteinbeziehung gemäß § 295 Abs. 1 hinzuweisen, und die Einzelabschlüsse nichteinbezogener Unternehmen, die nicht in Deutschland offengelegt werden, sind mit dem Konzernabschluß beim Handelsregister einzureichen (§ 295 Abs. 3).

Die Vorschrift zum Einbeziehungsverbot wird in der Literatur zutreffend als recht vage und für die praktische Anwendung unzureichend konkretisiert angesehen. Klar dürfte das Bestreben des Gesetzgebers sein, konzernuntypische Tätigkeiten aus dem im Konzernabschluß vermittelten Bild herauszuhalten. Einigkeit herrscht daüber, daß gemeinnützige Unterstützungskassen diese Voraussetzungen regelmäßig erfüllen dürften. Auch die Konsolidierung von Industriebeteiligungen in Bank- und Versicherungsabschlüssen dürfte in der Regel unter das Verbot des § 295 Abs. 1 fallen, wenngleich der umgekehrte Fall, das Halten einer Bankbeteiligung durch ein Industrieunternehmen, schon nicht mehr so eindeutig beurteilt werden kann.

b) Einbeziehungswahlrechte

Neben dem Einbeziehungsverbot des § 295 Abs. 1 enthält § 296 eine Reihe von Einbeziehungswahlrechten. Im einzelnen braucht ein Konzernunternehmen nicht in den Konzernabschluß einbezogen zu werden

- bei einer erheblichen und andauernden Beschränkung der Rechtsausübung in bezug auf das Vermögen oder die Geschäftsführung (§ 296 Abs. 1 Nr. 1),
- bei unverhältnismäßig hohen Kosten oder Verzögerungen für die Beschaffung der zur Einbeziehung erforderlichen Informationen (§ 296 Abs. 1 Nr. 2),
- wenn die betreffenden Anteile an einem Konzernunternehmen ausschließlich zum Zwecke der Weiterveräußerung gehalten werden (§ 296 Abs. 1 Nr. 3).

Die Problematik dieser Einbeziehungswahlrechte liegt durchweg in den recht vagen Formulierungen des Gesetzgebers, die notwendigerweise einen erheblichen Auslegungsspielraum zur Folge haben. Die Literatur verlangt somit in allen Fällen eine sehr enge Auslegung, um Gestaltungsmißbräuchen bei der Ausübung dieser Wahlrechte vorzubeugen.

§ 296 Abs. 2 enthält ein weiteres Einbeziehungswahlrecht für solche Tochterunternehmen, die für die Vermittlung eines den tatsächlichen Verhältnissen entsprechenden Bildes der Vermögens-, Finanz- und Ertragslage des Konzerns von untergeordneter Bedeutung sind. Allerdings verlangt § 296 Abs. 2 Satz 2, daß die Voraussetzung der untergeordneten Bedeutung bei der Nichteinbeziehung mehrerer Tochterunternehmen von der Gesamtheit der nichteinbezogenen Unternehmen ebenfalls noch erfüllt sein muß. Da auch die Regelung des § 296 Abs. 2 recht unbestimmt ist, bedarf der Begriff der untergeordneten Bedeutung der Auslegung. Die Kommentarliteratur spricht sich gegen feste Regelungen wie Größe der Bilanzsumme, Umsatz oder Mitarbeiterzahl aus und verlangt statt dessen die individuelle Beurteilung des Einzelfalles.

Die Anwendung der Nichteinbeziehungswahlrechte des § 296 Abs. 1 und Abs. 2 verlangt in jedem Fall eine Begründung im Konzernanhang (§ 296 Abs. 3). Doch auch in diesem Punkt läßt der Gesetzgeber offen, welche Qualitätsansprüche an eine solche Begründung anzulegen sind. Der bloße Hinweis auf den Gesetzeswortlaut dürfte nach Auffassung der Literatur hier nicht genügen. Im übrigen wird in der Literatur auch verlangt, daß die Begründung für jedes nichteinbezogene Unternehmen gesondert zu geben ist; eine Auffassung, der die Praxis nach unserer Einschätzung bei weitem nicht folgt.

4. Stichtag

Als Stichtag für die Aufstellung des Konzernabschlusses kann nach § 299 Abs. 1 gewählt werden:

- der Stichtag des Jahresabschlusses des Mutterunternehmens,
- der Stichtag der Jahresabschlüsse der bedeutendsten einbezogenen Unternehmen,
- der Stichtag der Jahresabschlüsse der Mehrzahl der einbezogenen Unternehmen.

Dabei ist die Abweichung vom Stichtag des Jahresabschlusses des Mutterunternehmens im Konzernanhang anzugeben und zu begründen (§ 299 Abs. 1).

Sind die Jahresabschlüsse von einzubeziehenden Unternehmen auf Stichtage aufgestellt, die mehr als drei Monate vor dem Stichtag des Konzernabschlusses liegen, so hat die Einbeziehung dieser Unternehmen in den Konzernabschluß auf Basis eines Zwischenabschlusses zu erfolgen (§ 299 Abs. 2 Satz 2). Wird ein Unternehmen aufgrund eines Jahresabschlusses einbezogen, der auf einen bis zu drei Monate vor dem Stichtag des Konzernabschlusses liegenden Stichtag erstellt wurde, so sind Vorgänge von besonderer Bedeutung, die zwischen den Stichtagen eingetreten sind, in der Konzernbilanz und der Konzern-GuV zu berücksichtigen oder im Konzernanhang anzugeben (§ 299 Abs. 3).

D. Kapitalkonsolidierung

1. Aufgaben der Kapitalkonsolidierung

Die Notwendigkeit der Kapitalkonsolidierung soll zunächst anhand eines einfachen Beispiels mit einer 100%igen Beteiligung demonstriert werden.

Bilanz Mutter M

Beteiligung an T	100	Eigenkapital	50
		Fremdkapital	50
	100		100

Bilanz Tochter T

Vermögen	200	Eigenkapital	100
		Fremdkapital	100
	200		200

Eine Addition der beiden Bilanzen führt zu der nachfolgenden Summenbilanz, aus der sich wie auch bereits in den beiden Einzelbilanzen noch eine Eigenkapitalquote von 50% ergibt.

Summenbilanz

Beteiligung an T	100	Eigenkapital	150
Vermögen	200	Fremdkapital	150
	300		300

In dieser Summenbilanz ist jedoch das Eigenkapital der Tochter doppelt enthalten, da es sowohl bei der Tochter als auch (über den Wertansatz der Beteiligung) bei der Mutter erfaßt ist. Aus diesem Grund ist eine Saldierung des Beteiligungsansatzes mit dem Eigenkapital der Tochter erforderlich (Kapitalkonsolidierung). Daraus entsteht dann folgende Konzernbilanz:

Konzernbilanz

Vermögen	200	Eigenkapital	50
		Fremdkapital	150
	200		200

An diesem Beispiel erkennt man in einem wesentlichen Punkt die eingeschränkte Aussagefähigkeit der Einzelabschlüsse. Jedes Konzernunternehmen weist in seiner Einzelbilanz eine Eigenkapitalquote von 50% aus. Der Konzern insgesamt verfügt jedoch lediglich über eine Eigenkapitalquote von 25%.

In der Regel entsteht ein zusätzliches Problem dadurch, daß der Wertansatz in der Einzelbilanz der Mutter mit dem anteiligen Eigenkapital in der Bilanz der Tochter nicht übereinstimmt, was im abgewandelten Folgebeispiel erkennbar wird.

Bilanz Mutter M

Beteiligung an T	120	Eigenkapital	50
		Fremdkapital	70
	120		120

Bilanz Tochter T

Vermögen	200	Eigenkapital	100
		Fremdkapital	100
	200		200

Summenbilanz

Beteiligung an T	120	Eigenkapital	150
Vermögen	200	Fremdkapital	170
	320		300

Verrechnet man jetzt das Eigenkapital der Tochter in Höhe von 100 mit dem Beteiliungsansatz in der Bilanz der Mutter in Höhe von 120, so entsteht ein Unterschiedsbetrag auf der Aktivseite in Höhe von 20.

Konzernbilanz

Unterschiedsbetrag	20	Eigenkapital	50
Vermögen	200	Fremdkapital	170
	220		220

Liegt der Bilanzansatz in der Einzelbilanz der Mutter unter dem anteiligen Eigenkapital der Tochter, so entsteht ein passivischer Unterschiedsbetrag.

Die verschiedenen Verfahren der Kapitalkonsolidierung unterscheiden sich u. a. auch in der Behandlung dieser Unterschiedsbeträge. Insbesondere besteht die grundsätzliche Alternative, Unterschiedsbeträge auf Dauer in der Konzernbilanz unverändert fortzuführen oder die Unterschiedsbeträge fortzuschreiben. Dabei besteht die weitere Alternative, die Fortschreibung als Abschreibung ergebniswirksam werden zu lassen oder eine ergebnisunwirksame Verrechnung direkt mit dem Eigenkapital vorzunehmen.

2. Rechtsgrundlagen

Für die Kapitalkonsolidierung im Konzernabschluß schreibt § 301 HGB die sogenannte reine angelsächsische Methode der Kapitalkonsolidierung („purchase method“) vor. Die Methode wird zum Teil in der Literatur auch als „Erwerbsmethode“ bezeichnet. Dabei wird der Wertansatz der Anteile in der Bilanz des Mutterunternehmens mit dem anteiligen Eigenkapital des Tochterunternehmens verrechnet, wobei sich die Höhe des Eigenkapitals der Tochter nicht nach den Buchwerten in deren Einzelabschluß, sondern nach den Zeitwerten von Aktiva und Schulden errechnet. Ein nach der Verrechnung verbleibender aktivischer Unterschiedsbetrag ist als Geschäfts- und Firmenwert auszuweisen bzw. als Unterschiedsbetrag aus der Kapitalkonsolidierung, soweit es sich um einen passivischen Unterschiedsbetrag handelt.

Die weitere Behandlung dieses Unterschiedsbetrags ist dann im § 309 geregelt. Für einen aktivischen Unterschiedsbetrag sieht § 309 Abs. 1 wahlweise die Abschreibung zu mindestens 25% in jedem Folgejahr, die planmäßige Abschreibung über die Nutzungsdauer oder die Verrechnung mit den Rücklagen vor. Die Voraussetzungen für die ergebniswirksame Auflösung eines passivischen Unterschiedsbetrags aus der Kapitalkonsolidierung regelt § 309 Abs. 2.

Als Alternative zur reinen angelsächsischen Methode der Kapitalkonsolidierung nach § 301 sieht § 302 unter ganz speziellen Voraussetzungen die Methode der „Kapitalkonsolidierung bei Interessenzusammenführung" („Pooling of Interest-Methode") vor. Diese Methode hat aus unserer Sicht bislang in Deutschland keine Bedeutung erlangt (so auch Treuarbeit, Jahres- und Konzernabschlüsse '88, S. 176). Wir verzichten daher im weiteren auf eine ausführliche Behandlung.

3. Prinzip der reinen angelsächsischen Methode der Kapitalkonsolidierung

a) Grundprinzip

Die in § 301 HGB verbindlich und – abgesehen vom Ausnahmefall der Pooling of Interest-Methode – als allein zulässig geregelte reine angelsächsische Methode der Kapitalkonsolidierung unterscheidet zwischen Erst- und Folgekonsolidierung. Bei der Erstkonsolidierung erfolgt eine Verrechnung des Beteiligungsbuchwerts gegen das anteilige Eigenkapital beim Tochterunternehmen. Dabei wird das Eigenkapital der Tochter grundsätzlich auf Basis der Zeitwerte ihrer Vermögensgegenstände und Schulden ermittelt, das heißt, es kommt bei der Erstkonsolidierung zu einer Aufdeckung aller stillen Reserven und stillen Lasten der Tochterunternehmung im Konzernabschluß dadurch, daß die Vermögensgegenstände und Schulden mit ihren Zeitwerten in die Konzernbilanz übernommen werden. Konsolidierungstechnisch bietet das Gesetz im § 301 Abs. 1 Satz 2 wahlweise zwei Verfahren an, die Buchwertmethode oder die Neubewertungsmethode. Auf beide Verfahren wird später noch ausführlich eingegangen.

Ein bei der Erstkonsolidierung verbleibender Unterschiedsbetrag ist gemäß § 301 Abs. 3, wenn er auf der Aktivseite entsteht, als Geschäfts- oder Firmenwert aus der Kapitalkonsolidierung auszuweisen. Entsteht der Unterschiedsbetrag auf der Passivseite, hat der Ausweis als Unterschiedsbetrag aus der Kapitalkonsolidierung zu erfolgen. Dieser kann sowohl Eigenkapital- als auch Rückstellungscharakter haben.

Bei der Folgekonsolidierung ist zu entscheiden über die weitere Behandlung

- der Unterschiedsbeträge,
- der aufgedeckten stillen Reserven und
- der aufgedeckten stillen Lasten.

Die Behandlung eines Unterschiedsbetrages im Rahmen der Folgekonsolidierung regelt § 309. Für den Geschäfts- und Firmenwert aus der Kapitalkonsolidierung sind wahlweise die Abschreibung über die vier Folgejahre, die planmäßige Abschreibung über die voraussichtliche Nutzungsdauer oder die erfolgsneutrale Verrechnung mit den Rücklagen des Konzerns vorgesehen. Ein passivischer Unterschiedsbetrag aus der Kapitalkonsolidierung ist so lange unverändert fortzuführen, wie nicht feststeht, daß er den Charakter eines realisierten Gewinns hat (§ 309 Abs. 2 Nr. 2) oder der Rückstellungscharakter entfallen ist (§ 309 Abs. 2 Nr. 1).

Die weitere Behandlung der im Rahmen der Erstkonsolidierung aufgedeckten stillen Reserven ergibt sich aus dem bilanziellen Schicksal der jeweiligen Bilanzposition, bei der sich die Aufdeckung der stillen Reserve ergeben hatte. So würde eine aufgedeckte stille Reserve im abnutzbaren Anlagevermögen in der Folge über die Restnutzungsdauer abgeschrieben, während eine stille Reserve bei unbebauten Grundstücken erst im Zeitpunkt des Verkaufs über einen dann reduzierten Veräußerungserfolg für den Konzern ergebniswirksam würde.

Eine im Konzernabschluß aufgedeckte stille Last würde im Rahmen der Folgekonsolidierung dann ergebniswirksam, wenn das im Einzelabschluß des Tochterunternehmens nicht bilanzierte Risiko in deren Einzelabschluß ergebniswirksam wird oder mit dem Weiterbestehen des Risikos nicht mehr gerechnet zu werden braucht.

b) Aufdeckung stiller Reserven

Die Verpflichtung des § 301 Abs. 1, stille Reserven im Einzelabschluß des Tochterunternehmens im Rahmen der Erstkonsolidierung aufzudecken, basiert auf der „Fiktion des Einzelerwerbs". Aus der Einheitstheorie ergibt sich die Zielsetzung, die Vermögens- und Ertragslage des Konzerns so darzustellen, als ob alle einbezogenen Unternehmen ein einziges Unternehmen wären. Für die Erstkonsolidierung folgt daraus die Fiktion, Vermögensgegenstände und Schulden so im Konzernabschluß anzusetzen, wie diese anläßlich eines Einzelerwerbs anzusetzen wären. Dies wäre dann der Einzelverkehrswert. Die angelsächsische Bezeichnung „Purchase Method" für diese Form der Kapitalkonsolidierung basiert auf dieser Überlegung.

Wenngleich das Gesetz vom beizulegenden Wert spricht, besteht auch in der Fachliteratur keinerlei Zweifel, daß dieser in diesem Zusammenhang als Tageswert zu interpretieren ist. Dabei ist die individuelle Nutzung des zu bewertenden Vermögens zu berücksichtigen, um festzulegen, ob ein Vermögensgegenstand zum Tagesveräußerungs- oder zum Tagesbeschaffungspreis anzusetzen ist.

Aufgrund des strengen Niederstwertprinzips für die Bewertung des Umlaufvermögens ergibt sich für alle Vermögensgegenstände des Umlaufvermögens die Bewertung zum aktuellen Veräußerungswert. Anlagevermögen ist indessen auf Basis der aktuellen Wiederbeschaffungswerte anzusetzen, wobei jedoch bei abnutzbaren Anlagen der Abnutzungszustand zu berücksichtigen ist. In der Praxis dürfte damit der im Rahmen der Erstkonsolidierung anzusetzende Wert weitestgehend dem steuerlichen Teilwert entsprechen.

Nach herrschender Literaturmeinung sind bei der Übernahme der Vermögensgegenstände von Tochterunternehmen auch die von diesen selbst erstellten immateriellen Anlagewerte mit ihrem Tageswert anzusetzen. Das Ansatzverbot des § 248 Abs. 2 greift insoweit für den Konzernabschluß nicht, die Einheitstheorie führt zur fiktiven Annahme eines Einzelerwerbs im Rahmen des Beteiligungserwerbs. Keine Ansatzmöglichkeit besteht jedoch für geschäftswertähnliche Komponenten bei dem erworbenen Tochterunternehmen. Diesen fehlt die für Vermögensgegenstände unabdingbare Voraussetzung der Einzelveräußerungsfähigkeit.

Eine Bewertung zum Zeitwert hat auch für die Schulden des Tochterunternehmens in der Konzernbilanz zu erfolgen. Bezüglich der Bewertung von Verbindlichkeiten dürfte sich eine Aufdeckung stiller Reserven lediglich bei der Bewertung von Fremdwährungsverbindlichkeiten ergeben, die in der Einzelbilanz des Tochterunternehmens aufgrund des Realisationsprinzips mit einem höheren Kurs bewertet sind als dem

Tageskurs der Fremdwährung. Die größere Problematik besteht bei der Neubewertung von Rückstellungen. Hier kommt es regelmäßig dann zu einer Aufdeckung stiller Reserven, wenn Rückstellungen in der Einzelbilanz des Tochterunternehmens aus Sicht des Konzerns überdotiert sind.

Eine weitere Möglichkeit der Aufdeckung stiller Reserven ergibt sich über § 300 Abs. 2 Satz 2, wonach Bilanzierungswahlrechte im Konzernabschluß unabhängig von ihrer Ausübung im Einzelabschluß ausgeübt werden dürfen. Zwar besteht danach keine Verpflichtung zur Aktivierung bzw. Passivierung von Positionen im Konzernabschluß, die in der Bilanz des Tochterunternehmens nicht angesetzt sind bzw. vice versa, jedoch wirkt sich jede Entscheidung, die von der im Einzelabschluß getroffenen abweicht, auch als Aufdeckung einer stillen Reserve bzw. einer stillen Last aus. Näheres dazu wird unten noch ausgeführt.

Die Aufdeckung der stillen Reserven kann indes nicht dazu führen, daß das anteilige Eigenkapital des Tochterunternehmens gegebenfalls über einen bei der Aufdeckung der stillen Reserven entstehenden oder sich erhöhenden passivischen Unterschiedsbetrag über die Anschaffungskosten der Beteiligung hinausgeht (§ 301 Abs. 1 Satz 4).

c) Aufdeckung stiller Lasten

Die Aufdeckung stiller Lasten resultiert ebenso wie die Verpflichtung zur Aufdeckung stiller Reserven aus der Erwerbsfiktion aufgrund der Einheitstheorie. Rechtliche Basis ist auch hier die Regelung des § 301 Abs. 1, der die Bewertung von Vermögensgegenständen und Schulden mit dem beizulegenden Wert im Sinne eines Tageswerts vorschreibt.

Zu einer Aufdeckung stiller Lasten kommt es stets dann, wenn der beizulegende Wert aus Sicht des Konzerns bei Aktiva unter bzw. bei Schulden über dem Wertansatz in der Einzelbilanz des Tochterunternehmens liegt. Ferner, wenn im Rahmen der Erstkonsolidierung Aktivierungswahlrechte, die im Einzelabschluß ausgeübt wurden, aufgrund § 300 Abs. 2 im Konzernabschluß nicht ausgeübt werden, bzw. Passivierungswahlrechte nur im Konzernabschluß ausgeübt werden.

Die in der Literatur z. T. vorgetragene Auffassung, daß Ansatzwahlrechte durch den Konzern nicht im Rahmen der Erstkonsolidierung, sondern nur im Rahmen der einheitlichen Bewertung bei der Aufstellung der Handelsbilanz II (vgl. dazu ausführlich Punkt H. 1) ausgeübt werden dürften (Weber/Zündorf, in: Küting-Weber, Konzern, § 301, 86), steht im Widerspruch zum eindeutigen Wortlaut des Gesetzes. Die Aufstellung der HB II ergibt sich aufgrund des § 308 zur einheitlichen Bewertung. Gesetzessystematisch steht diese Vorschrift im 5. Titel des 2. Unterabschnitts des 2. Abschnitts des 3. Buches des HGB, dieser Titel ist überschrieben mit „Bewertungsvorschriften". Das Recht, Ansatzwahlrechte im Konzernabschluß unabhängig von der Handhabung im Einzelabschluß des Tochterunternehmens auszuüben, ergibt sich jedoch aus § 300 Abs. 2. Diese Vorschrift findet sich im 4. Titel des gleichen Unterabschnitts. Der 4. Titel ist überschrieben mit Vollkonsolidierung, er regelt damit die Konsolidierungsfragen. Somit ist ein Unterschiedsbetrag auch zuzuordnen auf Positionen, die im Rahmen der Neuausübung von Ansatzwahlrechten im Konzernabschluß gebildet werden (so auch GEFIU, Bd. 2, These 6, S. 50). In der Praxis dürfte diese Möglichkeit insbesondere bezüglich der Aufdeckung stiller Lasten durch die Bildung von Aufwandsrückstellungen Bedeutung gewinnen, da damit immense bilanzpolitische Gestaltungsmöglichkeiten für zukünftige Konzernergebnisse verbunden sind. Die restriktive Auffassung von Weber/Zündorf (in: Küting-Weber, Konzern, § 301, 86), nach der Aufwandsrückstellungen im Konzernabschluß nur für solche Vorgänge gebildet werden dürften, die ihre Ursache in der Entscheidung des Mutterunternehmens hätten, ist u. E. nicht gesetzeskonform, da damit für den Konzern strengere Voraussetzungen für die Bildung von Aufwandsrückstellungen gelten würden als für die Konzerngesellschaften im Einzelabschluß.

d) Zuordnungsprinzip

Für den Fall, daß die stillen Reserven bei einem Tochterunternehmen größer sind als der Unterschiedsbetrag, stellt sich die Frage, nach welchem Verfahren der Unterschiedsbetrag zuzuordnen ist. Die Frage ist von einer besonderen konzernbilanzpolitischen Bedeutung, wenn beispielsweise die Möglichkeit besteht, die Zuordnung alternativ auf nichtabnutzbares Anlagevermögen oder auf Vorratsvermögen vorzunehmen, da die Folgekonsolidierung dazu führt, daß die aufgedeckten stillen Reserven das zukünftige Konzernergebnis belasten. In dem oben genannten Beispiel würde sich dieser Effekt bei einer Zuordnung auf die Vorräte in der Regel bereits im Folgejahr einstellen (bei Verbrauch der Vorräte), während bei einer Zuordnung zum nichtabnutzbaren Anlagevermögen sich die Ergebnisbelastung erst bei Abgang der betroffenen Vermögensgegenstände darstellen würde.

Das Gesetz enthält keine Regelung der Zuordnungsproblematik. In der Literatur wird teilweise unter Rückgriff auf die Generalklausel des § 297 Abs. 2 eine systematische, also willkürfreie Zuordnung gefordert (z. B. WP-Handbuch 1985/86, Band II, S. 372; Weber/Zündorf, in: Küting-Weber, Konzern, § 301,110). Danach käme eine Zuordnung nach der Bedeutung der stillen Reserven, nach deren Liquidierbarkeit oder eine proportionale Zuordnung in Frage. Nach unserer Auffassung reicht indes der Rückgriff auf die Generalklausel des Gesetzes nicht aus, eine freie, das heißt ausschließlich nach bilanzpolitischer Interessenlage des Konzerns vorgenommene Zuordnung auszuschließen (so im Ergebnis auch GEFIU, Bd. 2, These 7, S. 51).

4. Buchwert- oder Neubewertungsmethode

a) Überblick

§ 301 Abs. 1 räumt zwei Möglichkeiten der Erstkonsolidierung ein, die sich dann auch bei der Folgekonsolidierung unterschiedlich auswirken: die Buchwertmethode und die Neubewertungsmethode. Beide Verfahren stehen gleichberechtigt nebeneinander.

b) Buchwertmethode

Bei der Buchwertmethode erfolgt die Verrechnung des Beteiligungsansatzes in der Einzelbilanz des Mutterunternehmens mit dem anteiligen Eigenkapital des Tochterunternehmens auf Basis der Buchwerte der Vermögensgegenstände und Schulden im Einzelabschluß der Tochter. Die Aufdeckung der stillen Reserven bzw. stillen Lasten erfolgt erst im Rahmen der Konsolidierung als Zuordnung des Unterschiedsbetrages auf die entsprechenden Bilanzpositionen.

Liegt die Beteiligungsquote unter 100%, so erfolgt bei der Buchwertmethode eine Aufdeckung der stillen Reserven nur quotal entsprechend der Beteiligungsquote.

Die Erstkonsolidierung soll am nachfolgenden Beispiel demonstriert werden:

Abbildung 31: Beispiel Buchwertmethode/Erstkonsolidierung

Werte in Mio DM

M hat zum 31. 12. 60% an T erworben, Kaufpreis					310
Eigenkapital T: 300, davon 60%					180
Unterschiedsbetrag:					130
Zuordnung	Buchwert	Zeitwert	stille Reserve/ gesamt	Last 60%	
Techn. Anlagen	400	670	270	162	
(unterlassene) Aufwandsrückstellung	–	– 120	– 120	– 72	90
Nicht zuordenbar: bezahlter Geschäftswert					40

Bilanzen 31. 12.	M	T	Summe	konsolidiert Soll	konsolidiert Haben	Konzern
Techn. Anlagen	–	400	400	2) 162		562
Anteile an T	310	–	310		1) 180 2) 90 3) 40	–
Geschäftswert	–	–	–	3) 40		40
übrige Aktiva	2.190	500	2.690			2.690
Aktiva	2.500	900	3.400			3.292
Eigenkapital	1.500	300	1.800	1) 180 4) 120		1.500
Fremdanteile am Eigenkapital					4) 120	120
Aufwandsrückstellung	–	–	–		2) 72	72
übrige Passiva	1.000	600	1.600			1.600
Passiva	2.500	900	3.400			3.292

Buchungen der Erstkonsolidierung:

	Soll		Haben	
1) Verrechnung	Eigenkapital (60%)	180	Anteile	180
2) Zuordnung	Techn. Anlagen	162	Anteile	90
			Rückstellung	72
3) Nicht zuordenbar	Geschäftswert	40	Anteile	40
4) Fremdanteile	Eigenkapital (40%)	120	Fremdanteile	120
Summe		502		502

Bei der Folgekonsolidierung ergeben sich dann Abschreibungen auf die bei der Erstkonsolidierung aufgelösten stillen Reserven, je nach Ausübung der Wahlrechte des § 309 Abschreibungen auf den Geschäfts- und Firmenwert und unter Umständen Auflösungseffekte bei im Rahmen der Erstkonsolidierung aufgedeckten stillen Lasten.

Das oben begonnene Zahlenbeispiel wird fortgeführt, um die Effekte zu demonstrieren (siehe Abb. 32, Seite 119).

Abbildung 32: Buchwertmethode/Folgekonsolidierung

Abschreibung der anteiligen stillen Reserven (20%)	−32
Auflösung der Rückstellung, da Aufwand angefallen ist (anteilig)	72
Abschreibung des Geschäftswerts (25%)	−10
	30
Jahresüberschüsse: Mutter 200, Tochter 100 (Erhöhung des Konzerneigenkapitals und entsprechende Verminderung der übrigen Passiva)	300
Konzern-Jahresüberschuß	330

Bilanzen 31. 12.	Summe	konsolidiert Soll	konsolidiert Haben	Konzern
Techn. Anlagen	562		1) 32	530
Geschäftswert	40		3) 10	30
übrige Aktiva	2.690			2.690
Aktiva	3.292			3.250
Eigenkapital	1.800	4) 40	*) 30	1.790
Fremdanteile am Eigenkapital	120		4) 40	160
Aufwandsrückstellung	72	2) 72		–
übrige Passiva	1.300			1.300
Passiva	3.292			3.250

GuV-Rechnungen	Summe	konsolidiert Soll	konsolidiert Haben	Konzern
Abschreibung stiller Reserven		1) 32		−32
Auflösung Rückstellung			2) 72	+72
Abschr. Gesch.wert		3) 10		−10
Ertragssaldo M, T	300			+300
Jahresüberschuß	300			330
– davon Fremdanteil				(40)

Buchungen der Erstkonsolidierung:

1) Abschreibung der anteiligen stillen Reserven
2) Auflösung der stillen Last (Aufwandsrückstellung)
3) Abschreibung des Geschäftswerts
4) Anteile anderer Gesellschafter am Jahresergebnis T (40% von 100)
*) Eigenkapitalerhöhung aus Konsolidierungen

Man erkennt somit am Zahlenbeispiel, daß hier im Folgejahr aus Konsolidierungsmaßnahmen ein Ergebnisbeitrag in Höhe von +30 entsteht, da die Ergebnisbelastungseffekte aus der Geschäftswertabschreibung und der Abschreibung der im Rahmen der Erstkonsolidierung aufgedeckten stillen Reserven hier überkompensiert werden durch die Auflösung der Aufwandsrückstellung, die als aufgedeckte stille Last bei der Erstkonsolidierung gebildet wurde. Der Grund für die Auflösung der Aufwandsrückstellung liegt darin, daß unterstellt wurde, der aus Konzernsicht über die Rückstellung abgedeckte Aufwand sei beim Tochterunternehmen angefallen. Er hat damit bereits das Ergebnis des Tochterunternehmens in dessen Einzelabschluß belastet. Aus Sicht des Konzerns besteht damit kein Grund mehr, die Aufwandsrückstellung beizubehalten.

An diesem Beispiel wird im übrigen die konzernbilanzpolitische Bedeutung der Aufwandsrückstellung sehr gut sichtbar. Die Bildung einer Aufwandsrückstellung im Rahmen der Erstkonsolidierung erfolgt ergebnisneutral. Ihre Auflösung in der Folge wird jedoch immer ergebniswirksam, unabhängig davon, ob das durch die Rückstellung abgedeckte Risiko eintritt oder nicht. Damit kann durch die Bildung von Aufwandsrückstellungen (beispielsweise für zukünftige Großreparaturen beim Tochterunternehmen) im Rahmen der Erstkonsolidierung bereits ein positiver Beitrag zum zukünftigen Konzernergebnis geschaffen werden.

c) Neubewertungsmethode

Bei der Erstkonsolidierung nach der Neubewertungsmethode erfolgt eine Verrechnung des Beteiligungsansatzes in der Einzelbilanz des Mutterunternehmens mit dem anteiligen Eigenkapital des Tochterunternehmens, bewertet zu Zeitwerten. Technisch setzt dies voraus, daß die Aufdeckung der stillen Reserven beim Tochterunternehmen bereits vor der Konsolidierung erfolgt. Dies geschieht durch die Aufstellung einer Ergänzungsbilanz für das Tochterunternehmen neben der HB II. Diese Ergänzungsbilanz nimmt alle aufzudeckenden stillen Reserven und stillen Lasten des Tochterunternehmens auf. Im Gegensatz zur Buchwertmethode erfolgt bei der Neubewertungsmethode damit eine 100%ige Aufdeckung aller stillen Reserven bzw. stillen Lasten beim Tochterunternehmen auch dann, wenn die Beteiligungsquote unter 100% liegt.

Die auf Minderheitsgesellschafter entfallenden Anteile an den stillen Reserven bzw. stillen Lasten erhöhen dann den Anteil anderer Gesellschafter am Eigenkapital, so daß das konsolidierungspflichtige Kapital bei der Buchwert- und bei der Neubewertungsmethode in gleicher Höhe ausgewiesen wird. Das nachfolgende Zahlenbeispiel auf S. 121 demonstriert auf Basis der oben bereits für die Anwendung der Buchwertmethode gemachten Annahmen die Erstkonsolidierung nach der Neubewertungsmethode.

Abbildung 33: Neubewertungsmethode/Erstkonsolidierung

Ausgangsdaten wie Buchwertmethode

Daten T lt. Ergänzungsbilanz:	Buchwert	Zeitwert	stille Reserve/Last
Techn. Anlagen	400	670	+270
(unterlassene) Aufwandsrückstellung	–	–120	–120
Eigenkapital	300	450	+150

Bilanzen 31. 12.	M	T Erg.bil.	Summe	konsolidiert Soll	konsolidiert Haben	Konzern
Techn. Anlagen	–	670	670			670
Anteile an T	310	–	310		1) 270 2) 40	–
Geschäftswert	–	–	–	2) 40		40
übrige Aktiva	2.190	500	2.690			2.690
Aktiva	2.500	1.170	3.670			3.400
Eigenkapital	1.500	450	1.950	1) 270 3) 180		1.500
Fremdanteile am Eigenkapital					3) 180	180
Aufwandsrückstellung	–	120	120			120
übrige Passiva	1.000	600	1.600			1.600
Passiva	2.500	1.170	3.670			3.400

Buchungen der Erstkonsolidierung:

	Soll		Haben	
1) Verrechnung	Eigenkapital	270	Anteile	270
2) Nicht zuordenbar	Geschäftswert	40	Anteile	40
3) Fremdanteile	Eigenkapital	180	Fremdanteile	180
Summe		490		490

Unterschied zur Buchwertmethode:
- stille Reserven/Lasten werden zu 100% aufgedeckt
- Fremdanteil am EK bezieht sich auf das neubewertete Eigenkapital

Bei der Folgekonsoldierung ist zu beachten, daß die Fortführung der aufgedeckten stillen Reserven und stillen Lasten jetzt in einer Ergänzungsrechnung als Fortführung der Ergänzungsbilanz erfolgt. Dadurch werden auch bei Beteiligungsverhältnissen unter 100% die Abschreibungen auf die aufgedeckten stillen Reserven bzw. die Erträge aus der Auflösung von Rückstellungen (stillen Lasten) für das Konzernergebnis zu 100% wirksam. Gegenüber der Buchwertmethode kommt es jedoch nur zu einer Veränderung des Ergebnisanteils fremder Gesellschafter.

Im folgenden wird das oben begonnene Zahlenbeispiel zur Darstellung der Folgekonsolidierung fortgeführt.

Abbildung 34: Neubewertungsmethode/Folgekonsolidierung

Buchungen Ergänzungsbilanz	
Abschreibung an Technische Anlagen	– 54
Rückstellung an sonst. betr. Erträge	+120
Ergebnis aus Ergänzungsbilanz	+ 66

Bilanzen 31. 12.	M	T Erg.bil.	Summe	konsolidiert Soll	konsolidiert Haben	Konzern
Techn. Anlagen	–	616	616			616
Anteile an T	310	–	310		1) 270 2) 40	–
Geschäftswert	–	–	–	2) 40	3) 10	30
übrige Aktiva	2.190	500	2.690			2.690
Aktiva	2.500	1.116	3.616			3.336
Eigenkapital	1.700	616	2.316	1) 270	4) 246 *10	1.790
Fremdanteile					4) 246	246
Aufwandsrückstellung	–	–	–			–
übrige Passiva	800	500	1.300			1.300
Passiva	2.500	1.116	3.616			3.336

G&V-Rechnungen	M	T Erg.bil.	Summe	konsolidiert Soll	konsolidiert Haben	Konzern
Ergebnissaldo	200	100 66	300 66			300 66
Abschreibung Geschäftswert				3) 10		–10
Ergebnis Konzern – davon Fremdanteil						356 (66)

Buchungen der Folgekonsolidierung:

1) Verrechnung	Eigenkapital	270	Anteile	270
2) Nicht zuordenbar	Geschäftswert	40	Eigenkapital	40
3) Abschreibung	Abschr. Gesch.Wert	10	Geschäftswert	10
4) Fremdanteile	Eigenkapital	246	Fremdanteile	246

* Saldo aus GuV-Rechnung

5. Behandlung des Unterschiedsbetrags

a) Rechtliche Grundlagen

Ein nach der Zuordnung zu stillen Reserven und nach der Aufdeckung stiller Lasten verbleibender Unterschiedsbetrag ist gemäß § 301 Abs. 3, falls er auf der Aktivseite entsteht, als Geschäfts- und Firmenwert, falls er auf der Passivseite entsteht, als Unterschiedsbetrag aus der Kapitalkonsolidierung auszuweisen. § 301 Abs. 3 Satz 3 erlaubt auch die Verrechnung von aktivischen und passivischen Unterschiedsbeträgen unter der Voraussetzung, daß die verrechneten Beträge im Konzernanhang angegeben werden.

Die weitere Behandlung der Unterschiedsbeträge regelt das Gesetz dann im Rahmen der Bewertungsvorschriften im § 309. Absatz 1 erlaubt zunächst drei Alternativen zur Behandlung eines Geschäfts- und Firmenwerts aus der Kapitalkonsolidierung:

- die Abschreibung zu mindestens 25%, beginnend im Geschäftsjahr, das der Erstkonsolidierung folgt (§ 309 Abs. 1 Satz 1);
- die planmäßige Abschreibung über die voraussichtliche Nutzungsdauer (§ 309 Abs. 1 Satz 2), wobei das Gesetz offenläßt, welche Nutzungsdauer angemessen ist; die Praxis lehnt sich häufig in Analogie zur steuerlichen Behandlung eines Geschäfts- und Firmenwerts im Einzelabschluß an die dort (§ 7 Abs. 1 Satz 3 EStG) kodifizierte Nutzungsdauer von 15 Jahren an;
- die offene Verrechnung mit den Rücklagen (§ 309 Abs. 1 Satz 3), das heißt die Saldierung in der Bilanz, ohne das Konzernergebnis zu beeinflussen.

Zur weiteren Behandlung eines auf der Passivseite auszuweisenden Unterschiedsbetrags aus der Kapitalkonsolidierung schreibt § 309 Abs. 2 Nr. 1 vor, daß eine ergebniswirksame Auflösung nur erfolgen darf, wenn die erwartete ungünstige Entwicklung, die zur Entstehung des passivischen Unterschiedsbetrages geführt hatte, oder erwartete zukünftige Aufwendungen eingetreten sind. Damit wird abgestellt auf den Fall, daß dem passivischen Unterschiedsbetrag Rückstellungscharakter zukommt. In Analogie zu den Rückstellungen kann eine Auflösung nicht vorgenommen werden, solange die Gründe, die zu ihrer Bildung geführt hatten, noch fortbestehen.

Der passivische Unterschiedsbetrag darf gemäß § 309 Abs. 2 Nr. 2 auch aufgelöst werden, wenn feststeht, daß er einem realisierten Gewinn entspricht. Dies bedeutet, daß der passivische Unterschiedsbetrag dann eindeutig Eigenkapitalcharakter haben muß.

b) Abschreibung

Die (erfolgswirksame) Abschreibung des Geschäfts- und Firmenwerts stellt, wie erwähnt, eine Alternative zur (erfolgsneutralen) Verrechnung mit den Rücklagen dar. Die erste vom Gesetz erwähnte Alternative ist die Abschreibung zu mindestens 25% in jedem Folgejahr, also beginnend im ersten Jahr nach der Erstkonsolidierung. Aus der Formulierung des Gesetzgebers ist zu entnehmen, daß auch eine schnellere Abschreibung wie z. B. 1/3 über drei Folgejahre oder eine degressive Abschreibung zulässig sind.

Neben der vergleichsweise schnellen Abschreibung über die vier Folgejahre bietet sich über § 309 Abs. 1 Satz 2 die Möglichkeit einer planmäßigen Abschreibung über die Nutzungsdauer, die dann auch wesentlich länger sein kann. Die Praxis geht zur Zeit von einer Spanne zwischen 4 Jahren und 40 Jahren Nutzungsdauer aus. Aus dem Gebot der planmäßigen Abschreibung folgt, daß bereits im Jahr der Erstkonsolidierung die erste Abschreibungsrate zu verrechnen ist. Im Gegensatz zur Abschreibung in den vier Folgejahren wird man aufgrund der Formulierung im Gesetz, daß der Geschäfts- und Firmenwert planmäßig auf die Jahre zu verteilen ist, in denen er voraussichtlich genutzt werden kann, im Regelfall das Zugangsjahr und damit das Jahr der Erstkonsolidierung in den Abschreibungszeitraum miteinbeziehen müssen.

c) Verrechnung mit den Rücklagen

Alternativ zur Abschreibung des Geschäfts- und Firmenwerts bietet § 309 Abs. 1 Satz 3 die Möglichkeit einer erfolgsneutralen offenen Verrechnung mit den Rücklagen. Zum Zeitpunkt einer derartigen Verrechnung enthält das Gesetz keinerlei Regelung. Die Praxis verrechnet in der Regel bereits im Jahr der Erstkonsolidierung, die Literatur hält dies auch für zwingend (Budde/Förschle, in: Beck'scher Bilanz-Kommentar, § 309, 20; Ordelheide, in: Becksches Handbuch der Rechnungslegung, C 402 Anm. 34). Eine weitere interessante konzernbilanzpolitische Variante bietet die vereinzelt praktizierte ratierliche Verrechnung über die voraussichtliche Nutzungsdauer. Dabei bleibt in der Konzernbilanz das Konzerneigenkapital wesentlich länger erhalten als bei der Sofortverrechnung, die zukünftige „Abschreibung" erfolgt indes ergebnisneutral, belastet also im Gegensatz zu den Abschreibungsvarianten das Konzernergebnis nicht. Ein Wechsel von der Alternative (erfolgswirksame) Abschreibung zur erfolgsunwirksamen Abschreibung eines noch vorhandenen Restbetrags ist ebenfalls möglich und wird in der Praxis so auch vorgenommen.

d) Kombinierte Verfahren

Das Gesetz verlangt nicht, die Wahlmöglichkeiten des § 309 einheitheitlich auszuüben. So ist es zweifelsfrei möglich, die Unterschiedsbeträge, die sich aus der Konsolidierung verschiedener Tochterunternehmen ergeben, im Rahmen der Möglichkeiten des § 309 unterschiedlich zu behandeln, also beispielsweise für ein Tochterunternehmen die erfolgsneutrale Verrechnung und für ein anderes die Abschreibung über die Nutzungsdauer vorzunehmen.

Indes wird auch für den Unterschiedsbetrag, der sich aus der Konsolidierung eines Tochterunternehmens ergibt, die Kombination der einzelnen Optionen für zulässig angesehen (z.B. Budde/Förschle, in: Beck'scher Bilanz-Kommentar, § 309, 30); also die Variante, einen Teil des Unterschiedsbetrags im Jahr der Erstkonsolidierung offen mit den Rücklagen zu verrechnen und den verbleibenden Teil entweder abzuschreiben oder ratierlich zu verrechnen.

Wurde jedoch für den Unterschiedsbetrag aus der Konsolidierung eines Tochterunternehmens eine Verfahrensweise gewählt, so unterliegt der Konzern diesbezüglich in den Folgeperioden den Bindungen des allgemeinen Stetigkeitsprinzips des § 252, der den Wechsel einer einmal gewählten Methode nur in zu begründenden Ausnahmefällen erlaubt.

e) Überblick zur Behandlung des aktiven Unterschiedsbetrages

Die Behandlung eines aktiven Unterschiedsbetrages aus der Kapitalkonsolidierung, wie sie sich aus den §§ 301 und 309 ergibt, ist in der nachfolgenden Übersicht nochmals zusammenfassend dargestellt:

Abbildung 35: Übersicht zur Behandlung des aktiven Unterschiedsbetrages aus der Kapitalkonsolidierung:

Unterschiedsbetrag aus der Erstkonsolidierung

- Zuordnung zu stillen Reserven bzw. stillen Lasten
- Restbetrag
  - Abschreibung
    - max. 4 Folgejahre
    - planmäßig über voraussichtliche Nutzungsdauer
  - Verrechnung
    - im Jahr der Erstkonsolidierung
    - ratierlich über die voraussichtliche Nutzungsdauer
  - Kombinierte Vorgehensweise

6. Anwendung der Übergangsvorschriften

Konzernspezifische Übergangsvorschriften enthalten die Art. 23 und 27 EGHGB. Dabei regelt Art. 23 Abs. 2 EGHGB den Zeitpunkt der erstmaligen Anwendung der Vorschriften zur Konzernrechnungslegung; dies ist das erste Geschäftsjahr, das nach dem 31.12.1989 beginnt. Die ebenfalls im Art. 23 Abs. 2 EGHGB enthaltenen Regelungen über die freiwillige frühere Anwendung sind in der Zwischenzeit gegenstandslos geworden.

Wichtiger sind die Regelungen des Art. 27 EGHGB, die großteils die Kapitalkonsolidierung betreffen und vor allem die Behandlung von Unterschiedsbeträgen nach altem Recht regeln. Nach Art. 27 Abs. 1 EGHGB braucht die Kapitalkonsolidierung nach § 301 auf solche Tochterunternehmen nicht angewandt zu werden, die bereits in einen Konzernabschluß nach bisherigem Recht einbezogen worden waren. Ob es sich dabei um eine Pflicht- oder freiwillige Konsolidierung handelte, ist unerheblich. Damit besteht ein Wahlrecht, die neue Konsolidierungsmethode des § 301 auf bislang schon konsolidierte Tochterunternehmen anzuwenden.

Verzichtet ein Konzern auf die Anwendung des § 301, so stellt sich die Frage der Behandlung eines vorhandenen Unterschiedsbetrags aus der Kapitalkonsolidierung nach altem Aktienrecht. Gemäß Art. 27 Abs. 1 Satz 2 EGHGB kann ein solcher Unterschiedsbetrag nach altem Recht entweder durch Aufdeckung stiller Reserven bzw. stiller Lasten (teilweise) verrechnet werden, oder der Unterschiedsbetrag kann vollständig nach den Möglichkeiten des § 309 fortgeführt werden, also Abschreibung max. über die 4 Folgejahre oder über die voraussichtliche Nutzungsdauer, Sofortverrechnung oder ratierliche Verrechnung.

Bei der – freiwilligen oder zwingenden – Anwendung der Konsolidierung nach § 301 auf ein schon bisher konsolidiertes Tochterunternehmen besteht ein Wahlrecht, die Konsolidierung auf Basis der Wertverhältnisse am Tag des Erwerbs der Anteile, der erstmaligen Einbeziehung in den Konzernabschluß oder der erstmaligen Anwendung des neuen Konzernbilanzrechts vorzunehmen. Es ist offenkundig, daß über die Wahl des Zeitpunkts ein erheblicher konzernbilanzpolitischer Spielraum zur Aufdeckung stiller Reserven ausgenutzt werden kann. In der Regel dürfte die Wahl des Zeitpunkts der erstmaligen Anwendung des neuen Konzernbilanzrechts, also des spätesten der möglichen Zeitpunkte, dazu führen, daß der Teil des Konsolidierungsausgleichspostens nach altem Recht, der als stille Reserve den Vermögensgegenständen zugeordnet werden kann, maximal ist.

E. Übrige Konsolidierungsmaßnahmen

1. Schuldenkonsolidierung

a) Betroffene Positionen

Neben der Kapitalkonsolidierung besteht die Notwendigkeit der Konsolidierung aller Schuldverhältnisse zwischen den in den Konzernabschluß einbezogenen Unternehmen. Rechtsgrundlage bildet der § 303, der in Absatz 1 verlangt, daß Ausleihungen und andere Forderungen, Rückstellungen und Verbindlichkeiten zwischen den in den Konzernabschluß einbezogenen Unternehmen einschließlich der entsprechenden Rechnungsabgrenzungsposten im Konzernabschluß wegzulassen sind.

Bereits aus der Aufzählung im § 301 Abs. 1, die keinen Anspruch auf Vollständigkeit erhebt, wird deutlich, daß die Schuldenkonsolidierung mehr erfaßt als die Forderungen und Verbindlichkeiten. Im einzelnen betrifft die Schuldenkonsolidierung primär folgende Positionen des Bilanzgliederungsschemas:

- geleistete Anzahlungen auf immaterielle Vermögensgegenstände,
- geleistete Anzahlungen auf Sachanlagen,
- Ausleihungen an verbundene Unternehmen,
- geleistete Anzahlungen auf Vorräte,
- Forderungen gegen verbundene Unternehmen einschließlich einer darauf eventuell gebildeten Pauschalwertberichtigung,
- aktive und passive Rechnungsabgrenzungsposten,
- sonstige Rückstellungen,
- erhaltene Anzahlungen auf Bestellungen,
- Verbindlichkeiten gegen verbundene Unternehmen.

Dies schließt nicht aus, daß im Einzelfall auch in anderen Positionen konsolidierungspflichtige Sachverhalte enthalten sind, falls von bestimmten Ausweiswahlrechten Gebrauch gemacht wurde (z. B. Ausweis von Lieferforderungen an Verbundunternehmen unter Forderungen aus Lieferungen und Leistungen o. ä.) oder besondere Sachverhalte vorliegen (ausstehende Einlagen, Anleihen, Wechselverbindlichkeiten usw.). Ferner ist zu beachten, daß auch zahlreiche Anhangangaben wie Davon-Vermerke über Fristigkeiten, sonstige finanzielle Verpflichtungen und Haftungsverhältnisse Gegenstand der Schuldenkonsolidierung sind.

b) Aufrechnungsdifferenzen

Falls Forderungen und die entsprechenden Verbindlichkeiten in jeweils gleicher Höhe in den Einzelabschlüssen enthalten sind, und dies dürfte der Regelfall sein, entstehen im Rahmen der Schuldenkonsolidierung keine Aufrechnungsdifferenzen. Sieht man einmal von dem Fall ab, daß zeitliche Buchungsunterschiede Ursache für (sogenannte unechte) Aufrechnungsunterschiede sind, entstehen diese Differenzen in der Regel als Folge des Imparitätsprinzips bei der Bilanzierung von konzerninternen Fremdwährungspositionen und bei konzerninternen Rückstellungen.

Das Problem sei anhand eines einfachen Beispiels verdeutlicht. So ist eine Forderung über 1.000 US-$ bei einem Kurs zum Tag der Entstehung dieser Forderung von DM 1,70 und einem Stichtagskurs in Höhe von DM 1,50 bei dem Gläubiger mit DM 1.500,– und beim Schuldner mit DM 1.700,– zu bilanzieren. Es entsteht damit im Rahmen der Schuldenkonsolidierung eine Aufrechnungsdifferenz in Höhe von DM 200,–.

Die Frage der Behandlung dieser Aufrechnungsdifferenzen im Konzernabschluß ist gesetzlich nicht geregelt. Die Fachliteratur vertritt sowohl die Auffassung, daß derartige Aufrechnungsdifferenzen für den Konzern ergebniswirksam zu behandeln seien (z. B. WP-Handbuch 1985/86, Bd. II, S. 415) wie die Auffassung, sie seien ergebnisneutral mit dem Eigenkapital des Konzerns zu verrrechnen (z. B. Biener/Berneke, S. 342). Zum Teil wird auch die Auffassung vertreten, daß nur unwesentliche Teile ergebnisneutral behandelt werden dürften, während in Fällen, in denen die Aufrechnungsdifferenzen einen wesentlichen Umfang annehmen, aufgrund der Generalnorm des § 297 Abs. 2 eine ergebniswirksame Behandlung geboten sei (z. B. Budde/Dreissig, in: Beck'scher Bilanz-Kommentar, § 303, 54).

Für den ersten Konzernabschluß nach neuem Recht besteht jedoch aufgrund Art. 27 Abs. 4 EGHGB in jedem Fall das Wahlrecht, Aufrechnungsdifferenzen im Erstabschluß ergebnisneutral mit den Gewinnrücklagen des Konzerns zu verrechnen.

c) Ausnahmevorschriften

Aufgrund des § 303 Abs. 2 braucht eine Schuldenkonsolidierung dann nicht vorgenommen zu werden, wenn die in Frage kommenden Beträge für die Vermittlung eines den tatsächlichen Verhältnissen entsprechenden Bildes von untergeordneter Bedeutung sind. Es handelt sich dabei um eine Konkretisierung des Grundsatzes der Wesentlichkeit, der im übrigen auch in anderen Bereichen als Grundsatz ordnungsmäßiger Buchführung Anwendung findet. Wie in anderen Fällen auch ist die Frage, wann Wesentlichkeit gegeben ist, stets aufgrund der Gesamtsituation zu beurteilen, so daß hier naturgemäß keine festen und allgemeingültigen %- und Betrags-Kategorien genannt werden können.

2. Zwischenergebniskonsolidierung

a) Grundsätzliches Vorgehen

§ 304 Abs. 1 bestimmt, daß Vermögensgegenstände, die ganz oder teilweise auf Lieferungen und Leistungen von Unternehmen beruhen, die in den Konzernabschluß einbezogen sind, im Konzernabschluß so zu bewerten sind, als wäre der Konzern ein rechtlich selbständiges Unternehmen. Daraus folgt, daß

- alle im Einzelabschluß aktivierten Vermögensgegenstände daraufhin zu untersuchen sind, ob sie aus Sicht des Konzerns überhaupt aktivierungsfähig sind und
- die Bewertung der Vermögensgegenstände zu Konzernanschaffungs- bzw. -herstellungskosten zu erfolgen hat.

Die Bewertung zu Konzernanschaffungs- bzw. -herstellungskosten bedeutet auch die Verpflichtung, sowohl Zwischengewinne als auch -verluste zu eliminieren. Für die Bestimmung der Konzernanschaffungs- bzw. -herstellungskosten gelten die üblichen Bewertungswahlrechte, so daß die Frage, wie hoch ein Zwischenerfolg im Einzelfall ist, sowohl vom konzerninternen Verkaufspreis als auch von der Ausübung der Methodenwahlrechte für die Konzernherstellungskosten im Rahmen der einheitlichen Bewertung abhängt. Ein einfaches Zahlenbeispiel soll dies verdeutlichen:

Tochterunternehmen A hat an Tochterunternehmen B Erzeugnisse zu einem Preis von 1.000 verkauft. Für die Herstellung dieser Erzeugnisse sind bei A folgende Kosten angefallen:

– Einzelkosten	300
– Material- und Fertigungsgemeinkosten	500

Sind die Konzernherstellungskosten vom Konzern analog zur Untergrenze des Abschnitts 33 EStR festgelegt, so betragen sie im Beispiel

800, und es wäre ein Zwischengewinn in Höhe von 200 zu eliminieren.

Hätte man sich indes zu einer Herstellungskostendefinition auf Basis der handelsrechtlichen Untergrenze, also Einzelkosten, festgelegt, so wären die Konzernherstellungskosten 300 und folglich ein Zwischengewinn in Höhe von 700 zu eliminieren.

Unterstellt man anstelle eines Verkaufspreises von 1000 einen Betrag von 700, so würde sich im Falle der Definition der Konzernherstellungskosten gemäß Abschnitt 33 EStR ein Zwischenverlust in Höhe von 100 ergeben. Bei einer Herstellungskostendefinition zu Einzelkosten wäre indes immer noch ein Zwischengewinn von 400 zu eliminieren.

Eine Besonderheit entsteht dann, wenn das Empfängerunternehmen konzerninterne Lieferungen als Sachanlagen aktiviert hat. In diesem Fall ist zu berücksichtigen, daß die Ermittlung der Abschreibungen aus Sicht des Konzerns ebenfalls auf Basis der Konzernherstellungskosten und nicht wie im Einzelabschluß auf Basis der Anschaffungskosten des Tochterunternehmens zu erfolgen hat. Somit ergibt sich über die gesamte Nutzungsdauer eine vollständige Kompensation der ursprünglichen Zwischenergebniseliminierung aus dem Jahr der Lieferung.

Da bei Lieferungen in das Umlaufvermögen die Vermögensgegenstände in der Regel im darauffolgenden Jahr an Dritte geliefert werden, entsteht aus Sicht des Konzerns erst zu diesem Zeitpunkt die Gewinnrealisierung, das heißt im Vergleich zum Einzelabschluß mit einem time lag von einem Jahr. Daraus ergibt sich, daß eine Beeinflussung des Konzernergebnisses durch die Zwischenergebniseliminierung nur in Höhe der Veränderung der Zwischenergebnisse im Vergleich zum Vorjahr erfolgt.

b) Wahlrechte zum Verzicht auf Zwischenergebniseliminierung

Der § 304 enthält zwei Ausnahmeregelungen, in denen vom allgemeinen Gebot, Zwischenergebnisse im Konzernabschluß zu eliminieren, abgewichen werden darf.

Nach § 304 Abs. 2 kann eine Eliminierung von Zwischenergebnissen dann unterbleiben, wenn eine Lieferung oder Leistung zu üblichen Marktbedingungen vorgenommen worden ist und gleichzeitig die Zwischenergebniseliminierung einen unverhältnismäßig hohen Aufwand erfordern würde. Die Inanspruchnahme dieses Wahlrechts ist regelmäßig im Konzernanhang anzugeben, handelt es sich dabei um wesentliche Größenordnungen, so ist auch eine Erläuterung erforderlich. Die Kommentarliteratur vertritt durchweg die Auffassung, daß an die Voraussetzung des unverhältnismäßig hohen Aufwands strenge Maßstäbe anzulegen sind, so daß die Anwendung dieses Wahlrechts in der Praxis eher die Ausnahme sein dürfte.

§ 304 Abs. 3 enthält dann auch bezüglich der Zwischenergebniskonsolidierung die gesetzliche Verankerung des Wesentlichkeitsprinzips, das heißt die Zwischenergebniskonsolidierung kann dann unterbleiben, wenn diese für die Beurteilung der Vermögens-, Finanz- und Ertragslage des Konzerns eine untergeordnete Bedeutung haben. Auch hier ist die Frage der Wesentlichkeit aufgrund der Gesamtsituation zu beurteilen, feste Grenzen bestehen nicht.

3. Aufwands-/Ertragskonsolidierung

a) Grundsätzliche Regelungen

Rechtsgrundlage für die Aufwands- und Ertragskonsolidierung im Konzernabschluß ist § 305 Abs. 1. Die Aufwands-/Ertragskonsolidierung betrifft die Verrechnung von konzerninternen Umsatzerlösen oder anderen konzerninternen Erträgen mit den auf sie entfallenden Aufwendungen bzw. die Umgliederung dieser Erträge in die Positionen Bestandsveränderung oder aktivierte Eigenleistungen. In der Regel dürfte mit der Aufwands-/Ertragskonsolidierung auch eine Zwischenergebniseliminierung nach § 304 verbunden sein, daher ist die eigentliche Aufwands-/Ertragskonsolidierung stets ergebnisneutral.

Die wichtigste Position in diesem Zusammenhang stellen die Umsatzerlöse dar. Innenumsätze des Konzerns, denen Erzeugnislieferungen in das Umlaufvermögen des Empfängerunternehmens zugrunde lagen, sind umzugliedern in die Bestandsveränderung an fertigen und unfertigen Erzeugnissen. Handelte es sich um eine Lieferung in das Anlagevermögen, so erfolgt die Umgliederung in aktivierte Eigenleistungen. Lag dem Innenumsatz eine Lieferung von Handelswaren zugrunde, so erfolgt eine Verrechnung mit dem Materialaufwand.

Die Konsolidierung aller übrigen Erträge, die in der Regel in der Position sonstige betriebliche Erträge enthalten sein dürften, führt, von

Ausnahmen abgesehen, zu einer Verrechnung mit den entsprechenden Aufwendungen des Empfängerunternehmens. Ein häufiger Fall dürfte die Weiterbelastung von Kosten der Konzernmutter an die Tochterunternehmen darstellen. Bei dem Mutterunternehmen entsteht im Einzelabschluß ein sonstiger betrieblicher Ertrag, dem ein gleichhoher sonstiger betrieblicher Aufwand bei der Tochter gegenübersteht. Bei der Konsolidierung werden beide Größen miteinander saldiert.

Bestandteil der Aufwands-/Ertragskonsolidierung ist ferner die Eliminierung von Beteiligungserträgen, soweit diese aus dem Konsolidierungskreis stammen. Würde dies unterbleiben, käme es zu einer Doppelerfassung, da das wirtschaftliche Ergebnis der Tochtergesellschaften über die Konsolidierung regelmäßig bereits im Jahr der Ergebnisentstehung erfaßt wird.

2. Ausnahmeregelung

Das Gesetz enthält als Ausnahme vom allgemeinen Gebot der Aufwands-/Ertragskonsolidierung lediglich das Wesentlichkeitsprinzip (§ 305 Abs. 2), für dessen Auslegung das oben Gesagte analog gilt. Eines Hinweises auf die Anwendung des § 305 Abs. 2 im Konzernanhang bedarf es nicht.

F. Quotenkonsolidierung

1. Anwendungsvoraussetzungen

§ 310 erlaubt für sogenannte Gemeinschaftsunternehmen wahlweise die Anwendung der anteilsmäßigen Konsolidierung. Die gängige Bezeichnung dieses Verfahrens in der Praxis ist Quotenkonsolidierung. Gemeinschaftsunternehmen sind solche Unternehmen, die ein in den Konzernabschluß einbezogenes Unternehmen gemeinsam mit einem oder mehreren konzernfremden Unternehmen führt. Das Verfahren der Quotenkonsolidierung stellt damit keine Alternative zur Vollkonsolidierung dar, da die gemeinschaftliche Leitung nicht die Kriterien der „einheitlichen Leitung“ oder des „Control-Konzepts“ nach § 290 erfüllt. Gemeinschaftsunternehmen dürften jedoch regelmäßig auch assoziierte Unternehmen im Sinne des § 311 darstellen, für die die Bilanzierung nach der Equity-Methode vorgeschrieben ist. Praktisch stellt sich damit die Quotenkonsolidierung immer als eine wahlweise Alternative zur Equity-Bilanzierung dar.

Der Begriff des Gemeinschaftsunternehmens ist nicht definiert. Die Fachliteratur vertritt indes relativ einhellige Auffassungen zu den entscheidenden Fragen, so daß es bezüglich der Eigenschaft eines Gemeinschaftsunternehmens vergleichsweise wenig Probleme gibt. So besteht Einigkeit darüber, daß Unternehmen aller Rechtsformen bis hin zur Gesellschaft bürgerlichen Rechts als Gemeinschaftsunternehmen in Frage kommen. Diese Rechtsform kommt häufig bei Arbeitsgemeinschaften vor. Dazu wird jedoch die Auffassung vertreten, daß eine Arbeitsgemeinschaft einen dauernden Geschäftsbetrieb haben müsse, um als Gemeinschaftsunternehmen gelten zu können. Die Praxis vertritt hierzu die Auffassung, daß die Gemeinschaft auf mindestens drei Jahre angelegt sein müsse.

Wichtigstes Kriterium stellt jedoch die gemeinschaftliche Führung dar. Diese dürfte im Falle des sogenannten Joint-Ventures mit einer Beteiligungsquote von 50:50 typischerweise erfüllt sein. Die Höhe der Beteiligungsquote kann indes auch unterschiedlich sein, die Zahl der Beteiligten durchaus mehr als zwei betragen, soweit gewährleistet ist, daß höhere Beteiligungsquoten nicht das Recht einräumen, den oder die Partner in den wesentlichen Fragen der Unternehmenspolitik zu überstimmen. So sind also durchaus auch Beteiligungsverhältnisse von 51:49, 40:30:30 usw. denkbar. Die Tatsache jedoch, daß bei einem der beteiligten Partner die Voraussetzungen der Vollkonsolidierung erfüllt sind, schließt die Quotenkonsolidierung bei einem anderen Partner aus.

2. Verfahrensweise bei der Quotenkonsolidierung

Das Verfahren der Quotenkonsolidierung läßt sich vereinfacht so beschreiben, daß der Einzelabschluß des Gemeinschaftsunternehmens mit der jeweiligen Beteiligungsquote multipliziert und dieser „quotale Einzelabschluß“ dann „vollkonsolidiert“ wird. Diese Konsolidierung erfolgt unter Verwendung der üblichen Techniken und Komponenten der Vollkonsolidierung. Es hat also eine Kapital-, Schulden-, Aufwands-/Ertrags- und Zwischenergebniskonsolidierung zu erfolgen, allerdings mit dem Effekt, daß nur eine quotale Verrechnung bzw. Eliminierung erfolgt. Das heißt beispielsweise, daß eine Forderung an ein Gemeinschaftsunternehmen, an dem eine Beteiligung in Höhe von 25% besteht, nur zu 25% konsolidiert wird, die übrigen 75% gelten als gegen Dritte gerichtet und werden im Konzernabschluß ausgewiesen. Auch Zwischenergebnisse werden lediglich quotal eliminiert. Um im Beispiel zu bleiben, hieße dies, daß ein Zwischengewinn aus einem Geschäft mit dem Gemeinschaftsunternehmen in Höhe von 80 zu 75% und damit in Höhe von 60 als realisiert angesehen wird.

Charakteristisch für die Quotenkonsolidierung ist die Tatsache, daß Fremdanteile am Eigenkapital nicht auftreten, da die auf Konzernfremde entfallenden anteiligen Aktiva und Schulden unberücksichtigt bleiben.

Eine Anwendung der Pooling-of-Interest-Methode (§ 302) scheidet in Verbindung mit der Quotenkonsolidierung ebenso aus wie eine Berücksichtigung der Vorschriften über die Behandlung der Anteile konzernfremder Gesellschafter (§ 307). Alle übrigen Vorschriften zur Vollkonsolidierung sind indes aufgrund § 310 Abs. 2 ausdrücklich auch bei Anwendung der Quotenkonsolidierung zu berücksichtigen, also alle Vorschriften der §§ 297–309 mit Ausnahme der erwähnten §§ 302 und 307.

Die Funktionsweise der Quotenkonsolidierung sei an dem nachfolgenden einfachen Beispiel verdeutlicht:

Abbildung 36: Beispiel Quotenkonsolidierung

M hat zum 31. 12. 33,3% an T erworben	
Kaufpreis:	250
Eigenkapital T: 300, 1/3:	100
Unterschiedsbetrag (nicht zuordenbar, Geschäftswert)	150

Bilanz 31. 12.	M	T 1/3	Summe	konsolidiert Soll	konsolidiert Haben	Konzern
Anteile an T	250		250		1) 100 2) 150	
Geschäftswert	–	–	–	2) 150		150
Fordg. g. T	450	–	450		3) 150	300
Sonst. Aktiva	1.300	300	1.600			1.600
Aktiva	2.000	300	2.300			2.050
EK	1.000	100	1.100	1) 100		1.000
Verbindl. g. M.	–	150	150	3) 150		–
Sonst. Passiva	1.000	50	1.050			1.050
Passiva	2.000	300	2.300			2.050

G. Equity-Bilanzierung

1. Anwendung

Rechtsgrundlage der Equity-Methode sind die §§ 311 und 312. Wie bereits erwähnt wurde, ist die Equity-Methode anzuwenden auf die Bilanzierung von Beteiligungen des Konzerns an „assoziierten Unternehmen". Ein Wahlrecht besteht hier grundsätzlich nicht, es sei denn, das assoziierte Unternehmen erfüllt gleichzeitig die Voraussetzungen eines Gemeinschaftsunternehmens, so daß dann insoweit ein Wahlrecht zwischen der Equity-Bilanzierung und der Quotenkonsolidierung besteht.

Assoziierte Unternehmen sind nach § 311 Abs. 1 solche, die

- nicht in den Konzernabschluß einbezogen sind und
- auf die von einem in den Konzernabschluß einbezogenen Unternehmen ein maßgeblicher Einfluß ausgeübt wird.

Da die Frage, ob ein maßgeblicher Einfluß ausgeübt wird, nur sehr schwer zu definieren ist, behilft sich das Gesetz mit der Konstruktion der widerlegbaren Vermutung (§ 311 Abs. 1 Satz 2). Danach wird ein maßgeblicher Einfluß vermutet, wenn das Beteiligungsverhältnis mindestens 20% der Stimmrechte der Gesellschafter gewährt. Da bei mehr als 50% der Stimmrechte nach § 290 die Vollkonsolidierung und damit die Einbeziehung in den Konzernabschluß erforderlich wird, kann man sagen, daß assoziierte Unternehmen in der Regel solche sind, an denen der Konzern zwischen 20,0% und 50,0% der Stimmrechte ausübt und eine Widerlegung des maßgeblichen Einflusses nicht gelingt.

Begründungen für die Widerlegung des maßgeblichen Einflusses könnten dahin gehen, daß keine erheblichen Verflechtungen im Bereich der Liefer- und Leistungs-, der technischen oder finanziellen Beziehungen bestehen.

Das Verfahren der Equity-Bewertung ist im einzelnen im § 312 geregelt. Dabei unterscheidet man auch bei der Equity-Bewertung zwischen einer Buchwert- und einer Neubewertungsmethode (§ 312 Abs. 1). Beide Methoden werden später noch ausführlicher dargestellt. Im Konzernanhang ist anzugeben, welche Methode angewandt wurde (§ 312 Abs. 1 Satz 4).

Das grundsätzliche Charakteristikum der Equity-Methode ist darin zu sehen, daß, ausgehend von den Anschaffungskosten einer Beteiligung, in den Folgejahren die Entwicklung des anteiligen Eigenkapitals der Beteiligung bereits für das Jahr der Eigenkapitalveränderung durch Zu- bzw. Abschreibungen zum Beteiligungsansatz berücksichtigt wird. Damit werden anteilige Jahresüberschüsse im Jahr ihrer Entstehung dem Beteiligungsbuchwert zugeschrieben, Jahresfehlbeträge indessen genauso wie Gewinnausschüttungen vom Beteiligungsbuchwert abgeschrieben. Im Einzelabschluß würde eine solche Vorgehensweise gegen das Realisationsprinzip verstoßen, die Equity-Bewertung ist daher im Einzelabschluß auch nicht zulässig.

Die Equity-Methode entspricht insoweit der Quotenkonsolidierung, als auch sie, im Gegensatz zur Vollkonsolidierung, nur das anteilige Vermögen und die anteiligen Schulden in den Konzernabschluß übernimmt. Waren jedoch bei der Quotenkonsolidierung diese anteiligen Aktiva und Schulden als solche gemäß dem Gliederungsschema auszuweisen, so werden bei der Equity-Methode alle Positionen zusammengefaßt und anteiliges Vermögen mit den anteiligen Schulden saldiert. Der Saldo wird dann als Beteiligung an assoziierten Unternehmen ausgewiesen. Die Equity-Methode wird daher häufig auch als Einzeilen-Konsolidierung bezeichnet.

§ 312 Abs. 5 enthält eine Reihe von Vorschriften, die die Besonderheiten der Equity-Bewertung im Vergleich zur Vollkonsolidierung berücksichtigen sollen. So kann auf die Anwendung der konzerneinheitlichen Bilanzierungs- und Bewertungsmethoden im Abschluß des assoziierten Unternehmens verzichtet werden, wenn darauf im Konzernanhang hingewiesen wird. Eine Zwischenergebniseliminierung ist nur dann vorzunehmen, wenn die dazu nötigen Informationen bekannt oder zugänglich sind. Wird eine Zwischenergebniseliminierung vorgenommen, so kann diese wahlweise vollständig oder quotal entsprechend den Beteiligungsverhältnissen erfolgen.

Nach § 312 Abs. 6 ist die Equity-Bewertung stets auf Basis eines Konzernabschlusses vorzunehmen, falls das assoziierte Unternehmen einen solchen in seiner Eigenschaft als Mutterunternehmen erstellt, wobei unabhängig davon, ob die Bewertung auf Basis eines Jahresabschlusses oder eines Konzernabschlusses erfolgt, immer der letzte Abschluß zugrunde zu legen ist.

2. Buchwertmethode

Bei Anwendung der Buchwertmethode ist die Beteiligung an einem assoziierten Unternehmen mit ihrem Buchwert, also in der Regel im Erwerbszeitpunkt mit ihren Anschaffungskosten, als Beteiligung an assoziierten Unternehmen in die Konzernbilanz zu übernehmen. Liegt der Buchwert über dem anteiligen Eigenkapital des assoziierten Unternehmens, so ergibt sich ein aktiver Unterschiedsbetrag, der bei erstmaliger Anwendung als Davon-Vermerk in der Konzernbilanz oder im Konzernanhang anzugeben ist. Entsprechendes gilt für einen passivischen Unterschiedsbetrag.

Die Erstanwendung sei anhand eines einfachen Beispiels dargestellt:

Abbildung 37: Beispiel Equity-Bewertung

Buchwertmethode Erstanwendung
M hat zum 31. 12. 40% am assoziierten Unternehmen AU erworben

Kaufpreis:	310
Eigenkapital AU: 450, davon 40%:	180
Unterschiedsbetrag	130

Zuordnung	Buchwert	Zeitwert	Stille Reserven/Lasten gesamt	40%
Technische Anlagen	400	675	275	110
unterlassene Aufwands-Rückstellung	–	– 100	– 100	– 40
Zugeordneter Unterschiedsbetrag:				70
Nicht zuordenbarer Unterschiedsbetrag (bezahlter Geschäftswert)				60
= Unterschiedsbetrag				130

Buchwertmethode, Erstanwendung

Aktiva 31. 12.	Summe	konsolidiert Soll	konsolidiert Haben	Konzern
Beteiligung	310		310	–
Anteile an AU	–	310		310
– davon Unterschiedsbetrag				(130)

Für die Folgekonsolidierung ist besonders bedeutsam, daß der Unterschiedsbetrag gem. § 312 Abs. 2 Satz 1 den Aktiva und Schulden des assoziierten Unternehmens in einer gesonderten (statistischen) Rechnung zuzuordnen ist, um ihn in den Folgeperioden entsprechend der weiteren Veränderung der anteiligen Aktiva und Schulden fortführen zu können. Ein nicht zuordenbarer Teil ist dann wie ein Geschäfts- und Firmenwert bei der Vollkonsolidierung gemäß den Optionen des § 309 fortzuführen.

Das oben begonnene Zahlenbeispiel soll unter den nachfolgenden Annahmen fortgeführt werden.

Annahmen für das Folgejahr

20% Abschreibung auf anteilige stille Reserven:	−22
Verbrauch der Aufwandsrückstellung (anteilig)	+40
25% Abschreibung auf Geschäftswert	−15
Anteiliger Jahresüberschuß	+30
= Veränderung des anteiligen Eigenkapitals	+33

Buchwertmethode, Folgeanwendung (Jahr 2)

Buchung: per Anteile an AU	33
an Ergebnis aus AU	33

Im Konzernabschluß werden die Anteile an assoziierten Unternehmen im Folgejahr in Höhe von 343 ausgewiesen.

Die Fortführung des Unterschiedsbetrags entsprechend der weiteren Veränderung seiner einzelnen Bestandteile bewirkt nach seiner vollständigen Abschreibung, daß der Wertansatz des assoziierten Unternehmens seinem anteiligen Eigenkapital entspricht.

3. Neubewertungsmethode

Bei Anwendung der Neubewertungsmethode erfolgt der Wertansatz der Anteile am assoziierten Unternehmen mit dem anteiligen Eigenkapital des assoziierten Unternehmens, bewertet zu Zeitwerten (§ 312 Abs. 1 Satz 1 Nr. 2 bzw. Satz 3). Ein verbleibender Unterschiedsbetrag ist dann wie bei der Vollkonsolidierung als separater Geschäfts- und Firmenwert auszuweisen, wobei allerdings auch hier die Neubewertung zu Tageswerten nicht dazu führen darf, daß ein passivischer Unterschiedsbetrag entsteht (§ 312 Abs. 1 Satz 3).

Die Konsequenzen aus der Anwendung der Neubewertungsmethode sind im nachfolgenden Beispiel für den Fall der Erstkonsolidierung dargestellt, wobei auf den oben für die Buchwertmethode gemachten Annahmen aufgebaut wird.

Abbildung 38: Beispiel Equity-Bewertung

Neubewertungsmethode, Erstanwendung

Aktiva 31. 12.	Summe	konsolidiert Soll	konsolidiert Haben	Konzern
Geschäftswert	–	60		60
Beteiligungen	310		310	–
Anteile an AU	–	250		250

Bei der Folgekonsolidierung unterscheidet sich jetzt die Neubewertungsmethode von der Buchwertmethode dadurch, daß die Fortführung des Geschäfts- und Firmenwerts aufgrund seines separaten Ausweises direkt in der Konzernbilanz und nicht über die besondere statistische Rechnung erfolgt.

Dies führt dann im Beispiel für das Jahr der Folgeanwendung zu folgender Buchung:

per	Anteile an AU	48
	an Ergebnis aus AU	33
	an Geschäftswert	15

Nach vollständiger Abschreibung des Unterschiedsbetrags führen dann Neubewertungs- und Buchwertmethode zur gleichen Darstellungsweise.

4. Ausnahmevorschrift

Von der generellen Verpflichtung, die Equity-Methode im Konzernabschluß auf die Bewertung von Beteiligungen an assoziierten Unternehmen anzuwenden, gibt es lediglich die Ausnahme des § 311 Abs. 2 aufgrund des Wesentlichkeitsprinzips.

5. Übergangsvorschriften

Neben den in der Zwischenzeit gegenstandslos gewordenen Ausnahmeregelungen in Zusammenhang mit der freiwilligen früheren Anwendung des neuen Konzernbilanzrechts (Art. 23 Abs. 2 EGHGB) enthält Art. 27 EGHGB bedeutende Übergangsvorschriften.

Nach Art. 27 Abs. 3 EGHGB sind Art. 27 Abs. 1 und Abs. 2, die bereits im Rahmen der Behandlung von Unterschiedsbeträgen nach altem Recht oben dargestellt wurden, auf die Behandlung von Beteiligungen an assoziierten Unternehmen entsprechend anzuwenden. Das heißt, Unterschiedsbeträge zwischen dem anteiligen Eigenkapital des assoziierten Unternehmens und dem Buchwert der Beteiligung im Einzelabschluß können entweder

- gemäß § 312 Abs. 1 analysiert und in der besonderen statistischen Rechnung fortgeführt werden, oder
- der Unterschiedsbetrag kann ohne weitere Analyse als Geschäfts- und Firmenwert behandelt werden.

Wird der Unterschiedsbetrag analysiert, besteht die Möglichkeit, die Analyse durchzuführen auf Basis der Verhältnisse am

- Erwerbsstichtag bzw. am Tag, an dem das Unternehmen assoziiertes Unternehmen wurde;
- am Stichtag der erstmaligen Einbeziehung in einen Konzernabschluß nach altem Recht;
- Stichtag der Erstanwendung des neuen Rechts.

H. Einheitlichkeit der Bewertung

1. Aufgabe der Maßgeblichkeit des Einzelabschlusses

§ 308 bestimmt, daß alle in den Konzernabschluß übernommenen Vermögensgegenstände und Schulden einheitlich nach den auf den Jahresabschluß des Mutterunternehmens anwendbaren Bewertungsmethoden einheitlich zu bewerten sind. Danach sind gleichartige Sachverhalte auch dann nach gleichen Methoden zu bewerten, wenn diese Sachverhalte in verschiedenen Unternehmen vorkommen, soweit diese Unternehmen in den Konzernabschluß einbezogen sind. Dieser Grundsatz der einheitlichen Bewertung basiert auf der Einheitstheorie, die das Konzernbilanzrecht weitgehend bestimmt und damit der Fiktion der rechtlichen Einheit des Konzerns.

Nach dem Grundsatz der einheitlichen Bewertung kommt es für die Bewertung im Konzernabschluß grundsätzlich nicht darauf an, nach welcher Methode ein Vermögensgegenstand im jeweiligen Jahresabschluß des einbezogenen Unternehmens bewertet wurde. Die nach dem früheren aktienrechtlichen Konzernbilanzrecht bestehende Maßgeblichkeit des Einzelabschlusses für den Konzernabschluß wurde aufgegeben. Die Grundsätze der einheitlichen Bewertung und der Maßgeblichkeit des Einzelabschlusses für den Konzernabschluß schließen sich gegenseitig aus, so daß der Gesetzgeber nur eines dieser beiden Bewertungsprinzipien vorsehen konnte.

Technisch bedingt dies, daß in allen Fällen, in denen die im Jahresabschluß angewandten Bewertungsmethoden von den einheitlichen Methoden des Konzerns abweichen, vor der Konsolidierung eine entsprechende Umbewertung der Vermögensgegenstände und Schulden für jedes einbezogene Unternehmen vorzunehmen ist, das heißt, an die Stelle des tatsächlichen Jahresabschlusses (Handelsbilanz I bzw. HB I) tritt die sogenannte Handelsbilanz II (HB II). Dies ergibt sich auch aus § 308 Abs. 2 Satz 1. Die HB II kann sich

- durch die Verwendung der Bewertungsmethoden des Konzerns,
- einer gegebenenfalls vorzunehmenden Währungsumrechnung und
- einer Umgliederung in die für den Konzern relevanten Gliederungsschemata

von der HB I unterscheiden.

Durch die Umbewertungen in der HB II kommt es i. d. R. auch zu einer Veränderung des Ergebnisses des einbezogenen Unternehmens gegenüber der HB I. Abweichungen zwischen der Summe der Ergebnisse in den Einzelabschlüssen der einbezogenen Unternehmen und dem Konzernergebnis sind damit nicht nur das Resultat von Konsolidierungsmaßnahmen, sondern auch das Ergebnis der HB II-Maßnahmen. Dabei sind Ergebnisabweichungen nach beiden Seiten möglich, was im Extrem dazu führen kann, daß der Konzern ein positives Ergebnis ausweist, obwohl alle in den Konzernabschluß einbezogenen Unternehmen in ihren Jahresabschlüssen Verluste ausweisen oder umgekehrt.

2. Anwendbare Bewertungsmethoden

Grundsätzlich stehen dem Konzern für die Entscheidung über die anzuwendenden Methoden alle Bewertungsmethoden zur Verfügung, die das Recht des Mutterunternehmens zuläßt. Hat das Mutterunternehmen seinen Sitz in Deutschland, so können damit alle nach HGB zulässigen Bewertungsmethoden zu solchen des Konzerns erklärt werden. Eine Bindung an die im Einzelabschluß des Mutterunternehmens getroffenen Methodenentscheidungen besteht nicht. Zu beachten ist jedoch, daß eine Abweichung von den Methoden, die im Jahresabschluß des Mutterunternehmens angewandt wurden, gemäß § 308 Abs. 1 Satz 3 eine Angabe- und Begründungspflicht im Konzernanhang auslöst.

3. Konzernbilanzpolitische Möglichkeiten

Das Prinzip der einheitlichen Bewertung eröffnet der Konzernleitung damit erhebliche konzernbilanzpolitische Möglichkeiten. Insbesondere kann sich die Konzernbilanzpolitik von den Zwängen des steuerlichen Maßgeblichkeitsprinzips lösen. Danach verbietet sich die Anwendung offensiver Bewertungsmethoden im Einzelabschluß wegen der steuerlichen Konsequenzen (wenn man eine Gewinnsituation unterstellt). Da der Konzernabschluß auch keine Rechtsgrundlage für die Gewinnausschüttung darstellt, können die bilanzpolitischen Entscheidungen im Konzernabschluß auch unabhängig von ausschüttungspolitischen Überlegungen getroffen werden.

So hat sich in der kurzen Zeit der Anwendung des neuen Konzernbilanzrechts bereits eine häufig zu beobachtende zweigleisige Strategie herausgebildet, die wie folgt umrissen werden kann:

- im Einzelabschluß erfolgt mit Rücksicht auf steuerliche und ausschüttungspolitische Überlegungen eine an den steuerlichen Möglichkeiten ausgerichtete konservative und damit vorsichtige Bewertungspolitik;
- im Konzernabschluß entscheidet man sich demgegenüber unter Hinweis auf „eine den tatsächlichen Verhältnissen entsprechende Darstellung der Vermögens-, Finanz- und Ertragslage" des Konzerns für eine von steuerlichen Zwängen und Überlegungen freie, das heißt offensive Bewertungspolitik.

Dies demonstriert sehr deutlich den reinen Informationscharakter des Konzernabschlusses, der sich – da ihm weder Besteuerungs- noch Ausschüttungsbemessungsfunktion zukommt – in wesentlichen Punkten von den im Einzelabschluß dominierenden Vorsichtsüberlegungen lösen kann. Einzel- und Konzernabschluß sind bei einer derartigen Strategie nicht mehr vergleichbar und müssen mit unterschiedlichen Maßstäben betrachtet werden.

4. Ausnahmefälle

Das Gesetz läßt Abweichungen vom Prinzip der einheitlichen Bewertung in einer Reihe von Fällen zu. So brauchen Bewertungsmaßnahmen des Einzelabschlusses, die aufgrund von Rechtsvorschriften vorgenommen wurden, die die Besonderheiten von Kreditinstituten oder Versicherungsunternehmen berücksichtigen, nicht im Rahmen der einheitlichen Bewertung korrigiert zu werden (§ 308 Abs. 2 Satz 2). Eine Angabe im Konzernanhang ist jedoch in diesem Fall erforderlich. Dies gilt auch dann, wenn von der Ausnahmeregelung des § 308 Abs. 2 Satz 3 Gebrauch gemacht wird, die das Wesentlichkeitsprinzip zum Inhalt hat.

Eine weitere Ausnahmeregelung enthält § 308 Abs. 3, der in Fällen, in denen im Einzelabschluß aufgrund der umgekehrten Maßgeblichkeit steuerliche Werte angesetzt wurden, deren Übernahme in die Konzernbilanz erlaubt. Eine Verpflichtung dazu besteht allerdings ebensowenig wie eine steuerliche Rückwirkung, da – wie erwähnt – zwischen Konzernabschluß und steuerlichem bzw. Einzelabschluß keine Maßgeblichkeit mehr besteht. Die Beibehaltung steuerlicher Werte im Konzernabschluß löst eine Angabe und Begründung der im Geschäftsjahr aus rein steuerlichen Gründen vorgenommenen Abschreibungen, Wertberichtigungen und Einstellungen in den Sonderposten mit Rücklageanteil sowie der unterlassenen Zuschreibungen im Konzernanhang aus (§ 308 Abs. 3 Satz 2).

I. Latente Steuern

1. Rechtsgrundlagen

Neben den Steuerabgrenzungen nach § 274, die über die Einzelabschlüsse damit auch Bestandteil des Konzernabschlusses werden, entsteht im Konzernabschluß aufgrund des § 306 eine weitere Kategorie latenter Steuern. Nach § 306 sind Abweichungen zwischen der Summe der Ergebnisse der Einzelabschlüsse und dem Konzernergebnis aufgrund von Konsolidierungsmaßnahmen dann Gegenstand einer zusätzlichen Steuerabgrenzung, wenn es dadurch zu Verzerrungen im Steueraufwand kommt, die sich im Zeitablauf voraussichtlich ausgleichen.

Es kommt damit – wie auch bereits bei der Steuerabgrenzung nach § 274 – darauf an, Ergebnisabweichungen zwischen den Einzelabschlüssen und dem Konzernabschluß daraufhin zu untersuchen, ob es sich um permanente Abweichungen handelt, die dann nicht zu einer Steuerabgrenzung führen, oder um zeitliche Verschiebungen. Letztere müssen abgegrenzt werden. Steuerabgrenzungen aufgrund von § 306 sind sowohl aktivisch als auch passivisch vorzunehmen, das Aktivierungswahlrecht (Bilanzierungshilfe) des § 274 für aktivische Steuerlatenzen gilt nicht für aktivische latente Steuern aufgrund von Konsolidierungsmaßnahmen.

Ebenso wie bei den latenten Steuern nach § 274 erfolgt auch die Ermittlung der Steuerabgrenzung nach § 306 in einer Gesamtbetrachtung: aktivische und passivische Elemente werden gegeneinander aufgerechnet, es kommt lediglich zum Ausweis des Saldos. Gemäß § 306 Satz 3 darf die Steuerabgrenzung nach § 306 mit der nach § 274 zusammengefaßt werden. Die im Konzernabschluß auszuweisenden latenten

Steuern haben bei Inanspruchnahme dieses Ausweiswahlrechts damit einen Mischcharakter, sie beruhen sowohl auf Bewertungsdifferenzen als auch auf Konsolidierungsmaßnahmen.

2. Ursachen latenter Steuern im Konzern

a) Bewertungsdifferenzen

Wie bereits erwähnt, führen Bewertungsabweichungen zwischen dem handelsrechtlichen Abschluß der einbezogenen Unternehmen (HB I) und dem jeweiligen steuerlichen Abschluß auch zu Steuerlatenzen im Konzernabschluß. Das in diesem Fall bestehende Aktivierungswahlrecht des § 274 für einen aktivischen Saldo kann aufgrund des § 300 Abs. 2 Satz 2 im Konzernabschluß jedoch neu ausgeübt werden, eine Bindung an die im jeweiligen Einzelabschluß der einbezogenen Unternehmen getroffene Entscheidung besteht nicht.

Eine weitere Abweichung zum steuerlichen Abschluß der einbezogenen Unternehmen und damit eine Steuerlatenz entsteht regelmäßig durch Umbewertungen in der HB II, die zur Herstellung der Einheitlichkeit der Bewertung (§ 308) erforderlich sind. Es stellt sich die Frage, inwieweit diese Steuerlatenzen solche nach § 274 darstellen und damit für aktivische Latenzen ein Aktivierungswahlrecht beinhalten, oder ob es sich dabei um Abweichungen und Steuerabgrenzungen aufgrund von Konsolidierungsmaßnahmen handelt. Im letzteren Fall handelte es sich dann um eine Steuerabgrenzung nach § 306 mit der Folge, daß sowohl für einen aktivischen als auch einen passivischen Saldo Bilanzierungspflicht bestünde. Da der Wortlaut des § 306 ausdrücklich auf den 4. Titel im 2. Unterabschnitt verweist und der § 308 (Einheitliche Bewertung) zum 5. Titel gehört, führen Bewertungsabweichungen aufgrund von HB II-Maßnahmen gegebenenfalls zu latenten Steuern nach § 274. Es besteht insoweit also keine Ansatzpflicht für aktivische Abgrenzungen.

b) Konsolidierungsmaßnahmen

Ergebnisabweichungen zwischen dem Konzernergebnis und der Summe der Einzelergebnisse aufgrund von Konsolidierungsmaßnahmen führen nur dann zu Steuerlatenzen, wenn diese Unterschiede sich im Zeitablauf voraussichtlich ausgleichen. Permanente Differenzen bleiben für die Ermittlung latenter Steuern ebenso außerhalb der Betrachtung wie die sogenannten quasi-permanenten Differenzen. Bei letzteren handelt es sich im Grunde zwar um zeitliche Differenzen, die Abweichungen bleiben jedoch extrem lange bestehen, so daß dies wie eine permantente Abweichung wirkt. Beispiel dafür ist die Zuschreibung bei einem Grundstück: Der Ausgleich käme erst beim (nicht beabsichtigten) Verkauf des Grundstücks zum Tragen.

Die größte Bedeutung für die Entstehung von Steuerlatenzen aufgrund von Konsolidierungsmaßnahmen dürfte der erfolgswirksamen Eliminierung von Zwischenergebnissen zukommen. Weitere Fälle sind die erfolgswirksame Schuldenkonsolidierung, konzerninterne Gewinnausschüttungen sowie Ergebnisübernahmen im Rahmen der Equity-Bilanzierung.

In der Regel werden Abweichungen aufgrund der erfolgswirksamen Abschreibung oder Auflösung von Unterschiedsbeträgen aus der Kapitalkonsolidierung in der Kommentarliteratur als quasi-permanente Abweichungen betrachtet. Sie bleiben damit bei der Ermittlung der Steuerlatenz aufgrund von Konsolidierungsmaßnahmen außer Ansatz.

3. Ausweisfragen

Da das Gesetz im § 306 Satz 2 wahlweise die Angabe des Betrages der latenten Steuern in der Konzernbilanz oder im Anhang zuläßt und gleichzeitig im § 306 Satz 3 die Zusammenfassung mit einer Steuerlatenz aufgrund § 274 zuläßt, bietet sich eine Vielzahl von Ausweisvarianten an.

In der Praxis hat sich die Zusammenfassung mit den Steuerlatenzen nach § 274 durchgesetzt. Ist der Gesamtsaldo aktivisch und beruht er auf Steuerlatenzen nach § 306, besteht kein Ansatzwahlrecht. In diesem Falle dominiert der separate Ausweis in der Konzernbilanz als gesonderte Position nach dem Umlaufvermögen oder als Teil der Rechnungsabgrenzungsposten. Ist der Gesamtsaldo passivisch, kommt sowohl der separate Ausweis innerhalb der Rückstellungen in Frage oder, wie in der Praxis eindeutig bevorzugt, die Anhangangabe im Rahmen der Erläuterung der sonstigen Rückstellungen.

J. Währungsumrechnung

1. Überblick

Die Notwendigkeit der Währungsumrechnung ergibt sich aus dem Weltabschlußprinzip, das die Einbeziehung auch ausländischer Tochterunternehmen zwingend verlangt. Damit stellt sich die Frage, wie die in ausländischer Währung erstellten Jahresabschlüsse in DM umzurechnen sind. Das Gesetz schreibt dazu keine Umrechnungsmethode vor. Es wird lediglich verlangt, im Anhang die gewählte Methode anzugeben (§ 313 Abs. 1 Nr. 2).

An Methoden bieten sich prinzipiell die Stichtagsmethode an, bei der alle Bilanzpositionen mit einem einheitlichen Kurs umgerechnet werden, oder die Umrechnung mit differenzierten Kursen. Danach werden unterschiedliche Bilanzpositionen mit verschiedenen Kursen umgerechnet. Ein Folgeproblem daraus sind die entstehenden Umrechnungsdifferenzen, für deren Behandlung ebenfalls mehrere Verfahren praktiziert werden.

2. Stichtagsmethode

Nach der Stichtagsmethode werden alle Positionen des Jahresabschlusses mit einem einheitlichen Kurs, in der Regel dem Kurs zum Bilanzstichtag, umgerechnet. Der Vorteil dieser Methode liegt in ihrer einfachen Handhabung. Die Strukturen der Originalabschlüsse (HB I) bleiben auch in der HB II erhalten.

Die Anwendung der Stichtagsmethode erscheint vor allem für solche Konzerne sehr geeignet, die nur wenige Auslandstochtergesellschaften haben oder deren Auslandsaktivitäten sich vor allem auf Länder konzentrieren, deren Landeswährung gegenüber der DM nur geringen Schwankungen unterworfen ist.

3. Umrechnung mit differenzierten Kursen

Bei der Umrechnung von Jahresabschlußpositionen mit verschiedenen Kursen besteht international eine Vielzahl von Varianten. Es dominiert jedoch die sogenannte Zeitbezugsmethode.

Bei der Zeitbezugsmethode versucht man, den einzelnen Positionen des Jahresabschlusses die Kursart zuzuordnen, die sich ergeben hätte, wenn der Konzern jeden Geschäftsvorfall unmittelbar im Sinne der Einheitstheorie in einem eigenen Konzernrechnungswesen erfaßt und in DM verbucht hätte. Die nachfolgende Abbildung zeigt ein Beispiel, welche Kursarten für die verschiedenen Positionen der Bilanz und der GuV-Rechnung nach der Zeitbezugsmethode Verwendung finden könnten:

Abbildung 39: Währungsumrechnung nach der Zeitbezugsmethode

Bilanz:	
Anlagevermögen	Historische Kurse
Eigenkapital	Historische Kurse
– gezeichnetes Kapital	Historische Kurse
– Kapitalrücklage	Historische Kurse
– Gewinnrücklagen	Historische Kurse
Bilanzergebnis	Stichtagskurs
Umlaufvermögen	Stichtagskurs
Fremdkapital	Stichtagskurs
GuV-Rechnung:	
Zuschreibungen	Historische Kurse
Abschreibungen	Historische Kurse
Übrige Erträge	Jahresdurchschnittskurse
Übrige Aufwendungen	Jahresdurchschnittskurse
Jahresergebnis	Stichtagskurs
Ergebnisvortrag	Stichtagskurs
Rücklagenveränderung	Stichtagskurs
Bilanzergebnis	Stichtagskurs

Die Zeitbezugsmethode erscheint vor allem für solche Konzerne eine empfehlenswerte Alternative, bei denen aufgrund bedeutender Aktivitäten in Weichwährungsländern die Anwendung der Stichtagskursmethode in Verbindung mit dem Anschaffungswertprinzip dazu führen würde, daß Eigenkapital und Anlagevermögen nur noch mit unwesentlichen Beträgen in DM zu bilanzieren wären.

4. Behandlung von Umrechnungsdifferenzen

Ein großer Vorteil der Stichtagsmethode besteht darin, daß mit Ausnahme des Anlagenspiegels Umrechnungsdifferenzen nicht auftauchen. Im Anlagenspiegel bedingt die Anwendung der Stichtagsmethode eine zusätzliche Spalte Kursdifferenzen, um sowohl bei der Darstellung der historischen Anschaffungskosten als auch bei der Entwicklung der kumulierten Abschreibungen den Anschluß an die Vorjahreswerte zu gewährleisten.

Bei Anwendung der Zeitbezugsmethode wird man sich im Normalfall dafür entscheiden, das Jahresergebnis der einzubeziehenden Tochtergesellschaft mit dem Stichtagskurs umzurechnen und nicht etwa neu zu berechnen. Durch die Umrechnung mit dem Stichtagskurs wird dem Charakter des Jahresüberschusses als ausschüttungsfähige Größe für die Muttergesellschaft Rechnung getragen. Damit entstehen zwangsläufig Umrechnungsdifferenzen, da die einzelnen Positionen der Bilanz und GuV-Rechnung mit unterschiedlichen Kursen umgerechnet wurden. In der GuV-Rechnung werden diese Differenzen je nach ihrem Vorzeichen als „Sonstige betriebliche Erträge" oder „Sonstige betriebliche Aufwendungen" behandelt. In der Bilanz dominiert die erfolgsneutrale Verrechnung dieser Differenz mit dem Eigenkapital des Konzerns, in der Regel mit den Gewinnrücklagen.

K. Besonderheiten der Gliederung im Konzernabschluß

1. Bilanz

Das Gesetz verzichtet für den Konzernabschluß auf ein eigenständiges Bilanzgliederungsschema und bezieht sich im § 298 auf das Gliederungsschema für den Jahresabschluß. Damit bildet das für große Kapitalgesellschaften geltende Bilanzgliederungsschema auch das Ausgangsschema für die Gliederung der Konzernbilanz. Durch die Miteinbeziehung zahlreicher weiterer Vorschriften zum Einzelabschluß in das Recht des Konzernabschlusses im § 298 Abs. 1 besteht im Konzernabschluß auch die Verpflichtung, einen Konzernanlagenspiegel zu erstellen. Diese Verpflichtung kannte das frühere aktienrechtliche Konzernbilanzrecht nicht.

Zahlreiche Einzelvorschriften des zweiten Unterabschnitts des dritten Buches des HGB bestimmen jedoch, daß konzernspezifische Sachverhalte in der Konzernbilanz gesondert auszuweisen sind. Auf die entsprechenden Vorschriften wurde oben bei der Behandlung der jeweiligen Vorschriften regelmäßig Bezug genommen. Die wichtigsten Positionen, die zu einem gesonderten Ausweis in der Konzernbilanz führen, sind im einzelnen:

- Geschäfts- und Firmenwert aus der Kapitalkonsolidierung,
- Anteile an assoziierten Unternehmen
  (ggf. mit Vermerk eines Unterschiedsbetrags bei der erstmaligen Anwendung der Equity-Bilanzierung und Anwendung der Buchwertmethode),
- (passiver) Unterschiedsbetrag aus der Kapitalkonsolidierung,
- Anteile anderer Gesellschafter (am Eigenkapital des Konzerns).

In Ausnahmefällen kann sich im Konzernbilanz-Gliederungsschema eine weitere Abweichung zum Schema des Jahresabschlusses ergeben, wenn von der Erleichterung des § 298 Abs. 2 Gebrauch gemacht wird. Danach ist die Zusammenfassung der Vorräte zu einer Position erlaubt, wenn deren Aufgliederung aufgrund besonderer Umstände mit einem unverhältnismäßigen Aufwand verbunden wäre.

Unter Berücksichtigung der oben erwähnten Besonderheiten ergibt sich aus dem Gliederungsschema des Einzelabschlusses das Konzernbilanz-Gliederungsschema (vgl. Abb. 40).

2. GuV-Rechnung

Auch die Gliederungsschemata der GuV-Rechnung nach § 275 sind über den § 298 für die Konzern-GuV-Rechnung verbindlich.

Bemerkenswert ist, daß die Vorschriften zum Konzernanhang keine Verpflichtung beinhalten, bei Anwendung des Umsatzkostenverfahrens den Materialaufwand des Geschäftsjahrs anzugeben. Damit ist die im Einzelabschluß unter bestimmten Voraussetzungen mögliche Umrechnung des Umsatzkostenverfahrens in das Gesamtkostenverfahren für den Konzernabschluß in der Regel ausgeschlossen.

Die wesentlichen Erweiterungen, die in der Konzern-GuV-Rechnung vorzunehmen sind, betreffen die assoziierten Unternehmen sowie die Fremdanteile am Ergebnis. Es handelt sich im einzelnen um folgende Positionen:

Abbildung 40: Grundschema der Konzernbilanzgliederung

Aktivseite

A. Ausstehende Einlagen
– davon eingefordert:

B. Aufwendungen für die Ingangsetzung und Erweiterung des Geschäftsbetriebs

C. Anlagevermögen
I. Immaterielle Vermögensgegenstände
1. Konzessionen, gewerbliche Schutzrechte und ähnliche Rechte und Werte sowie Lizenzen an solchen Rechten und Werten
2. Geschäfts- oder Firmenwert
– davon aus der Kapitalkonsolidierung:
3. geleistete Anzahlungen

II. Sachanlagen
1. Grundstücke, grundstücksgleiche Rechte und Bauten einschließlich der Bauten auf fremden Grundstücken
2. technische Anlagen und Maschinen
3. andere Anlagen, Betriebs- und Geschäftsausstattung
4. geleistete Anzahlungen und Anlagen im Bau

III. Finanzanlagen
1. Anteile an verbundenen Unternehmen
2. Ausleihungen an verbundene Unternehmen
3. Beteiligungen an assoziierten Unternehmen
– davon Unterschiedsbetrag zum anteiligen Eigenkapital:
4. Sonstige Beteiligungen
5. Ausleihungen an Unternehmen, mit denen ein Beteiligungsverhältnis besteht
6. Wertpapiere des Anlagevermögens
7. sonstige Ausleihungen

D. Umlaufvermögen
I. Vorräte
1. Roh-, Hilfs- und Betriebsstoffe
2. unfertige Erzeugnisse, unfertige Leistungen
3. fertige Erzeugnisse und Waren
4. geleistete Anzahlungen

II. Forderungen und sonstige Vermögensgegenstände
1. Forderungen aus Lieferungen und Leistungen
– davon Restlaufzeit mehr als 1 Jahr:
2. Forderungen gegen verbundene Unternehmen
– davon Restlaufzeit mehr als 1 Jahr:
3. Forderungen gegen Unternehmen, mit denen ein Beteiligungsverhältnis besteht
– davon Restlaufzeit mehr als 1 Jahr:
4. sonstige Vermögensgegenstände
– davon Restlaufzeit mehr als 1 Jahr:

III. Wertpapiere
1. Anteile an verbundenen Unternehmen
2. eigene Anteile
3. sonstige Wertpapiere

IV. Schecks, Kassenbestand, Bundesbank- und Postgiroguthaben, Guthaben bei Kreditinstituten

E. Rechnungsabgrenzungsposten
I. Abgrenzungsposten für latente Steuern
II. Sonstige Rechnungsabgrenzungsposten

Passivseite

A. Eigenkapital
I. Gezeichnetes Kapital
II. Kapitalrücklage
III. Gewinnrücklagen
1. gesetzliche Rücklage
2. Rücklage für eigene Anteile
3. satzungsmäßige Rücklagen
4. andere Gewinnrücklagen
IV. Gewinnvortrag/Verlustvortrag
V. Konzernergebnis
VI. Anteile anderer Gesellschafter

B. Unterschiedsbetrag aus der Kapitalkonsolidierung

C. Sonderposten mit Rücklageanteil

D. Rückstellungen
1. Rückstellungen für Pensionen und ähnliche Verpflichtungen
2. Steuerrückstellungen
3. sonstige Rückstellungen

E. Verbindlichkeiten
1. Anleihen
– davon konvertibel:
– davon Restlaufzeit bis zu 1 Jahr:
2. Verbindlichkeiten gegenüber Kreditinstituten
– davon Restlaufzeit bis zu 1 Jahr:
3. erhaltene Anzahlungen auf Bestellungen
– davon Restlaufzeit bis zu 1 Jahr:
4. Verbindlichkeiten aus Lieferungen und Leistungen
– davon Restlaufzeit bis zu 1 Jahr:
5. Verbindlichkeiten aus der Annahme gezogener Wechsel und der Ausstellung eigener Wechsel
– davon Restlaufzeit bis zu 1 Jahr:
6. Verbindlichkeiten gegenüber verbundenen Unternehmen
– davon Restlaufzeit bis zu 1 Jahr:
7. Verbindlichkeiten gegenüber Unternehmen, mit denen ein Beteiligungsverhältnis besteht
– davon Restlaufzeit bis zu 1 Jahr:
8. sonstige Verbindlichkeiten
– davon aus Steuern:
– davon im Rahmen der sozialen Sicherheit:
– davon Restlaufzeit bis zu 1 Jahr:

F. Rechnungsabgrenzungsposten

Dieses Gliederungsschema entspricht § 266 Abs. 2 und 3 mit Erweiterungen, die das Gesetz an anderer Stelle verlangt.

Für das nicht eingezahlte Kapital wurde die aktivische Ausweisform (§ 272 Abs. 1 Satz 2) gewählt.

Ausweiswahlrechte Bilanz/Anhang wurden nicht berücksichtigt.

Bei der Bilanzierung der Beteiligung an assoziierten Unternehmen wurde die Anwendung der Buchwertmethode unterstellt, bei Anwendung der Neubewertungsmethode wäre der Unterschiedsbetrag gesondert als Geschäfts- und Firmenwert auszuweisen.

Von der Möglichkeit des § 301 Abs. 3, aktive und passive Unterschiedsbeträge zu saldieren, wurde kein Gebrauch gemacht.

- Erträge aus Beteiligungen an assoziierten Unternehmen,
- Aufwendungen für Beteiligungen an assoziierten Unternehmen,
- auf andere Gesellschafter entfallender Gewinn/Verlust.

Unter Berücksichtigung dieser Besonderheiten ergeben sich die nachfolgenden Gliederungsschemata für die Konzern-GuV-Rechnung nach dem Gesamtkosten- und dem Umsatzkostenverfahren.

Abbildung 41: Grundschema der Konzern-GuV-Rechnung nach dem Gesamtkostenverfahren

1. Umsatzerlöse
2. Erhöhung oder Verminderung des Bestands an fertigen und unfertigen Erzeugnissen
3. andere aktivierte Eigenleistungen
4. sonstige betriebliche Erträge
5. Materialaufwand:
   a) Aufwendungen für Roh-, Hilfs- und Betriebsstoffe und für bezogene Waren
   b) Aufwendungen für bezogene Leistungen
6. Personalaufwand:
   a) Löhne und Gehälter
   b) soziale Abgaben und Aufwendungen für Altersversorgung und für Unterstützung
      – davon für Altersversorgung:
7. Abschreibungen:
   a) auf immaterielle Vermögensgegenstände des Anlagevermögens und Sachanlagen sowie auf aktivierte Aufwendungen für die Ingangsetzung und Erweiterung des Geschäftsbetriebs
   b) auf Vermögensgegenstände des Umlaufvermögens, soweit diese die in dem Unternehmen üblichen Abschreibungen überschreiten
8. sonstige betriebliche Aufwendungen
9. Erträge aus Beteiligungen an assoziierten Unternehmen
   – davon aus verbundenen Unternehmen:
10. Erträge aus sonstigen Beteiligungen
    – davon aus verbundenen Unternehmen:
11. Erträge aus anderen Wertpapieren und Ausleihungen des Finanzanlagevermögens
    – davon aus verbundenen Unternehmen:
12. sonstige Zinsen und ähnliche Erträge
    – davon aus verbundenen Unternehmen:
13. Aufwendungen aus Beteiligungen an assoziierten Unternehmen
    – davon aus verbundenen Unternehmen:
14. Abschreibungen auf Finanzanlagen und auf Wertpapiere des Umlaufvermögens
15. Zinsen und ähnliche Aufwendungen
    – davon aus verbundenen Unternehmen:
16. Ergebnis der gewöhnlichen Geschäftstätigkeit
17. außerordentliche Erträge
18. außerordentliche Aufwendungen
19. außerordentliches Ergebnis
20. Steuern vom Einkommen und vom Ertrag
21. sonstige Steuern
22. Jahresüberschuß/Jahresfehlbetrag
23. auf andere Gesellschafter entfallender Gewinn/Verlust
24. Konzernergebnis

Abbildung 42: Grundschema der Konzern-GuV-Rechnung nach dem Umsatzkostenverfahren

1. Umsatzerlöse
2. Herstellungskosten der zur Erzielung der Umsatzerlöse erbrachten Leistungen
3. Bruttoergebnis vom Umsatz
4. Vertriebskosten
5. allgemeine Verwaltungskosten
6. sonstige betriebliche Erträge
7. sonstige betriebliche Aufwendungen
8. Erträge aus Beteiligungen an assoziierten Unternehmen
   – davon aus verbundenen Unternehmen:
9. Erträge aus sonstigen Beteiligungen
   – davon aus verbundenen Unternehmen:
10. Erträge aus anderen Wertpapieren und Ausleihungen des Finanzanlagevermögens
    – davon aus verbundenen Unternehmen:
11. Sonstige Zinsen und ähnliche Erträge
    – davon aus verbundenen Unternehmen:
12. Aufwendungen aus Beteiligungen an assoziierten Unternehmen
    – davon aus verbundenen Unternehmen:
13. Abschreibungen auf Finanzanlagen und auf Wertpapiere des Umlaufvermögens
14. Zinsen und ähnliche Aufwendungen
    – davon aus verbundenen Unternehmen:
15. Ergebnis der gewöhnlichen Geschäftstätigkeit
16. außerordentliche Erträge
17. außerordentliche Aufwendungen
18. außerordentliches Ergebnis
19. Steuern vom Einkommen und vom Ertrag
20. sonstige Steuern
21. Jahresüberschuß/Jahresfehlbetrag
22. auf andere Gesellschafter entfallender Gewinn/Verlust
23. Konzernergebnis

3. Konzernanhang

Im Gegensatz zur Bilanz und GuV-Rechnung enthält das Gesetz in dem die Konzernrechnungslegung betreffenden Unterabschnitt ausführliche Vorschriften über die Inhalte des Konzernanhangs (§§ 313, 314). Bei der Erstellung erlaubt jedoch § 298 Abs. 3, den Konzernanhang mit dem Anhang des Mutterunternehmens zusammenzufassen.

Die Inhalte des Konzernanhangs sind denen des Anhangs prinzipiell vergleichbar. Sie bestehen aus Methodenerläuterungen, Postenerläuterungen und sonstigen Angaben.

Eine Übersicht über die Inhalte des Konzernanhangs gibt die Checkliste auf S. 160. In dieser Checkliste nicht enthalten sind die rechtsformspezifischen Angaben, die aufgrund § 298 Abs. 1 auch in den Konzernanhang zu übernehmen sind. Bezüglich dieser Angaben sei verwiesen auf die Checkliste zum Anhang im Jahresabschluß.

Abbildung 43: Checkliste Konzernanhang

	§§ HGB
1. Angaben zum Konsolidierungskreis und zum übrigen Beteiligungssektor	
1.1. Angabe der im Konzernabschluß	
1.1.1. vollkonsolidierten Konzernunternehmen, ggfs. mit Angabe des zur Einbeziehung verpflichtenden Sachverhalts	313(2) Nr. 1, S. 1
1.1.2. quotenkonsolidierten Gemeinschaftsunternehmen mit Angabe des für die quotale Einbeziehung ursächlichen Sachverhalts	313(2) Nr. 3
1.1.3. equitybilanzierten assoziierten Unternehmen	313(2) Nr. 2, S. 1
jeweils mit Name, Sitz und Kapitalanteil	
1.2. Änderung des Konsolidierungskreises: Angaben bei wesentlichen Änderungen zwecks sinnvoller Vergleichbarkeit aufeinander folgender Konzernabschlüsse, falls keine Anpassung der Vorjahreszahlen erfolgt	294(2)
1.3. Angabe der nicht im Konzernabschluß	
1.3.1. vollkonsolidierten Konzernunternehmen, mit Begründung der Nichteinbeziehung	313(2) Nr. 1, S. 2 295(3) S. 1; 296(3)
1.3.2. equitybilanzierten assoziierten Unternehmen, mit Begründung der Nichtbilanzierung ab Equity	313(2) Nr. 2, S. 2 313(2) Nr. 2, S. 2 i. V. m. 311(2)
jeweils mit Name, Sitz und Kapitalanteil	
1.4. Andere Beteiligungen ab 20% Anteilsbesitz mit Name, Sitz, Kapitalanteil, Höhe des Eigenkapitals und des letztfestgestellten Jahresergebnisses, soweit die Angaben nicht von untergeordneter Bedeutung sind. Keine Angabe von Eigenkapital und Ergebnis, wenn Beteiligungsunternehmen nicht publizitätspflichtig ist *und* der Kapitalanteil unter 50% liegt.	313(2) Nr. 4
1.5. Angabe der Schutzklauselanwendung zur Aufstellung des Beteiligungsbesitzes	313(3)
1.6. Hinweis auf eine gesonderte Anteilsaufstellung,	313(4) S. 1, 2
Hinweis auf besondere Anteilsaufstellung und Ort der Hinterlegung	313(4) S. 3
2. Angaben und Erläuterungen zu den Konsolidierungsmethoden	
2.1. Zusätzliche Angaben, um bei besonderen Umständen trotz Beachtung der GoB ein den tatsächlichen Verhältnissen entsprechendes Bild der Konzernlage zu geben	297(2) S. 3

Abbildung 43: Checkliste Konzernanhang (Fortsetzung)

	§§ HGB
2.2. Abweichende Stichtage	
2.2.1. abweichender Stichtag Einzelabschluß: seitherige Vorgänge von besonderer Bedeutung, falls nicht in Bilanz/G&V berücksichtigt	299(3)
2.2.2. vom Stichtag des Mutterunternehmens abweichender Stichtag Konzernabschluß: Angabe und Begründung	299(1) 2. Halb-S.
2.3. Methodenabweichung: Angabe und Begründung bei Abweichung von vorjährigen Konsolidierungsmethoden, gesonderte Darstellung des Einflusses auf Konzernlage	297(3) S. 4, 5
2.4. Währungsumrechnung: Angabe der Grundlagen für die Umrechnung in DM	313(1) Nr. 2
2.5. Kapitalkonsolidierung	
2.5.1. Angabe, ob Buchwert- oder Neubewertungsmethode	301(1) S. 5
2.5.2. Angabe des Verrechnungszeitpunktes	301(2) S. 2
2.5.3. Erläuterungen des Unterschiedsbetrags und der wesentlichen Änderungen zum Vorjahr	301(3) S. 2
2.5.4. Angabe verrechneter Unterschiedsbeträge der Aktiv- und Passivseite	301(3) S. 3
2.5.5. Kapitalkonsolidierung bei Interessenzusammenführung: Angabe der Anwendung, Rücklagenveränderung daraus, Name und Sitz des Unternehmens	302(3)
2.6. Quotenkonsolidierung: Entsprechende Angaben wie bei Vollkonsolidierung	310(2) i. V. m. 301
2.7. Equity-Bilanzierung:	
2.7.1. Angabe, ob Buchwert- oder Neubewertungsmethode	312(1) S. 4
2.7.2. Buchwertmethode: Unterschiedsbetrag zwischen Buchwert und anteiligem Eigenkapital, falls nicht in Konzernbilanz vermerkt (gilt nur für erstmalige Anwendung)	312(1) S. 2
2.7.3. Neubewertungsmethode: Unterschiedsbetrag zwischen anteiligem Eigenkapital und Buchwert, falls nicht in Konzernbilanz gesondert ausgewiesen (gilt nur für erstmalige Anwendung)	312(1) S. 3, 2. Halb-S.

Abbildung 43: Checkliste Konzernanhang (Fortsetzung)

	§§ HGB
2.7.4. Angabe des Zeitpunkts für Wertansatz der Beteiligung/der Unterschiedsbeträge	312(3) S. 2
2.7.5. Angabe nicht vorgenommener Neubewertung bei abweichenden Bewertungsmethoden	312(5) S. 2
2.8. Ausschaltung der Zwischenergebnisse: Angabe nicht vorgenommener Ausschaltung von Zwischenergebnissen; Erläuterung bei wesentlichem Einfluß auf Konzernlage	
2.8.1. betr. voll- und quotenkonsolidierte Unternehmen	304(2) S. 2
2.8.2. betr. Equity-Bilanzierung	312(5) S. 3
3. Angaben und Erläuterungen zu den Bewertungsmethoden, zur Konzernbilanz sowie Konzern-G&V-Rechnung	
3.1. Angabe der auf die Abschlußposten angewandten Bilanzierungs- und Bewertungsmethoden	313(1) Nr. 1
3.2. Angabe und Begründung bei Abweichung von den vorjährigen Bilanzierungs-, Bewertungs- und Konsolidierungsmethoden, gesonderte Darstellung des Einflusses auf die Konzernlage	313(1) Nr. 3
3.3. Konzerneinheitliche Bewertung:	
3.3.1. Angabe und Begründung bei Abweichung von den beim Mutterunternehmen angewandten Bewertungsmethoden	308(1) S. 3
3.3.2. Hinweis auf Beibehaltung von Wertansätzen nach KWG und VAG	308(2) S. 2
3.3.3. Angabe und Begründung nicht erfolgter Neubewertung in Ausnahmefällen	308(2) S. 4
3.3.4. Angabe und Begründung des Betrags der aus Steuergründen vorgenommenen Abschreibungen, Wertberichtigungen, Einstellungen in Sonderposten, unterlassenen Zuschreibungen	308(3) S. 2
3.4. Eigene Anteile: Angabe von Zahl, Nennbetrag und Anteil am Kapital des Mutterunternehmens	314(1) Nr. 7
3.5. Gesamtbetrag der Verbindlichkeiten:	
3.5.1. Restlaufzeit mehr als 5 Jahre	314(1) Nr. 1
3.5.2. die durch Pfandrechte oder ä. Rechte von eingezogenen Unternehmen gesichert sind mit Art und Form der Sicherheiten	314(1) Nr. 1
3.6. Gesonderte Angabe einer aktiven oder passiven Steuerlatenz nach § 306, falls nicht in Konzernbilanz angegeben	306 S. 2

Abbildung 43: Checkliste Konzernanhang (Fortsetzung)

	§§ HGB
3.7. Umsatzerlöse	
3.7.1. Segmentierung nach Tätigkeitsbereichen, Märkten	314(1) Nr. 3
3.7.2. Angabe der Schutzklauselanwendung	314(2)
3.8. Angabe der Personalaufwendungen bei Anwendung des Umsatzkostenverfahrens	314(1) Nr. 4 1. Halb-S.
3.9. Ausmaß der Beeinflussung des Jahresergebnisses aus der Inanspruchnahme steuerlicher Vergünstigungen im Berichtsjahr und in Vorjahren, Ausmaß erheblicher künftiger Mehrsteuern daraus	314(1) Nr. 5
3.10. Zur Gliederung	
3.10.1. Stetigkeit: Angabe u. Begründung bei Abweichung	265(1) S. 2
3.10.2. Vorjahreszahlen: Angabe u. Erläuterung nicht vergleichbarer Zahlen, der angepaßten Zahlen	265(2)
3.10.3. Mitzugehörigkeitsvermerke	265(3)
3.10.4. Geschäftszweigbedingte Ergänzung	265(4)
3.10.5. Klarheitsbedingte Zusammenfassungen	265(7) Nr. 2
3.11. Weitere Angaben	
3.11.1. Ergebnisvortrag in Bilanz oder Anhang bei Bilanzaufstellung nach Ergebnisverwendung	268(1) S. 2
3.11.2. Brutto-Anlagenspiegel, Bilanz oder Anhang	268(2)
3.11.3. Vermerke zur rechtlichen Entstehung	268(4) S. 2
3.11.4. Disagioangabe	268(6)
3.11.5. Rechtsgrundlage Sonderposten: Bilanz oder Anhang	273(2)
4. Sonstige Erläuterungs- und Angabepflichten	
4.1. Sonstige finanzielle Verpflichtungen, sofern bedeutsam: Gesamtbetrag, gesonderte Angabe des Betrages gegenüber nicht konsolidierten Konzernunternehmen	314(1) Nr. 2
4.2. Haftungsverhältnisse, detailliert nach § 251 HGB, unter Angabe der hierzu zusätzlich gewährten Sicherheiten, gesonderte Angabe des Betrags gegenüber nicht konsolidierten Konzernunternehmen	314(1) Nr. 2
4.3. Durchschnittliche Zahl und Struktur der Arbeitnehmer nach Gruppen	
4.3.1. des Konzerns	314(1) Nr. 4
4.3.2. der quotenkonsolidierten Gemeinschaftsunternehmen	314(1) Nr. 4
4.4. Finanzielle Beziehungen zu Organmitgliedern des Mutterunternehmens	314(1) Nr. 6

Abbildung 43: Checkliste Konzernanhang (Fortsetzung)

	§§ HGB
4.4.1. Gesamtbezüge der Mitglieder des Geschäftsführungsorgans, des Aufsichtsorgans (getrennte Angabe) 4.4.2. dgl. der früheren Mitglieder zu 4.4.1.; außerdem die für frühere Mitglieder gebildeten Pensionsrückstellungen; die trotz Verpflichtung nicht gebildeten Rückstellungen 4.4.3. Vorschüsse und Kredite an Personen zu 4.4.1. und 4.4.2. einschließlich Angabe der Zinssätze und Konditionen; geleistete Tilgungen; zugunsten der tätigen und früheren Organmitglieder übernommene Haftungsverhältnisse	

Angaben in Klammern beziehen sich auf den Absatz des angegeben §.

L. Konzernlagebericht

Gemäß § 315 ist für den Konzern auch ein Konzernlagebericht zu erstellen, dessen Inhalt in völliger Analogie zum Lagebericht zu gestalten ist, da § 315 auch völlig analog zu § 287 formuliert ist.

Folgerichtig erlaubt § 313 Abs. 3 auch die Zusammenfassung von Lagebericht und Konzernlagebericht.

III. Gesetzestext

1. Drittes Buch des Handelsgesetzbuchs (HGB)

Inhaltsverzeichnis

Erster Abschnitt
Vorschriften für alle Kaufleute

Erster Unterabschnitt
Buchführung. Inventar

§ 238
Buchführungspflicht

(1) Jeder Kaufmann ist verpflichtet, Bücher zu führen und in diesen seine Handelsgeschäfte und die Lage seines Vermögens nach den Grundsätzen ordnungsmäßiger Buchführung ersichtlich zu machen. Die Buchführung muß so beschaffen sein, daß sie einem sachverständigen Dritten innerhalb angemessener Zeit einen Überblick über die Geschäftsvorfälle und über die Lage des Unternehmens vermitteln kann. Die Geschäftsvorfälle müssen sich in ihrer Entstehung und Abwicklung verfolgen lassen.

(2) Der Kaufmann ist verpflichtet, eine mit der Urschrift übereinstimmende Wiedergabe der abgesandten Handelsbriefe (Kopie, Abdruck, Abschrift oder sonstige Wiedergabe des Wortlauts auf einem Schrift-, Bild- oder anderen Datenträger) zurückzubehalten.

§ 239
Führung der Handelsbücher

(1) Bei der Führung der Handelsbücher und bei den sonst erforderlichen Aufzeichnungen hat sich der Kaufmann einer lebenden Sprache zu bedienen. Werden Abkürzungen, Ziffern, Buchstaben oder Symbole verwendet, muß im Einzelfall deren Bedeutung eindeutig festliegen.

(2) Die Eintragungen in Büchern und die sonst erforderlichen Aufzeichnungen müssen vollständig, richtig, zeitgerecht und geordnet vorgenommen werden.

(3) Eine Eintragung oder eine Aufzeichnung darf nicht in einer Weise verändert werden, daß der ursprüngliche Inhalt nicht mehr feststellbar ist. Auch solche Veränderungen dürfen nicht vorgenommen werden, deren Beschaffenheit es ungewiß läßt, ob sie ursprünglich oder erst später gemacht worden sind.

(4) Die Handelsbücher und die sonst erforderlichen Aufzeichnungen können auch in der geordneten Ablage von Belegen bestehen oder auf Datenträgern geführt werden, soweit diese Formen der Buchführung einschließlich des dabei angewandten

Verfahrens den Grundsätzen ordnungsmäßiger Buchführung entsprechen. Bei der Führung der Handelsbücher und der sonst erforderlichen Aufzeichnungen auf Datenträgern muß insbesondere sichergestellt sein, daß die Daten während der Dauer der Aufbewahrungsfrist verfügbar sind und jederzeit innerhalb angemessener Frist lesbar gemacht werden können. Absätze 1 bis 3 gelten sinngemäß.

§ 240
Inventar

(1) Jeder Kaufmann hat zu Beginn seines Handelsgewerbes seine Grundstücke, seine Forderungen und Schulden, den Betrag seines baren Geldes sowie seine sonstigen Vermögensgegenstände genau zu verzeichnen und dabei den Wert der einzelnen Vermögensgegenstände und Schulden anzugeben.

(2) Er hat demnächst für den Schluß eines jeden Geschäftsjahrs ein solches Inventar aufzustellen. Die Dauer des Geschäftsjahrs darf zwölf Monate nicht überschreiten. Die Aufstellung des Inventars ist innerhalb der einem ordnungsmäßigen Geschäftsgang entsprechenden Zeit zu bewirken.

(3) Vermögensgegenstände des Sachanlagevermögens sowie Roh-, Hilfs- und Betriebsstoffe können, wenn sie regelmäßig ersetzt werden und ihr Gesamtwert für das Unternehmen von nachrangiger Bedeutung ist, mit einer gleichbleibenden Menge und einem gleichbleibenden Wert angesetzt werden, sofern ihr Bestand in seiner Größe, seinem Wert und seiner Zusammensetzung nur geringen Veränderungen unterliegt. Jedoch ist in der Regel alle drei Jahre eine körperliche Bestandsaufnahme durchzuführen.

(4) Gleichartige Vermögensgegenstände des Vorratsvermögens sowie andere gleichartige oder annähernd gleichwertige bewegliche Vermögensgegenstände können jeweils zu einer Gruppe zusammengefaßt und mit dem gewogenen Durchschnittswert angesetzt werden.

§ 241
Inventurvereinfachungsverfahren

(1) Bei der Aufstellung des Inventars darf der Bestand der Vermögensgegenstände nach Art, Menge und Wert auch mit Hilfe anerkannter mathematisch-statistischer Methoden auf Grund von Stichproben ermittelt werden. Das Verfahren muß den Grundsätzen ordnungsmäßiger Buchführung entsprechen. Der Aussagewert des auf diese Weise aufgestellten Inventars muß dem Aussagewert eines auf Grund einer körperlichen Bestandsaufnahme aufgestellten Inventars gleichkommen.

(2) Bei der Aufstellung des Inventars für den Schluß eines Geschäftsjahrs bedarf es einer körperlichen Bestandsaufnahme der Vermögensgegenstände für diesen Zeitpunkt nicht, soweit durch Anwendung eines den Grundsätzen ordnungsmäßiger Buchführung entsprechenden anderen Verfahrens gesichert ist, daß der Bestand der Vermögensgegenstände nach Art, Menge und Wert auch ohne die körperliche Bestandsaufnahme für diesen Zeitpunkt festgestellt werden kann.

(3) In dem Inventar für den Schluß eines Geschäftsjahrs brauchen Vermögensgegenstände nicht verzeichnet zu werden, wenn

1. der Kaufmann ihren Bestand auf Grund einer körperlichen Bestandsaufnahme oder auf Grund eines nach Absatz 2 zulässigen anderen Verfahrens nach Art, Menge und Wert in einem besonderen Inventar verzeichnet hat, das für einen Tag innerhalb der letzten drei Monate vor oder der ersten beiden Monate nach dem Schluß des Geschäftsjahrs aufgestellt ist, und
2. auf Grund des besonderen Inventars durch Anwendung eines den Grundsätzen ordnungsmäßiger Buchführung entsprechenden Fortschreibungs- oder Rückrechnungsverfahrens gesichert ist, daß der am Schluß des Geschäftsjahrs vorhandene Bestand der Vermögensgegenstände für diesen Zeitpunkt ordnungsgemäß bewertet werden kann.

Zweiter Unterabschnitt
Eröffnungsbilanz. Jahresabschluß

Erster Titel
Allgemeine Vorschriften

§ 242
Pflicht zur Aufstellung

(1) Der Kaufmann hat zu Beginn seines Handelsgewerbes und für den Schluß eines jeden Geschäftsjahrs einen das Verhältnis seines Vermögens und seiner Schulden darstellenden Abschluß (Eröffnungsbilanz, Bilanz) aufzustellen. Auf die Eröffnungsbilanz sind die für den Jahresabschluß geltenden Vorschriften entsprechend anzuwenden, soweit sie sich auf die Bilanz beziehen.

(2) Er hat für den Schluß eines jeden Geschäftsjahrs eine Gegenüberstellung der Aufwendungen und Erträge des Geschäftsjahrs (Gewinn- und Verlustrechnung) aufzustellen.

(3) Die Bilanz und die Gewinn- und Verlustrechnung bilden den Jahresabschluß.

§ 243
Aufstellungsgrundsatz

(1) Der Jahresabschluß ist nach den Grundsätzen ordnungsmäßiger Buchführung aufzustellen.

(2) Er muß klar und übersichtlich sein.

(3) Der Jahresabschluß ist innerhalb der einem ordnungsmäßigen Geschäftsgang entsprechenden Zeit aufzustellen.

§ 244
Sprache. Währungseinheit

Der Jahresabschluß ist in deutscher Sprache und in Deutscher Mark aufzustellen.

§ 245
Unterzeichnung

Der Jahresabschluß ist vom Kaufmann unter Angabe des Datums zu unterzeichnen. Sind mehrere persönlich haftende Gesellschafter vorhanden, so haben sie alle zu unterzeichnen.

Zweiter Titel
Ansatzvorschriften

§ 246
Vollständigkeit. Verrechnungsverbot

(1) Der Jahresabschluß hat sämliche Vermögensgegenstände, Schulden, Rechnungsabgrenzungsposten, Aufwendungen und Erträge zu enthalten, soweit gesetzlich nichts anderes bestimmt ist.

(2) Posten der Aktivseite dürfen nicht mit Posten der Passivseite, Aufwendungen nicht mit Erträgen, Grundstücksrechte nicht mit Grundstückslasten verrechnet werden.

§ 247
Inhalt der Bilanz

(1) In der Bilanz sind das Anlage- und das Umlaufvermögen, das Eigenkapital, die Schulden sowie die Rechnungsabgrenzungsposten gesondert auszuweisen und hinreichend aufzugliedern.

(2) Beim Anlagevermögen sind nur die Gegenstände auszuweisen, die bestimmt sind, dauernd dem Geschäftsbetrieb zu dienen.

(3) Passivposten, die für Zwecke der Steuern vom Einkommen und vom Ertrag zulässig sind, dürfen in der Bilanz gebildet werden. Sie sind als Sonderposten mit Rücklageanteil auszuweisen und nach Maßgabe des Steuerrechts aufzulösen. Einer Rückstellung bedarf es insoweit nicht.

§ 248
Bilanzierungsverbote

(1) Aufwendungen für die Gründung des Unternehmens und für die Beschaffung des Eigenkapitals dürfen in die Bilanz nicht als Aktivposten aufgenommen werden.

(2) Für immaterielle Vermögensgegenstände des Anlagevermögens, die nicht entgeltlich erworben wurden, darf ein Aktivposten nicht angesetzt werden.

§ 249
Rückstellungen

(1) Rückstellungen sind für ungewisse Verbindlichkeiten und für drohende Verluste aus schwebenden Geschäften zu bilden. Ferner sind Rückstellungen zu bilden für

1. im Geschäftsjahr unterlassene Aufwendungen für Instandhaltung, die im folgenden Geschäftsjahr innerhalb von drei Monaten, oder für Abraumbeseitigung, die im folgenden Geschäftsjahr nachgeholt werden.
2. Gewährleistungen, die ohne rechtliche Verpflichtung erbracht werden.

Rückstellungen dürfen für unterlassene Aufwendungen für Instandhaltung auch gebildet werden, wenn die Instandhaltung nach Ablauf der Frist nach Satz 2 Nr. 1 innerhalb des Geschäftsjahres nachgeholt wird.

(2) Rückstellungen dürfen außerdem für ihrer Eigenart nach genau umschriebene, dem Geschäftsjahr oder einem früheren Geschäftsjahr zuzuordnende Aufwendungen gebildet werden, die am Abschlußstichtag wahrscheinlich oder sicher, aber hinsichtlich ihrer Höhe oder des Zeitpunkts ihres Eintritts unbestimmt sind.

(3) Für andere als die in den Absätzen 1 und 2 bezeichneten Zwecke dürfen Rückstellungen nicht gebildet werden. Rückstellungen dürfen nur aufgelöst werden, soweit der Grund hierfür entfallen ist.

§ 250
Rechnungsabgrenzungsposten

(1) Als Rechnungsabgrenzungsposten sind auf der Aktivseite Ausgaben vor dem Abschlußstichtag auszuweisen, soweit sie Aufwand für eine bestimmte Zeit nach diesem Tag darstellen. Ferner dürfen ausgewiesen werden

1. als Aufwand berücksichtigte Zölle und Verbrauchsteuern, soweit sie auf am Abschlußstichtag auszuweisende Vermögensgegenstände des Vorratsvermögens entfallen.
2. als Aufwand berücksichtigte Umsatzsteuer auf am Abschlußstichtag auszuweisende oder von den Vorräten offen abgesetzte Anzahlungen.

(2) Auf der Passivseite sind als Rechnungsabgrenzungsposten Einnahmen vor dem Abschlußstichtag auszuweisen, soweit sie Ertrag für eine bestimmte Zeit nach diesem Tag darstellen

(3) Ist der Rückzahlungsbetrag einer Verbindlichkeit höher als der Ausgabebetrag, so darf der Unterschiedsbetrag in den Rechnungsabgrenzungsposten auf der Aktivseite aufgenommen werden. Der Unterschiedsbetrag ist durch planmäßige jährliche Abschreibungen zu tilgen, die auf die gesamte Laufzeit der Verbindlichkeit verteilt werden können.

§ 251
Haftungsverhältnisse

Unter der Bilanz sind, sofern sie nicht auf der Passivseite auszuweisen sind, Verbindlichkeiten aus der Begebung und Übertragung von Wechseln, aus Bürgschaften, Wechsel- und Scheckbürgschaften und aus Gewährleistungsverträgen sowie Haftungsverhältnisse aus der Bestellung von Sicherheiten für fremde Verbindlichkeiten zu vermerken; sie dürfen in einem Betrag angegeben werden. Haftungsverhältnisse sind auch anzugeben, wenn ihnen gleichwertige Rückgriffsforderungen gegenüberstehen.

Dritter Titel
Bewertungsvorschriften

§ 252
Allgemeine Bewertungsgrundsätze

(1) Bei der Bewertung der im Jahresabschluß ausgewiesenen Vermögensgegenstände und Schulden gilt insbesondere folgendes:

1. Die Wertansätze in der Eröffnungsbilanz des Geschäftsjahrs müssen mit denen der Schlußbilanz des vorhergehenden Geschäftsjahrs übereinstimmen.
2. Bei der Bewertung ist von der Fortführung der Unternehmenstätigkeit auszugehen, sofern dem nicht tatsächliche oder rechtliche Gegebenheiten entgegenstehen.
3. Die Vermögensgegenstände und Schulden sind zum Abschlußstichtag einzeln zu bewerten.
4. Es ist vorsichtig zu bewerten, namentlich sind alle vorhersehbaren Risiken und Verluste, die bis zum Abschlußstichtag entstanden sind, zu berücksichtigen, selbst wenn diese erst zwischen dem Abschlußstichtag und dem Tag der Aufstellung des Jahresabschlusses bekanntgeworden sind; Gewinne sind nur zu berücksichtigen, wenn sie am Abschlußstichtag realisiert sind.
5. Aufwendungen und Erträge des Geschäftsjahrs sind unabhängig von den Zeitpunkten der entsprechenden Zahlungen im Jahresabschluß zu berücksichtigen.
6. Die auf den vorhergehenden Jahresabschluß angewandten Bewertungsmethoden sollen beibehalten werden.

(2) Von den Grundsätzen des Absatzes 1 darf nur in begründeten Ausnahmefällen abgewichen werden.

§ 253
Wertansätze der Vermögensgegenstände und Schulden

(1) Vermögensgegenstände sind höchstens mit den Anschaffungs- oder Herstellungskosten, vermindert um Abschreibungen nach den Absätzen 2 und 3 anzusetzen. Verbindlichkeiten sind zu ihrem Rückzahlungsbetrag, Rentenverpflichtungen, für die eine Gegenleistung nicht mehr zu erwarten ist, zu ihrem Barwert und Rückstellungen nur in Höhe des Betrags anzusetzen, der nach vernünftiger kaufmännischer Beurteilung notwendig ist.

(2) Bei Vermögensgegenständen des Anlagevermögens, deren Nutzung zeitlich begrenzt ist, sind die Anschaffungs- oder Herstellungskosten um planmäßige Abschreibungen zu vermindern. Der Plan muß die Anschaffungs- oder Herstellungskosten auf die Geschäftsjahre verteilen, in denen der Vermögensgegenstand voraussichtlich genutzt werden kann. Ohne Rücksicht darauf, ob ihre Nutzung zeitlich begrenzt ist, können bei Vermögensgegenständen des Anlagevermögens außerplanmäßige Abschreibungen vorgenommen werden, um die Vermögensgegenstände mit dem niedrigeren Wert anzusetzen, der ihnen am Abschlußstichtag beizulegen ist; sie sind vorzunehmen bei einer voraussichtlich dauernden Wertminderung.

(3) Bei Vermögensgegenständen des Umlaufvermögens sind Abschreibungen vorzunehmen, um diese mit einem niedrigeren Wert anzusetzen, der sich aus einem Börsen- oder Marktpreis am Abschlußstichtag ergibt. Ist ein Börsen- oder Marktpreis nicht festzustellen und übersteigen die Anschaffungs- oder Herstellungskosten den Wert, der den Vermögensgegenständen am Abschlußstichtag beizulegen ist, so ist auf diesen Wert abzuschreiben. Außerdem dürfen Abschreibungen vorgenommen werden, soweit diese nach vernünftiger kaufmännischer Beurteilung notwendig sind, um zu verhindern, daß in der nächsten Zukunft der Wertansatz dieser Vermögensgegenstände auf Grund von Wertschwankungen geändert werden muß.

(4) Abschreibungen sind außerdem im Rahmen vernünftiger kaufmännischer Beurteilung zulässig.

(5) Ein niedrigerer Wertansatz nach Absatz 2 Satz 3, Absatz 3 oder 4 darf beibehalten werden, auch wenn die Gründe dafür nicht mehr bestehen.

§ 254
Steuerrechtliche Abschreibungen

Abschreibungen können auch vorgenommen werden, um Vermögensgegenstände des Anlage- oder Umlaufvermögens mit dem niedrigeren Wert anzusetzen, der auf einer nur steuerrechtlich zulässigen Abschreibung beruht. § 253 Abs. 5 ist entsprechend anzuwenden.

§ 255
Anschaffungs- und Herstellungskosten

(1) Anschaffungskosten sind die Aufwendungen, die geleistet werden, um einen Vermögensgegenstand zu erwerben und ihn in einen betriebsbereiten Zustand zu versetzen, soweit sie dem Vermögensgegenstand einzeln zugeordnet werden können. Zu den Anschaffungskosten gehören auch die Nebenkosten sowie die nachträglichen Anschaffungskosten. Anschaffungspreisminderungen sind abzusetzen.

(2) Herstellungskosten sind die Aufwendungen, die durch den Verbrauch von Gütern und die Inanspruchnahme von Diensten für die Herstellung eines Vermögensgegenstands, seine Erweiterung oder für eine über seinen ursprünglichen Zustand hinausgehende wesentliche Verbesserung entstehen. Dazu gehören die Materialkosten, die Fertigungskosten und die Sonderkosten der Fertigung. Bei der Berechnung der Herstellungskosten dürfen auch angemessene Teile der notwendigen Materialgemeinkosten, der notwendigen Fertigungsgemeinkosten und des Wertverzehrs des Anlagevermögens, soweit er durch die Fertigung veranlaßt ist, eingerechnet werden. Kosten der allgemeinen Verwaltung sowie Aufwendungen für soziale Einrichtungen des Betriebs, für freiwillige soziale Leistungen und für betriebliche Altersversorgung brauchen nicht eingerechnet zu werden. Aufwendungen im Sinne der Sätze 3 und 4 dürfen nur insoweit berücksichtigt werden, als sie auf den Zeitraum der Herstellung entfallen. Vertriebskosten dürfen nicht in die Herstellungskosten einbezogen werden.

(3) Zinsen für Fremdkapital gehören nicht zu den Herstellungskosten. Zinsen für Fremdkapital, das zur Finanzierung der Herstellung eines Vermögensgegenstands verwendet wird, dürfen angesetzt werden, soweit sie auf den Zeitraum der Herstellung entfallen; in diesem Falle gelten sie als Herstellungskosten des Vermögensgegenstands.

(4) Als Geschäfts- oder Firmenwert darf der Unterschiedsbetrag angesetzt werden, um den die für die Übernahme eines Unternehmens bewirkte Gegenleistung den Wert der einzelnen Vermögensgegenstände des Unternehmens abzüglich der Schulden im Zeitpunkt der Übernahme übersteigt. Der Betrag ist in jedem folgenden Geschäftsjahr zu mindestens einem Viertel durch Abschreibungen zu tilgen. Die Abschreibung des Geschäfts- oder Firmenwerts kann aber auch planmäßig auf die Geschäftsjahre verteilt werden, in denen er voraussichtlich genutzt wird.

§ 256
Bewertungsvereinfachungsverfahren

Soweit es den Grundsätzen ordnungsmäßiger Buchführung entspricht, kann für den Wertansatz gleichartiger Vermögensgegenstände des Vorratsvermögens unterstellt werden, daß die zuerst oder daß die zuletzt angeschafften oder hergestellten Vermögensgegenstände zuerst oder in einer sonstigen bestimmten Folge verbraucht oder veräußert worden sind. § 240 Abs. 3 und 4 ist auch auf den Jahresabschluß anwendbar.

Dritter Unterabschnitt
Aufbewahrung und Vorlage

§ 257
Aufbewahrung von Unterlagen
Aufbewahrungsfristen

(1) Jeder Kaufmann ist verpflichtet, die folgenden Unterlagen geordnet aufzubewahren:

1. Handelsbücher, Inventare, Eröffnungsbilanzen, Jahresabschlüsse, Lageberichte, Konzernabschlüsse, Konzernlageberichte sowie die zu ihrem Verständnis erforderlichen Arbeitsanweisungen und sonstigen Organisationsunterlagen,
2. die empfangenen Handelsbriefe,
3. Wiedergaben der abgesandten Handelsbriefe,
4. Belege für Buchungen in den von ihm nach § 238 Abs. 1 zu führenden Büchern (Buchungsbelege).

(2) Handelsbriefe sind nur Schriftstücke, die ein Handelsgeschäft betreffen.

(3) Mit Ausnahme der Eröffnungsbilanzen, Jahresabschlüsse und der Konzernabschlüsse können die in Absatz 1 aufgeführten Unterlagen auch als Wiedergabe auf einem Bildträger oder auf anderen Datenträgern aufbewahrt werden, wenn dies den Grundsätzen ordnungsmäßiger Buchführung entspricht und sichergestellt ist, daß die Wiedergabe oder die Daten

1. mit den empfangenen Handelsbriefen und den Buchungsbelegen bildlich und mit den anderen Unterlagen inhaltlich übereinstimmen, wenn sie lesbar gemacht werden,
2. während der Dauer der Aufbewahrungsfrist verfügbar sind und jederzeit innerhalb angemessener Frist lesbar gemacht werden können.

Sind Unterlagen auf Grund des § 239 Abs. 4 Satz 1 auf Datenträgern hergestellt worden, können statt des Datenträgers die Daten auch ausgedruckt aufbewahrt werden; die ausgedruckten Unterlagen können auch nach Satz 1 aufbewahrt werden.

(4) Die in Absatz Nr. 1 aufgeführten Unterlagen sind zehn Jahre und die sonstigen in Absatz 1 aufgeführten Unterlagen sechs Jahre aufzubewahren.

(5) Die Aufbewahrungsfrist beginnt mit dem Schluß des Kalenderjahrs, in dem die letzte Eintragung in das Handelsbuch gemacht, das Inventar aufgestellt, die Eröffnungsbilanz oder der Jahresabschluß festgestellt, der Konzernabschluß aufgestellt, der Handelsbrief empfangen oder abgesandt worden oder der Buchungsbeleg entstanden ist.

§ 258
Vorlegung im Rechtsstreit

(1) Im Laufe eines Rechtsstreits kann das Gericht auf Antrag oder von Amts wegen die Vorlegung der Handelsbücher einer Partei anordnen.

(2) Die Vorschriften der Zivilprozeßordnung über die Verpflichtung des Prozeßgegners zur Vorlegung von Urkunden bleiben unberührt.

§ 259
Auszug bei Vorlegung im Rechtsstreit

Werden in einem Rechtsstreit Handelsbücher vorgelegt, so ist von ihrem Inhalt, soweit er den Streitpunkt betrifft, unter Zuziehung der Parteien Einsicht zu nehmen und geeignetenfalls ein Auszug zu fertigen. Der übrige Inhalt der Bücher ist dem Gericht insoweit offenzulegen, als es zur Prüfung ihrer ordnungsmäßigen Führung notwendig ist.

§ 260
Vorlegung bei Auseinandersetzungen

Bei Vermögensauseinandersetzungen, insbesondere in Erbschafts-, Gütergemeinschafts- und Gesellschaftsteilungssachen, kann das Gericht die Vorlegung der Handelsbücher zur Kenntnisnahme von ihrem ganzen Inhalt anordnen.

§ 261
Vorlegung von Unterlagen auf Bild- oder Datenträgern

Wer aufzubewahrende Unterlagen nur in Form einer Wiedergabe auf einem Bildträger oder auf anderen Datenträgern vorlegen kann, ist verpflichtet, auf seine Kosten diejenigen Hilfsmittel zur Verfügung zu stellen, die erforderlich sind, um die Unterlagen lesbar zu machen; soweit erforderlich, hat er die Unterlagen auf seine Kosten auszudrucken oder ohne Hilfsmittel lesbare Reproduktionen beizubringen.

Vierter Unterabschnitt
Sollkaufleute. Landesrecht

§ 262
Anwendung auf Sollkaufleute

Für Unternehmer, die nach § 2 verpflichtet sind, die Eintragung ihres Unternehmens in das Handelsregister herbeizuführen, gelten die Vorschriften dieses Abschnitts schon von dem Zeitpunkt an, in dem diese Verpflichtung entstanden ist.

§ 263
Vorbehalt landesrechtlicher Vorschriften

Unberührt bleiben bei Unternehmen ohne eigene Rechtspersönlichkeit einer Gemeinde, eines Gemeindeverbands oder eines Zweckverbands landesrechtliche Vorschriften, die von den Vorschriften dieses Abschnitts abweichen.

Zweiter Abschnitt
Ergänzende Vorschriften für Kapitalgesellschaften

(Aktiengesellschaften, Kommanditgesellschaften auf Aktien und Gesellschaften mit beschränkter Haftung)

Erster Unterabschnitt
Jahresabschluß der Kapitalgesellschaft und Lagebericht

Erster Titel
Allgemeine Vorschriften

§ 264
Pflicht zur Aufstellung

(1) Die gesetzlichen Vertreter einer Kapitalgesellschaft haben den Jahresabschluß (§ 242) um einen Anhang zu erweitern, der mit der Bilanz und der Gewinn- und Verlustrechnung eine Einheit bildet, sowie einen Lagebericht aufzustellen. Der Jahresabschluß und der Lagebericht sind von den gesetzlichen Vertretern in den ersten drei Monaten des Geschäftsjahrs für das vergangene Geschäftsjahr aufzustellen. Kleine Kapitalgesellschaften (§ 267 Abs. 1) dürfen den Jahresabschluß und den Lagebericht auch später aufstellen, wenn dies einem ordnungsgemäßen Geschäftsgang entspricht; diese Unterlagen sind jedoch innerhalb der ersten sechs Monate des Geschäftsjahrs aufzustellen.

(2) Der Jahresabschluß der Kapitalgesellschaft hat unter Beachtung der Grundsätze ordnungsmäßiger Buchführung ein den tatsächlichen Verhältnissen entsprechendes Bild der Vermögens-, Finanz- und Ertragslage der Kapitalgesellschaft zu vermitteln. Führen besondere Umstände dazu, daß der Jahresabschluß ein den tatsächlichen Verhältnissen entsprechendes Bild im Sinne des Satzes 1 nicht vermittelt, so sind im Anhang zusätzliche Angaben zu machen.

§ 265
Allgemeine Grundsätze für die Gliederung

(1) Die Form der Darstellung, insbesondere die Gliederung der aufeinanderfolgenden Bilanzen und Gewinn- und Verlustrechnungen, ist beizubehalten, soweit nicht in Ausnahmefällen wegen besonderer Umstände Abweichungen erforderlich sind. Die Abweichungen sind im Anhang anzugeben und zu begründen.

(2) In der Bilanz sowie in der Gewinn- und Verlustrechnung ist zu jedem Posten der entsprechende Betrag des vorhergehenden Geschäftsjahrs anzugeben. Sind die Beträge nicht vergleichbar, so ist dies im Anhang anzugeben und zu erläutern. Wird der Vorjahresbetrag angepaßt, so ist auch dies im Anhang anzugeben und zu erläutern.

(3) Fällt ein Vermögensgegenstand oder eine Schuld unter mehrere Posten der Bilanz, so ist die Mitzugehörigkeit zu anderen Posten bei dem Posten, unter dem der Ausweis erfolgt ist, zu vermerken oder im Anhang anzugeben, wenn dies zur Aufstellung eines klaren und übersichtlichen Jahresabschlusses erforderlich ist. Eigene Anteile dürfen unabhängig von ihrer Zweckbestimmung nur unter dem dafür vorgesehenen Posten im Umlaufvermögen ausgewiesen werden.

(4) Sind mehrere Geschäftszweige vorhanden und bedingt dies die Gliederung des Jahresabschlusses nach verschiedenen Gliederungsvorschriften, so ist der Jahresabschluß nach der für einen Geschäftszweig vorgeschriebenen Gliederung aufzustellen und nach der für die anderen Geschäftszweige vorgeschriebenen Gliederung zu ergänzen. Die Ergänzung ist im Anhang anzugeben und zu begründen.

(5) Eine weitere Untergliederung der Posten ist zulässig; dabei ist jedoch die vorgeschriebene Gliederung zu beachten. Neue Posten dürfen hinzugefügt werden, wenn ihr Inhalt nicht von einem vorgeschriebenen Posten gedeckt wird.

(6) Gliederung und Bezeichnung der mit arabischen Zahlen versehenen Posten der Bilanz und der Gewinn- und Verlustrechnung sind zu ändern, wenn dies wegen Besonderheiten der Kapitalgesellschaft zur Aufstellung eines klaren und übersichtlichen Jahresabschlusses erforderlich ist.

(7) Die mit arabischen Zahlen versehenen Posten der Bilanz und der Gewinn- und Verlustrechnung können, wenn nicht besondere Formblätter vorgeschrieben sind, zusammengefaßt ausgewiesen werden, wenn

1. sie einen Betrag enthalten, der für die Vermittlung eines den tatsächlichen Verhältnissen entsprechenden Bildes im Sinne des § 264 Abs. 2 nicht erheblich ist, oder
2. dadurch die Klarheit der Darstellung vergrößert wird; in diesem Falle müssen die zusammengefaßten Posten jedoch im Anhang gesondert ausgewiesen werden.

(8) Ein Posten der Bilanz oder der Gewinn- und Verlustrechnung, der keinen Betrag ausweist, braucht nicht aufgeführt zu werden, es sei denn, daß im vorhergehenden Geschäftsjahr unter diesem Posten ein Betrag ausgewiesen wurde.

Zweiter Titel
Bilanz

§ 266
Gliederung der Bilanz

(1) Die Bilanz ist in Kontoform aufzustellen. Dabei haben große und mittelgroße Kapitalgesellschaften (§ 267 Abs. 3, 2) auf der Aktivseite die in Absatz 2 und auf der Passivseite die in Absatz 3 bezeichenten Posten gesondert und in der vorgeschriebenen Reihenfolge auszuweisen. Kleine Kapitalgesellschaften (§ 267 Abs. 1) brauchen nur eine verkürzte Bilanz aufzustellen, in die nur die in den Absätzen 2 und 3 mit Buchstaben und römischen Zahlen bezeichneten Posten gesondert und in der vorgeschriebenen Reihenfolge aufgenommen werden.

(2) Aktivseite

A. Anlagevermögen:

I. Immaterielle Vermögensgegenstände:

1. Konzessionen, gewerbliche Schutzrechte und ähnliche Rechte und Werte sowie Lizenzen an solchen Rechten und Werten;
2. Geschäfts- oder Firmenwert;
3. geleistete Anzahlungen;

II. Sachanlagen:

1. Grundstücke, grundstücksgleiche Rechte und Bauten einschließlich der Bauten auf fremden Grundstücken;
2. technische Anlagen und Maschinen;
3. andere Anlagen, Betriebs- und Geschäftsausstattung;
4. geleistete Anzahlungen und Anlagen im Bau;

III. Finanzanlagen:

1. Anteile an verbundenen Unternehmen;
2. Ausleihungen an verbundene Unternehmen;
3. Beteiligungen;
4. Ausleihungen an Unternehmen, mit denen ein Beteiligungsverhältnis besteht;
5. Wertpapiere des Anlagevermögens;
6. sonstige Ausleihungen.

B. Umlaufvermögen:

I. Vorräte:

1. Roh-, Hilfs- und Betriebsstoffe;
2. unfertige Erzeugnisse, unfertige Leistungen;
3. fertige Erzeugnisse und Waren;
4. geleistete Anzahlungen;

II. Forderungen und sonstige Vermögensgegenstände:

1. Forderungen aus Lieferungen und Leistungen;
2. Forderungen gegen verbundene Unternehmen;
3. Forderungen gegen Unternehmen, mit denen ein Beteiligungsverhältnis besteht;
4. sonstige Vermögensgegenstände;

III. Wertpapiere:

1. Anteile an verbundenen Unternehmen;
2. eigene Anteile;
3. sonstige Wertpapiere;

IV. Schecks, Kassenbestand, Bundesbank- und Postgiroguthaben, Guthaben bei Kreditinstituten.

C. Rechnungsabgrenzungsposten:

(3) Passivseite

A. Eigenkapital:

I. Gezeichnetes Kapital;

II. Kapitalrücklage;

III. Gewinnrücklagen:

1. gesetzliche Rücklage;
2. Rücklage für eigene Anteile;
3. satzungsmäßige Rücklagen;
4. andere Gewinnrücklagen;

IV. Gewinnvortrag/Verlustvortrag;

V. Jahresüberschuß/Jahresfehlbetrag.

B. Rückstellungen:

1. Rückstellungen für Pension und ähnliche Verpflichtungen;
2. Steuerrückstellungen;
3. sonstige Rückstellungen.

C. Verbindlichkeiten:

1. Anleihen,
   davon konvertibel;
2. Verbindlichkeiten gegenüber Kreditinstituten;
3. erhaltene Anzahlungen auf Bestellungen;
4. Verbindlichkeiten aus Lieferungen und Leistungen;
5. Verbindlichkeiten aus der Annahme gezogener Wechsel und der Ausstellung eigener Wechsel;
6. Verbindlichkeiten gegenüber verbundenen Unternehmen;
7. Verbindlichkeiten gegenüber Unternehmen, mit denen ein Beteiligungsverhältnis besteht;
8. sonstige Verbindlichkeiten,
   davon aus Steuern,
   davon im Rahmen der sozialen Sicherheit.

D. Rechnungsabgrenzungsposten

§ 267
Umschreibung der Größenklassen

(1) Kleine Kapitalgesellschaften sind solche, die mindestens zwei der drei nachstehenden Merkmale nicht überschreiten:

1. Drei Millionen neunhundertausend Deutsche Mark Bilanzsumme nach Abzug eines auf der Aktivseite ausgewiesenen Fehlbetrags (§ 268 Abs. 3).

2. Acht Millionen Deutsche Mark Umsatzerlöse in den zwölf Monaten vor dem Abschlußstichtag.
3. Im Jahresdurchschnitt fünfzig Arbeitnehmer.

(2) Mittelgroße Kapitalgesellschaften sind solche, die mindestens zwei der drei in Absatz 1 bezeichneten Merkmale überschreiten und jeweils mindestens zwei der drei nachstehenden Merkmale nicht überschreiten:

1. Fünfzehn Millionen fünfhunderttausend Deutsche Mark Bilanzsumme nach Abzug eines auf der Aktivseite ausgewiesenen Fehlbetrags (§ 268 Abs. 3).
2. Zweiunddreißig Millionen Deutsche Mark Umsatzerlöse in den zwölf Monaten vor dem Abschlußstichtag.
3. Im Jahresdurchschnitt zweihundertfünfzig Arbeitnehmer.

(3) Große Kapitalgesellschaften sind solche, die mindestens zwei der drei in Absatz 2 bezeichneten Merkmale überschreiten. Eine Kapitalgesellschaft gilt stets als große, wenn Aktien oder andere von ihr ausgegebene Wertpapiere an einer Börse in einem Mitgliedstaat der Europäischen Wirtschaftsgemeinschaft zum amtlichen Handel zugelassen oder in den geregelten Freiverkehr einbezogen sind oder die Zulassung zum amtlichen Handel beantragt ist.

(4) Die Rechtsfolgen der Merkmale nach den Absätzen 1 bis 3 Satz 1 treten nur ein, wenn sie an den Abschlußstichtagen von zwei aufeinanderfolgenden Geschäftsjahren über- oder unterschritten werden. Im Falle der Verschmelzung, Umwandlung oder Neugründung treten die Rechtsfolgen schon ein, wenn die Voraussetzungen des Absatzes 1, 2 oder 3 am ersten Abschlußstichtag nach der Verschmelzung, Umwandlung oder Neugründung vorliegen.

(5) Als durchschnittliche Zahl der Arbeitnehmer gilt der vierte Teil der Summe aus den Zahlen der jeweils am 31. März, 30. Juni, 30. September und 31. Dezember beschäftigten Arbeitnehmer einschließlich der im Ausland beschäftigten Arbeitnehmer, jedoch ohne die zu ihrer Berufsausbildung Beschäftigten.

(6) Informations- und Auskunftsrechte der Arbeitnehmervertretungen nach anderen Gesetzen bleiben unberührt.

§ 268
Vorschriften zu einzelnen Posten der Bilanz. Bilanzvermerke

(1) Die Bilanz darf auch unter Berücksichtigung der vollständigen oder teilweisen Verwendung des Jahresergebnisses aufgestellt werden. Wird die Bilanz unter Berücksichtigung der teilweisen Verwendung des Jahresergebnisses aufgestellt, so tritt an die Stelle der Posten „Jahresüberschuß/Jahresfehlbetrag“ und „Gewinnvortrag/Verlustvortrag“ der Posten „Bilanzgewinn/Bilanzverlust“; ein vorhandener Gewinn- oder Verlustvortrag ist in den Posten „Bilanzgewinn/Bilanzverlust“ einzubeziehen und in der Bilanz oder im Anhang gesondert anzugeben.

(2) In der Bilanz oder im Anhang ist die Entwicklung der einzelnen Posten des Anlagevermögens und des Postens „Aufwendungen für die Ingangsetzung und

Erweiterung des Geschäftsbetriebs“ darzustellen. Dabei sind, ausgehend von den gesamten Anschaffungs- und Herstellungskosten, die Zugänge, Abgänge, Umbuchungen und Zuschreibungen des Geschäftsjahrs sowie die Abschreibungen in ihrer gesamten Höhe gesondert aufzuführen. Die Abschreibungen des Geschäftsjahrs sind entweder in der Bilanz bei dem betreffenden Posten zu vermerken oder im Anhang in einer der Gliederung des Anlagevermögens entsprechenden Aufgliederung anzugeben.

(3) Ist das Eigenkapital durch Verluste aufgebraucht und ergibt sich ein Überschuß der Passivposten über die Aktivposten, so ist dieser Betrag am Schluß der Bilanz auf der Aktivseite gesondert unter der Bezeichnung „Nicht durch Eigenkapital gedeckter Fehlbetrag“ auszuweisen.

(4) Der Betrag der Forderungen mit einer Restlaufzeit von mehr als einem Jahr ist bei jedem gesondert ausgewiesenen Posten zu vermerken. Werden unter dem Posten „sonstige Vermögensgegenstände“ Beträge für Vermögensgegenstände ausgewiesen, die erst nach dem Abschlußstichtag rechtlich entstehen, so müssen Beträge, die einen größeren Umfang haben, im Anhang erläutert werden.

(5) Der Betrag der Verbindlichkeiten mit einer Restlaufzeit bis zu einem Jahr ist bei jedem gesondert ausgewiesenen Posten zu vermerken. Erhaltene Anzahlungen auf Bestellungen sind, soweit Anzahlungen auf Vorräte nicht von dem Posten „Vorräte“ offen abgesetzt werden, unter den Verbindlichkeiten gesondert auszuweisen. Sind unter dem Posten „Verbindlichkeiten“ Beträge für Verbindlichkeiten ausgewiesen, die erst nach dem Abschlußstichtag rechtlich entstehen, so müssen Beträge, die einen größeren Umfang haben, im Anhang erläutert werden.

(6) Ein nach § 250 Abs. 3 in den Rechnungsabgrenzungsposten auf der Aktivseite aufgenommener Unterschiedsbetrag ist in der Bilanz gesondert auszuweisen oder im Anhang anzugeben.

(7) Die in § 251 bezeichneten Haftungsverhältnisse sind jeweils gesondert unter der Bilanz oder im Anhang unter Angabe der gewährten Pfandrechte und sonstigen Sicherheiten anzugeben; bestehen solche Verpflichtungen gegenüber verbundenen Unternehmen, so sind die gesondert anzugeben.

§ 269
Aufwendungen für die Ingangsetzung und Erweiterung des Geschäftsbetriebs

Die Aufwendungen für die Ingangsetzung des Geschäftsbetriebs und dessen Erweiterung dürfen, soweit sie nicht bilanzierungsfähig sind, als Bilanzierungshilfe aktiviert werden; der Posten ist in der Bilanz unter der Bezeichnung „Aufwendungen für die Ingangsetzung und Erweiterung des Geschäftsbetriebs“ vor dem Anlagevermögen auszuweisen und im Anhang zu erläutern. Werden solche Aufwendungen in der Bilanz ausgewiesen, so dürfen Gewinne nur ausgeschüttet werden, wenn die nach der Ausschüttung verbleibenden jederzeit auflösbaren Gewinnrücklagen zuzüglich eines Gewinnvortrags und abzüglich eines Verlustvortrags dem angesetzten Betrag mindestens entsprechen.

§ 270
Bildung bestimmter Posten

(1) Einstellungen in die Kapitalrücklage und deren Auflösung sind bereits bei der Aufstellung der Bilanz vorzunehmen. Satz 1 ist auf Einstellungen in den Sonderposten mit Rücklageanteil und dessen Auflösung anzuwenden.

(2) Wird die Bilanz unter Berücksichtigung der vollständigen oder teilweisen Verwendung des Jahresergebnisses aufgestellt, so sind Entnahmen aus Gewinnrücklagen sowie Einstellungen in Gewinnrücklagen, die nach Gesetz, Gesellschaftsvertrag oder Satzung vorzunehmen sind oder auf Grund solcher Vorschriften beschlossen worden sind, bereits bei der Aufstellung der Bilanz zu berücksichtigen.

§ 271
Beteiligungen. Verbundene Unternehmen

(1) Beteiligungen sind Anteile an anderen Unternehmen, die bestimmt sind, dem eigenen Geschäftsbetrieb durch Herstellung einer dauernden Verbindung zu jenen Unternehmen zu dienen. Dabei ist es unerheblich, ob die Anteile in Wertpapieren verbrieft sind oder nicht. Als Beteiligung gelten im Zweifel Anteile an einer Kapitalgesellschaft, deren Nennbeträge insgesamt den fünften Teil des Nennkapitals dieser Gesellschaft überschreiten. Auf die Berechnung ist § 16 Abs. 2 und 4 des Aktiengesetzes entsprechend anzuwenden. Die Mitgliedschaft in einer eingetragenen Genossenschaft gilt nicht als Beteiligung im Sinne dieses Buches.

(2) Verbundene Unternehmen im Sinne dieses Buches sind solche Unternehmen, die als Mutter- oder Tochterunternehmen (§ 290) in den Konzernabschluß eines Mutterunternehmens nach den Vorschriften über die Vollkonsolidierung einzubeziehen sind, das als oberstes Mutterunternehmen den am weitestgehenden Konzernabschluß nach dem Zweiten Unterabschnitt aufzustellen hat, auch wenn die Aufstellung unterbleibt, oder das einen befreienden Konzernabschluß nach § 291 oder nach einer nach § 292 erlassenen Rechtsverordnung aufstellt oder aufstellen könnte; Tochterunternehmen, die nach § 295 oder § 296 nicht einbezogen werden, sind ebenfalls verbundene Unternehmen.

§ 272
Eigenkapital

(1) Gezeichnetes Kapital ist das Kapital, auf das die Haftung der Gesellschafter für die Verbindlichkeiten der Kapitalgesellschaft gegenüber den Gläubigern beschränkt ist. Die ausstehenden Einlagen auf das gezeichnete Kapital sind auf der Aktivseite vor dem Anlagevermögen gesondert auszuweisen und entsprechend zu bezeichnen; die davon eingeforderten Einlagen sind zu vermerken. Die nicht eingeforderten ausstehenden Einlagen dürfen auch von dem Posten „Gezeichnetes Kapital“ offen abgesetzt werden; in diesem Falle ist der verbleibende Betrag als Posten „Eingefordertes Kapital“ in der Hauptspalte der Passivseite auszuweisen und ist außerdem der eingeforderte, aber noch nicht eingezahlte Betrag unter den Forderungen gesondert auszuweisen und entsprechend zu bezeichnen.

(2) Als Kapitalrücklage sind auszuweisen

1. der Betrag, der bei der Ausgabe von Anteilen einschließlich von Bezugsanteilen über den Nennbetrag hinaus erzielt wird;
2. der Betrag, der bei der Ausgabe von Schuldverschreibungen für Wandlungsrechte und Optionsrechte zum Erwerb von Anteilen erzielt wird;
3. der Betrag von Zuzahlungen, die Gesellschafter gegen Gewährung eines Vorzugs für ihre Anteile leisten;
4. der Betrag von anderen Zuzahlungen, die Gesellschafter in das Eigenkapital leisten.

(3) Als Gewinnrücklage dürfen nur Beträge ausgewiesen werden, die im Geschäftsjahr oder in einem früheren Geschäftsjahr aus dem Ergebnis gebildet worden sind. Dazu gehören aus dem Ergebnis zu bildende gesetzliche oder auf Gesellschaftsvertrag oder Satzung beruhende Rücklagen und andere Gewinnrücklagen.

(4) In eine Rücklage für eigene Anteile ist ein Betrag einzustellen, der dem auf der Aktivseite der Bilanz für die eigenen Anteile anzusetzenden Betrag entspricht. Die Rücklage darf nur aufgelöst werden, soweit die eigenen Anteile ausgegeben, veräußert oder eingezogen werden oder soweit nach § 253 Abs. 3 auf der Aktivseite ein niedrigerer Betrag angesetzt wird. Die Rücklage, die bereits bei der Aufstellung der Bilanz vorzunehmen ist, darf aus vorhandenen Gewinnrücklagen gebildet werden, soweit diese frei verfügbar sind. Die Rücklage nach Satz 1 ist auch für Anteile eines herrschenden oder eines mit Mehrheit beteiligten Unternehmens zu bilden.

§ 273
Sonderposten mit Rücklageanteil

Der Sonderposten mit Rücklageanteil (§ 247 Abs. 3) darf nur insoweit gebildet werden, als das Steuerrecht die Anerkennung des Wertansatzes bei der steuerrechtlichen Gewinnermittlung davon abhängig macht, daß der Sonderposten in der Bilanz gebildet wird. Er ist auf der Passivseite vor den Rückstellungen auszuweisen; die Vorschriften, nach denen er gebildet worden ist, sind in der Bilanz oder im Anhang anzugeben.

§ 274
Steuerabgrenzung

(1) Ist der dem Geschäftsjahr und früheren Geschäftsjahren zuzurechnende Steueraufwand zu niedrig, weil der nach den steuerrechtlichen Vorschriften zu versteuernde Gewinn niedriger als das handelsrechtliche Ergebnis ist, und gleicht sich der zu niedrige Steueraufwand des Geschäftsjahres und früherer Geschäftsjahre in späteren Geschäftsjahren voraussichtlich aus, so ist in Höhe der voraussichtlichen Steuerbelastung nachfolgender Geschäftsjahre eine Rückstellung nach § 249 Abs. 1 Satz 1 zu bilden und in der Bilanz oder im Anhang gesondert anzugeben. Die Rückstellung ist aufzulösen, sobald die höhere Steuerbelastung eintritt oder mit ihr voraussichtlich nicht mehr zu rechnen ist.

(2) Ist der dem Geschäftsjahr und früheren Geschäftsjahren zuzurechnende Steueraufwand zu hoch, weil der nach den steuerrechtlichen Vorschriften zu versteuernde Gewinn höher als das handelsrechtliche Ergebnis ist, und gleicht sich der zu hohe Steueraufwand des Geschäftsjahres und früherer Geschäftsjahre in späte-

ren Geschäftsjahren voraussichtlich aus, so darf in Höhe der voraussichtlichen Steuerentlastung nachfolgender Geschäftsjahre ein Abgrenzungsposten als Bilanzierungshilfe auf der Aktivseite der Bilanz gebildet werden. Dieser Posten ist unter entsprechender Bezeichnung gesondert auszuweisen und im Anhang zu erläutern. Wird ein solcher Posten ausgewiesen, so dürfen Gewinne nur ausgeschüttet werden, wenn die nach der Ausschüttung verbleibenden jederzeit auflösbaren Gewinnrücklagen zuzüglich eines Gewinnvortrags und abzüglich eines Verlustvortrags dem angesetzten Betrag mindestens entsprechen. Der Betrag ist aufzulösen, sobald die Steuerentlastung eintritt oder mit ihr voraussichtlich nicht mehr zu rechnen ist.

Dritter Titel
Gewinn- und Verlustrechnung

§ 275
Gliederung

(1) Die Gewinn- und Verlustrechnung ist in Staffelform nach dem Gesamtkostenverfahren oder dem Umsatzkostenverfahren aufzustellen. Dabei sind die in Absatz 2 oder 3 bezeichneten Posten in der angegebenen Reihenfolge gesondert auszuweisen.

(2) Bei Anwendung des Gesamtkostenverfahrens sind auszuweisen:

1. Umsatzerlöse
2. Erhöhung oder Verminderung des Bestands an fertigen und unfertigen Erzeugnissen
3. andere aktivierte Eigenleistungen
4. sonstige betriebliche Erträge
5. Materialaufwand:
   a) Aufwendungen für Roh-, Hilfs- und Betriebsstoffe und für bezogene Waren
   b) Aufwendungen für bezogene Leistungen
6. Personalaufwand:
   a) Löhne und Gehälter
   b) soziale Abgaben und Aufwendungen für Altersversorgung und für Unterstützung,
   davon für Altersversorgung
7. Abschreibungen:
   a) auf immaterielle Vermögensgegenstände des Anlagevermögens und Sachanlagen sowie auf aktivierte Aufwendungen für die Ingangsetzung und Erweiterung des Geschäftsbetriebs
   b) auf Vermögensgegenstände des Umlaufvermögens, soweit diese die in der Kapitalgesellschaft üblichen Abschreibungen überschreiten
8. sonstige betriebliche Aufwendungen
9. Erträge aus Beteiligungen,
   davon aus verbundenen Unternehmen
10. Erträge aus anderen Wertpapieren und Ausleihungen des Finanzanlagevermögens,
   davon aus verbundenen Unternehmen

11. sonstige Zinsen und ähnliche Erträge,
    davon aus verbundenen Unternehmen
12. Abschreibungen auf Finanzanlagen und auf Wertpapiere des Umlaufvermögens
13. Zinsen und ähnliche Aufwendungen,
    davon an verbundene Unternehmen
14. Ergebnis der gewöhnlichen Geschäftstätigkeit
15. außerordentliche Erträge
16. außerordentliche Aufwendungen
17. außerordentliches Ergebnis
18. Steuern vom Einkommen und vom Ertrag
19. sonstige Steuern
20. Jahresüberschuß/Jahresfehlbetrag.

(3) Bei Anwendung des Umsatzkostenverfahrens sind auszuweisen:

1. Umsatzerlöse
2. Herstellungskosten der zur Erzielung der Umsatzerlöse erbrachten Leistungen
3. Bruttoergebnis vom Umsatz
4. Vertriebskosten
5. allgemeine Verwaltungskosten
6. sonstige betriebliche Erträge
7. sonstige betriebliche Aufwendungen
8. Erträge aus Beteiligungen,
   davon aus verbundenen Unternehmen
9. Erträge aus anderen Wertpapieren und Ausleihungen des Finanzanlagevermögens,
   davon aus verbundenen Unternehmen
10. sonstige Zinsen und ähnliche Erträge,
    davon aus verbundenen Unternehmen
11. Abschreibungen auf Finanzanlagen und auf Wertpapiere des Umlaufvermögens
12. Zinsen und ähnliche Aufwendungen,
    davon an verbundene Unternehmen
13. Ergebnis der gewöhnlichen Geschäftstätigkeit
14. außerordentliche Erträge
15. außerordentliche Aufwendungen
16. außerordentliches Ergebnis
17. Steuern vom Einkommen und vom Ertrag
18. sonstige Steuern
19. Jahresüberschuß/Jahresfehlbetrag.

(4) Veränderungen der Kapital- und Gewinnrücklagen dürfen in der Gewinn- und Verlustrechnung erst nach dem Posten „Jahresüberschuß/Jahresfehlbetrag" ausgewiesen werden.

§ 276
Größenabhängige Erleichterungen

Kleine und mittelgroße Kapitalgesellschaften (§ 267 Abs. 1, 2) dürfen die Posten § 275 Abs. 2 Nr. 1 bis 5 oder Abs. 3 Nr. 1 bis 3 und 6 zu einem Posten unter der Bezeichnung „Rohergebnis" zusammenfassen.

§ 277
Vorschriften zu einzelnen Posten der Gewinn- und Verlustrechnung

(1) Als Umsatzerlöse sind die Erlöse aus dem Verkauf und der Vermietung oder Verpachtung von für die gewöhnliche Geschäftstätigkeit der Kapitalgesellschaft typischen Erzeugnissen und Waren sowie aus von für die gewöhnliche Geschäftstätigkeit der Kapitalgesellschaft typischen Dienstleistungen nach Abzug von Erlösschmälerungen und der Umsatzsteuer auszuweisen.

(2) Als Bestandsveränderungen sind sowohl Änderungen der Menge als auch solche des Wertes zu berücksichtigen; Abschreibungen jedoch nur, soweit diese die in der Kapitalgesellschaft sonst üblichen Abschreibungen nicht überschreiten.

(3) Außerplanmäßige Abschreibungen nach § 253 Abs. 2 Satz 3 sowie Abschreibungen nach § 253 Abs. 3 Satz 3 sind jeweils gesondert auszuweisen oder im Anhang anzugeben. Erträge und Aufwendungen aus Verlustübernahme und auf Grund einer Gewinngemeinschaft, eines Gewinnabführungs- oder eines Teilgewinnabführungsvertrags erhaltene oder abgeführte Gewinne sind jeweils gesondert unter entsprechender Bezeichnung auszuweisen.

(4) Unter den Posten „außerordentliche Erträge“ und „außerordentliche Aufwendungen“ sind Erträge und Aufwendungen auszuweisen, die außerhalb der gewöhnlichen Geschäftstätigkeit der Kapitalgesellschaft anfallen. Die Posten sind hinsichtlich ihres Betrags und ihrer Art im Anhang zu erläutern, soweit die ausgewiesenen Beträge für die Beurteilung der Ertragslage nicht von untergeordneter Bedeutung sind. Satz 2 gilt auch für Erträge und Aufwendungen, die einem anderen Geschäftsjahr zuzurechnen sind.

§ 278
Steuern

Die Steuern vom Einkommen und vom Ertrag sind auf der Grundlage des Beschlusses über die Verwendung des Ergebnisses zu berechnen; liegt ein solcher Beschluß im Zeitpunkt der Feststellung des Jahresabschlusses nicht vor, so ist vom Vorschlag über die Verwendung des Ergebnisses auszugehen. Weicht der Beschluß über die Verwendung des Ergebnisses vom Vorschlag ab, so braucht der Jahresabschluß nicht geändert zu werden.

Vierter Titel
Bewertungsvorschriften

§ 279
Nichtanwendung von Vorschriften. Abschreibungen

(1) § 253 Abs. 4 ist nicht anzuwenden. § 253 Abs. 2 Satz 3 darf, wenn es sich nicht um eine voraussichtlich dauernde Wertminderung handelt, nur auf Vermögensgegenstände, die Finanzanlagen sind, angewendet werden.

(2) Abschreibungen nach § 254 dürfen nur insoweit vorgenommen werden, als das Steuerrecht ihre Anerkennung bei der steuerrechtlichen Gewinnermittlung davon abhängig macht, daß sie sich aus der Bilanz ergeben.

§ 280
Wertaufholungsgebot

(1) Wird bei einem Vermögensgegenstand eine Abschreibung nach § 253 Abs. 2 Satz 3 oder Abs. 3 oder § 254 Satz 1 vorgenommen und stellt sich in einem späteren Geschäftsjahr heraus, daß die Gründe dafür nicht mehr bestehen, so ist der Betrag dieser Abschreibung im Umfang der Werterhöhung unter Berücksichtigung der Abschreibungen, die inzwischen vorzunehmen gewesen wären, zuzuschreiben. § 253 Abs. 5, § 254 Satz 2 sind insoweit nicht anzuwenden.

(2) Von der Zuschreibung nach Absatz 1 kann abgesehen werden, wenn der niedrigere Wertansatz bei der steuerrechtlichen Gewinnermittlung beibehalten werden kann und wenn Voraussetzung für die Beibehaltung ist, daß der niedrigere Wertansatz auch in der Bilanz beibehalten wird.

(3) Im Anhang ist der Betrag der im Geschäftsjahr aus steuerrechtlichen Gründen unterlassenen Zuschreibungen anzugeben und hinreichend zu begründen.

§ 281
Berücksichtigung steuerrechtlicher Vorschriften

(1) Die nach § 254 zulässigen Abschreibungen dürfen auch in der Weise vorgenommen werden, daß der Unterschiedsbetrag zwischen der nach § 253 in Verbindung mit § 279 und der nach § 254 zulässigen Bewertung in den Sonderposten mit Rücklageanteil eingestellt wird. In der Bilanz oder im Anhang sind die Vorschriften anzugeben, nach denen die Wertberichtigung gebildet worden ist. Unbeschadet steuerrechtlicher Vorschriften über die Auflösung ist die Wertberichtigung insoweit aufzulösen, als die Vermögensgegenstände, für die sie gebildet worden ist, aus dem Vermögen ausscheiden oder die steuerrechtliche Wertberichtigung durch handelsrechtliche Abschreibungen ersetzt wird.

(2) Im Anhang ist der Betrag der im Geschäftsjahr allein nach steuerrechtlichen Vorschriften vorgenommenen Abschreibungen, getrennt nach Anlage- und Umlaufvermögen, anzugeben, soweit er sich nicht aus der Bilanz oder der Gewinn- und Verlustrechnung ergibt, und hinreichend zu begründen. Erträge aus der Auflösung des Sonderpostens mit Rücklageanteil sind in dem Posten „sonstige betriebliche Erträge", Einstellungen in den Sonderposten mit Rücklageanteil sind in dem Posten „sonstige betriebliche Aufwendungen" der Gewinn- und Verlustrechnung gesondert auszuweisen oder im Anhang anzugeben.

§ 282
Abschreibung der Aufwendungen für die Ingangsetzung und Erweiterung des Geschäftsbetriebs

Für die Ingangsetzung und Erweiterung des Geschäftsbetriebs ausgewiesene Beträge sind in jedem folgenden Geschäftsjahr zu mindestens einem Viertel durch Abschreibungen zu tilgen.

§ 283
Wertansatz des Eigenkapitals

Das gezeichnete Kapital ist zum Nennbetrag anzusetzen.

Fünfter Titel
Anhang

§ 284
Erläuterung der Bilanz und der Gewinn- und Verlustrechnung

(1) In den Anhang sind diejenigen Angaben aufzunehmen, die zu den einzelnen Posten der Bilanz oder der Gewinn- und Verlustrechnung vorgeschrieben oder die im Anhang zu machen sind, weil sie in Ausübung eines Wahlrechts nicht in die Bilanz oder in die Gewinn- und Verlustrechnung aufgenommen wurden.

(2) Im Anhang müssen

1. die auf die Posten der Bilanz und der Gewinn- und Verlustrechnung angewandten Bilanzierungs- und Bewertungsmethoden angegeben werden;
2. die Grundlagen für die Umrechnung in Deutsche Mark angegeben werden, soweit der Jahresabschluß Posten enthält, denen Beträge zugrunde liegen, die auf fremde Währung lauten oder ursprünglich auf fremde Währung lauteten;
3. Abweichungen von Bilanzierungs- und Bewertungsmethoden angegeben und begründet werden; deren Einfluß auf die Vermögens-, Finanz- und Ertragslage ist gesondert darzustellen;
4. bei Anwendung einer Bewertungsmethode nach § 240 Abs. 4, § 256 Satz 1 die Unterschiedsbeträge pauschal für die jeweilige Gruppe ausgewiesen werden, wenn die Bewertung im Vergleich zu einer Bewertung auf der Grundlage des letzten vor dem Abschlußstichtag bekannten Börsenkurses oder Marktpreises einen erheblichen Unterschied aufweist;
5. Angaben über die Einbeziehung von Zinsen für Fremdkapital in die Herstellungskosten gemacht werden.

§ 285
Sonstige Pflichtangaben

Ferner sind im Anhang anzugeben:

1. zu den in der Bilanz ausgewiesenen Verbindlichkeiten
   a) der Gesamtbetrag der Verbindlichkeiten mit einer Restlaufzeit von mehr als fünf Jahren,
   b) der Gesamtbetrag der Verbindlichkeiten, die durch Pfandrechte oder ähnliche Rechte gesichert sind, unter Angabe von Art und Form der Sicherheiten;
2. die Aufgliederung der in Nummer 1 verlangten Angaben für jeden Posten der Verbindlichkeiten nach dem vorgeschriebenen Gliederungsschema, sofern sich diese Angaben nicht aus der Bilanz ergeben;
3. der Gesamtbetrag der sonstigen finanziellen Verpflichtungen, die nicht in der Bilanz erscheinen und auch nicht nach § 251 anzugeben sind, sofern diese

Angaben für die Beurteilung der Finanzlage von Bedeutung ist; davon sind Verpflichtungen gegenüber verbundenen Unternehmen gesondert anzugeben;

4. die Aufgliederung der Umsatzerlöse nach Tätigkeitsbereichen sowie nach geographisch bestimmten Märkten, soweit sich, unter Berücksichtigung der Organisation des Verkaufs von für die gewöhnliche Geschäftstätigkeit der Kapitalgesellschaft typischen Erzeugnissen und der für die gewöhnliche Geschäftstätigkeit der Kapitalgesellschaft typischen Dienstleistungen, die Tätigkeitsbereiche und geographisch bestimmten Märkte untereinander erheblich unterscheiden;
5. das Ausmaß, in dem das Jahresergebnis dadurch beeinflußt wurde, daß bei Vermögensgegenständen im Geschäftsjahr oder in früheren Geschäftsjahren Abschreibungen nach §§ 254, 280 Abs. 2 auf Grund steuerrechtlicher Vorschriften vorgenommen oder beibehalten wurden oder ein Sonderposten nach § 273 gebildet wurde; ferner das Ausmaß erheblicher künftiger Belastungen, die sich aus einer solchen Bewertung ergeben;
6. in welchem Umfang die Steuern vom Einkommen und vom Ertrag das Ergebnis der gewöhnlichen Geschäftstätigkeit und das außerordentliche Ergebnis belasten;
7. die durchschnittliche Zahl der während des Geschäftsjahrs beschäftigten Arbeitnehmer getrennt nach Gruppen;
8. bei Anwendung des Umsatzkostenverfahrens (§ 275 Abs. 3)

   a) der Materialaufwand des Geschäftsjahrs, gegliedert nach § 275 Abs. 2 Nr. 5,

   b) der Personalaufwand des Geschäftsjahrs, gegliedert nach § 275 Abs. 2 Nr. 6;
9. für die Mitglieder des Geschäftsführungsorgans, eines Aufsichtsrats, eines Beirats oder einer ähnlichen Einrichtung jeweils für jede Personengruppe

   a) die für die Tätigkeit im Geschäftsjahr gewährten Gesamtbezüge (Gehälter, Gewinnbeteiligungen, Aufwandsentschädigungen, Versicherungsentgelte, Provisionen und Nebenleistungen jeder Art). In die Gesamtbezüge sind auch Bezüge einzurechnen, die nicht ausgezahlt, sondern in Ansprüche anderer Art umgewandelt oder zur Erhöhung anderer Ansprüche verwendet werden. Außer den Bezügen für das Geschäftsjahr sind die weiteren Bezüge anzugeben, die im Geschäftsjahr gewährt, bisher aber in keinem Jahresabschluß angegeben worden sind;

   b) die Gesamtbezüge (Abfindungen, Ruhegehälter, Hinterbliebenenbezüge und Leistungen verwandter Art) der früheren Mitglieder der bezeichneten Organe und ihrer Hinterbliebenen. Buchstabe a Satz 2 und 3 ist entsprechend anzuwenden. Ferner ist der Betrag der für diese Personengruppe gebildeten Rückstellungen für laufende Pensionen und Anwartschaften auf Pensionen und der Betrag der für diese Verpflichtungen nicht gebildeten Rückstellungen anzugeben;

   c) die gewährten Vorschüsse und Kredite unter Angabe der Zinssätze, der wesentlichen Bedingungen und der gegebenenfalls im Geschäftsjahr zurückgezahlten Beträge sowie die zugunsten dieser Personen eingegangenen Haftungsverhältnisse;

10. alle Mitglieder des Geschäftsführungsorgans und eines Aufsichtsrats, auch wenn sie im Geschäftsjahr oder später ausgeschieden sind, mit dem Familiennamen und mindestens einem ausgeschriebenen Vornamen. Der Vorsitzende eines Aufsichtsrats, seine Stellvertreter und ein etwaiger Vorsitzender des Geschäftsführungsorgans sind als solche zu bezeichnen;
11. Name und Sitz anderer Unternehmen, von denen die Kapitalgesellschaft oder eine für Rechnung der Kapitalgesellschaft handelnde Person mindestens den fünften Teil der Anteile besitzt; außerdem sind die Höhe des Anteils am Kapital, das Eigenkapital und das Ergebnis des letzten Geschäftsjahrs dieser Unternehmen anzugeben, für das ein Jahresabschluß vorliegt; auf die Berechnung der Anteile ist § 16 Abs. 2 und 4 des Aktiengesetzes entsprechend anzuwenden;
12. Rückstellungen, die in der Bilanz unter dem Posten „sonstige Rückstellungen" nicht gesondert ausgewiesen werden, sind zu erläutern, wenn sie einen nicht unerheblichen Umfang haben;
13. bei Anwendung des § 255 Abs. 4 Satz 3 die Gründe für die planmäßige Abschreibung des Geschäfts- oder Firmenwerts;
14. Name und Sitz des Mutterunternehmens der Kapitalgesellschaft, das den Konzernabschluß für den größten Kreis von Unternehmen aufstellt, und ihres Mutterunternehmens, das den Konzernabschluß für den kleinsten Kreis von Unternehmen aufstellt, sowie im Falle der Offenlegung der von diesen Mutterunternehmen aufgestellten Konzernabschlüsse der Ort, wo diese erhältlich sind.

§ 286
Unterlassen von Angaben

(1) Die Berichterstattung hat insoweit zu unterbleiben, als es für das Wohl der Bundesrepublik Deutschland oder eines ihrer Länder erforderlich ist.

(2) Die Aufgliederung der Umsatzerlöse nach § 285 Nr. 4 kann unterbleiben, soweit die Aufgliederung nach vernünftiger kaufmännischer Beurteilung geeignet ist, der Kapitalgesellschaft oder einem Unternehmen, von dem die Kapitalgesellschaft mindestens den fünften Teil der Anteile besitzt, einen erheblichen Nachteil zuzufügen.

(3) Die Angaben nach § 285 Nr. 11 können unterbleiben, soweit sie

1. für die Darstellung der Vermögens-, Finanz- und Ertragslage der Kapitalgesellschaft nach § 264 Abs. 2 von untergeordneter Bedeutung sind oder
2. nach vernünftiger kaufmännischer Beurteilung geeignet sind, der Kapitalgesellschaft oder dem anderen Unternehmen einen erheblichen Nachteil zuzufügen.

Die Angabe des Eigenkapitals und des Jahresergebnisses kann unterbleiben, wenn das Unternehmen, über das zu berichten ist, seinen Jahresabschluß nicht offenzulegen hat und die berichtende Kapitalgesellschaft weniger als die Hälfte der Anteile besitzt. Die Anwendung der Ausnahmeregelung nach Satz 1 Nr. 2 ist im Anhang anzugeben.

§ 287
Aufstellung des Anteilsbesitzes

Die in § 285 Nr. 11 verlangten Angaben dürfen statt im Anhang auch in einer Aufstellung des Anteilsbesitzes gesondert gemacht werden. Die Aufstellung ist Bestandteil des Anhangs. Auf die besondere Aufstellung des Anteilsbesitzes und den Ort ihrer Hinterlegung ist im Anhang hinzuweisen.

§ 288
Größenabhängige Erleichterungen

Kleine Kapitalgesellschaften im Sinne des § 267 Abs. 1 brauchen die Angaben nach § 285 Nr. 2 bis 5, 7, 8 Buchstabe a, Nr. 9 Buchstabe a und b und Nr. 12 nicht zu machen. Mittelgroße Kapitalgesellschaften im Sinne des § 267 Abs. 2 brauchen die Angaben nach § 285 Nr. 4 nicht zu machen.

Sechster Titel
Lagebericht

§ 289

(1) Im Lagebericht sind zumindest der Geschäftsverlauf und die Lage der Kapitalgesellschaft so darzustellen, daß ein den tatsächlichen Verhältnissen entsprechendes Bild vermittelt wird.

(2) Der Lagebericht soll auch eingehen auf:

1. Vorgänge von besonderer Bedeutung, die nach dem Schluß des Geschäftsjahres eingetreten sind;
2. die voraussichtliche Entwicklung der Kapitalgesellschaft;
3. den Bereich Forschung und Entwicklung.

Zweiter Unterabschnitt
Konzernabschluß und Konzernlagebericht

Erster Titel
Anwendungsbereich

§ 290
Pflicht zur Aufstellung

(1) Stehen in einem Konzern die Unternehmen unter der einheitlichen Leitung einer Kapitalgesellschaft (Mutterunternehmen) mit Sitz im Inland und gehört dem Mutterunternehmen eine Beteiligung nach § 271 Abs. 1 an dem oder den anderen unter der einheitlichen Leitung stehenden Unternehmen (Tochterunternehmen), so haben die gesetzlichen Vertreter des Mutterunternehmens in den ersten fünf Monaten des Konzerngeschäftsjahrs für das vergangene Konzerngeschäftsjahr einen Konzernabschluß und einen Konzernlagebericht aufzustellen.

(2) Eine Kapitalgesellschaft mit Sitz im Inland ist stets zur Aufstellung eines Konzernabschlusses und eines Konzernlageberichts verpflichtet (Mutterunternehmen), wenn ihr bei einem Unternehmen (Tochterunternehmen)

1. die Mehrheit der Stimmrechte der Gesellschafter zusteht,
2. das Recht zusteht, die Mehrheit der Mitglieder des Verwaltungs-, Leitungs- oder Aufsichtsorgans zu bestellen oder abzuberufen, und sie gleichzeitig Gesellschafter ist oder
3. das Recht zusteht, einen beherrschenden Einfluß auf Grund eines mit diesem Unternehmen geschlossenen Beherrschungsvertrags oder auf Grund einer Satzungsbestimmung dieses Unternehmens auszuüben.

(3) Als Rechte, die einem Mutterunternehmen nach Absatz 2 zustehen, gelten auch die einem Tochterunternehmen zustehenden Rechte und die den für Rechnung des Mutterunternehmens oder von Tochterunternehmen handelnden Personen zustehenden Rechte. Den einem Mutterunternehmen an einem anderen Unternehmen zustehenden Rechten werden die Rechte hinzugerechnet, über die es oder ein Tochterunternehmen auf Grund einer Vereinbarung mit anderen Gesellschaftern dieses Unternehmens verfügen kann. Abzuziehen sind Rechte, die

1. mit Anteilen verbunden sind, die von dem Mutterunternehmen oder von Tochterunternehmen für Rechnung einer anderen Person gehalten werden, oder
2. mit Anteilen verbunden sind, die als Sicherheit gehalten werden, sofern diese Rechte nach Weisung des Sicherungsgebers oder, wenn ein Kreditinstitut die Anteile als Sicherheit für ein Darlehen hält, im Interesse des Sicherungsgebers ausgeübt werden.

(4) Welcher Teil der Stimmrechte einem Unternehmen zusteht, bestimmt sich für die Berechnung der Mehrheit nach Absatz 2 Nr. 1 nach dem Verhältnis der Zahl der Stimmrechte, die es aus den ihm gehörenden Anteilen ausüben kann, zur Gesamtzahl aller Stimmrechte. Von der Gesamtzahl aller Stimmrechte sind die Stimmrechte aus eigenen Anteilen abzuziehen, die dem Tochterunternehmen selbst, einem seiner Tochterunternehmen oder einer anderen Person für Rechnung dieser Unternehmen gehören.

§ 291
Befreiende Konzernabschlüsse und Konzernlageberichte

(1) Ein Mutterunternehmen, das zugleich Tochterunternehmen eines Mutterunternehmens mit Sitz in einem Mitgliedstaat der Europäischen Wirtschaftsgemeinschaft ist, braucht einen Konzernabschluß und einen Konzernlagebericht nicht aufzustellen, wenn ein den Anforderungen des Absatzes 2 entsprechender Konzernabschluß und Konzernlagebericht seines Mutterunternehmens einschließlich des Bestätigungsvermerks oder des Vermerks über dessen Versagung nach den für den entfallenden Konzernabschluß und Konzernlagebericht maßgeblichen Vorschriften in deutscher Sprache offengelegt wird. Ein befreiender Konzernabschluß und ein befreiender Konzernlagebericht können von jedem Unternehmen unabhängig von seiner Rechtsform und Größe aufgestellt werden, wenn das Unternehmen als Kapitalgesellschaft mit Sitz in einem Mitgliedstaat der Europäischen Wirtschaftsgemeinschaft zur Aufstellung eines Konzernabschlusses unter Einbeziehung des zu befreienden Mutterunternehmens und seiner Tochterunternehmen verpflichtet wäre.

(2) Der Konzernabschluß und Konzernlagebericht eines Mutterunternehmens mit Sitz in einem Mitgliedstaat der Europäischen Wirtschaftsgemeinschaft haben befreiende Wirkung, wenn

1. das zu befreiende Mutterunternehmen und seine Tochterunternehmen in den befreienden Konzernabschluß unbeschadet der §§ 295, 296 einbezogen worden sind,
2. der befreiende Konzernabschluß und der befreiende Konzernlagebericht dem für das den befreienden Konzernabschluß aufstellende Mutterunternehmen maßgeblichen und mit den Anforderungen der Richtlinie 83/349/EWG des Rates vom 13. Juni 1983 über den konsolidierten Abschluß (ABl. EG Nr. L 193 S. 1) übereinstimmenden Recht entsprechen und nach diesem Recht von einem in Übereinstimmung mit den Vorschriften der Richtlinie 84/253/EWG des Rates vom 10. April 1984 über die Zulassung der mit der Pflichtprüfung der Rechnungslegungsunterlagen beauftragten Personen (ABl. EG Nr. L 126 S. 20) zugelassenen Abschlußprüfer geprüft worden sind und
3. der Anhang des Jahresabschlusses des zu befreienden Unternehmens folgende Angaben enthält:

   a) Name und Sitz des Mutterunternehmens, das den befreienden Konzernabschluß und Konzernlagebericht aufstellt, und

   b) einen Hinweis auf die Befreiung von der Verpflichtung, einen Konzernabschluß und einen Konzernlagebericht aufzustellen.

(3) Die Befreiung nach Absatz 1 kann trotz Vorliegens der Voraussetzungen nach Absatz 2 von einem Mutterunternehmen nicht in Anspruch genommen werden, wenn Gesellschafter, denen bei Aktiengesellschaften und Kommanditgesellschaften auf Aktien mindestens zehn vom Hundert und bei Gesellschaften mit beschränkter Haftung mindestens zwanzig vom Hundert der Anteile an dem zu befreienden Mutterunternehmen gehören, spätestens sechs Monate vor dem Ablauf des Konzerngeschäftsjahrs die Aufstellung eines Konzernabschlusses und eines Konzernlageberichts beantragt haben. Gehören dem Mutterunternehmen mindestens neunzig vom Hundert der Anteile an dem zu befreienden Mutterunternehmen, so kann Absatz 1 nur angewendet werden, wenn die anderen Gesellschafter der Befreiung zugestimmt haben.

§ 292
Rechtsverordnungsermächtigung für befreiende Konzernabschlüsse und Konzernlageberichte

(1) Der Bundesminister der Justiz wird ermächtigt, im Einvernehmen mit dem Bundesminister der Finanzen und dem Bundesminister für Wirtschaft durch Rechtsverordnung, die nicht der Zustimmung des Bundesrates bedarf, zu bestimmen, daß § 291 auf Konzernabschlüsse und Konzernlageberichte von Mutterunternehmen mit Sitz in einem Staat, der nicht Mitglied der Europäischen Wirtschaftsgemeinschaft ist, mit der Maßgabe angewendet werden darf, daß der befreiende Konzernabschluß und der befreiende Konzernlagebericht nach dem mit den Anforderungen der Richtlinie 83/349/EWG übereinstimmenden Recht eines Mitgliedstaates der Europäischen Wirtschaftsgemeinschaft aufgestellt worden oder

einem nach diesem Recht eines Mitgliedstaates der Europäischen Wirtschaftsgemeinschaft aufgestellten Konzernabschluß und Konzernlagebericht gleichwertig sein müssen. Das Recht eines anderen Mitgliedstaates der Europäischen Wirtschaftsgemeinschaft kann einem befreienden Konzernabschluß und einem befreienden Konzernlagebericht jedoch nur zugrunde gelegt oder für die Herstellung der Gleichwertigkeit herangezogen werden, wenn diese Unterlagen in dem anderen Mitgliedstaat anstelle eines sonst nach dem Recht dieses Mitgliedstaates vorgeschriebenen Konzernabschlusses und Konzernlageberichts offengelegt werden. Die Anwendung dieser Vorschrift kann in der Rechtsverordnung nach Satz 1 davon abhängig gemacht werden, daß die nach diesem Unterabschnitt aufgestellten Konzernabschlüsse und Konzernlageberichte in dem Staat, in dem das Mutterunternehmen seinen Sitz hat, als gleichwertig mit den dort für Unternehmen mit entsprechender Rechtsform und entsprechendem Geschäftszweig vorgeschriebenen Konzernabschlüssen und Konzernlageberichten angesehen werden.

(2) Ist ein nach Absatz 1 zugelassener Konzernabschluß nicht von einem in Übereinstimmung mit den Vorschriften der Richtlinie 84/253/EWG zugelassenen Abschlußprüfer geprüft worden, so kommt ihm befreiende Wirkung nur zu, wenn der Abschlußprüfer eine den Anforderungen dieser Richtlinie gleichwertige Befähigung hat und der Konzernabschluß in einer den Anforderungen des Dritten Unterabschnitts entsprechenden Weise geprüft worden ist.

(3) In einer Rechtsverordnung nach Absatz 1 kann außerdem bestimmt werden, welche Voraussetzungen Konzernabschlüsse und Konzernlageberichte von Mutterunternehmen mit Sitz in einem Staat, der nicht Mitglied der Europäischen Wirtschaftsgemeinschaft ist, im einzelnen erfüllen müssen, um nach Absatz 1 gleichwertig zu sein, und wie die Befähigung von Abschlußprüfern beschaffen sein muß, um nach Absatz 2 gleichwertig zu sein. In der Rechtsverordnung können zusätzliche Angaben und Erläuterungen zum Konzernabschluß vorgeschrieben werden, soweit diese erforderlich sind, um die Gleichwertigkeit dieser Konzernabschlüsse und Konzernlageberichte mit solchen nach diesem Unterabschnitt oder dem Recht eines anderen Mitgliedstaates der Europäischen Wirtschaftsgemeinschaft herzustellen.

(4) Die Rechtsverordnung ist vor Verkündung dem Bundestag zuzuleiten. Sie kann durch Beschluß des Bundestages geändert oder abgelehnt werden. Der Beschluß des Bundestages wird dem Bundesminister der Justiz zugeleitet. Der Bundesminister der Justiz ist bei der Verkündung der Rechtsverordnung an den Beschluß gebunden. Hat sich der Bundestag nach Ablauf von drei Sitzungswochen seit Eingang einer Rechtsverordnung nicht mit ihr befaßt, so wird die unveränderte Rechtsverordnung dem Bundesminister der Justiz zur Verkündung zugeleitet. Der Bundestag befaßt sich mit der Rechtsverordnung auf Antrag von so vielen Mitgliedern des Bundestages, wie zur Bildung einer Fraktion erforderlich sind.

§ 293
Größenabhängige Befreiungen

(1) Ein Mutterunternehmen ist von der Pflicht, einen Konzernabschluß und einen Konzernlagebericht aufzustellen, befreit, wenn

1. am Abschlußstichtag seines Jahresabschlusses und am vorhergehenden Abschlußstichtag mindestens zwei der drei nachstehenden Merkmale zutreffen:
   a) Die Bilanzsummen in den Bilanzen des Mutterunternehmens und der Tochterunternehmen, die in den Konzernabschluß einzubeziehen wären, übersteigen insgesamt nach Abzug von in den Bilanzen auf der Aktivseite ausgewiesenen Fehlbeträgen nicht sechsundvierzig Millionen achthunderttausend Deutsche Mark.
   b) Die Umsatzerlöse des Mutterunternehmens und der Tochterunternehmen, die in den Konzernabschluß einzubeziehen wären, übersteigen in den zwölf Monaten vor dem Abschlußstichtag insgesamt nicht sechsundneunzig Millionen Deutsche Mark.
   c) Das Mutterunternehmen und die Tochterunternehmen, die in den Konzernabschluß einzubeziehen wären, haben in den zwölf Monaten vor dem Abschlußstichtag im Jahresdurchschnitt nicht mehr als fünfhundert Arbeitnehmer beschäftigt;
   oder
2. am Abschlußstichtag eines von ihm aufzustellenden Konzernabschlusses und am vorhergehenden Abschlußstichtag mindestens zwei der drei nachstehenden Merkmale zutreffen:
   a) Die Bilanzsumme übersteigt nach Abzug eines auf der Aktivseite ausgewiesenen Fehlbetrags nicht neununddreißig Millionen Deutsche Mark.
   b) Die Umsatzerlöse in den zwölf Monaten vor dem Abschlußstichtag übersteigen nicht achtzig Millionen Deutsche Mark.
   c) Das Mutterunternehmen und die in den Konzernabschluß einbezogenen Tochterunternehmen haben in den zwölf Monaten vor dem Abschlußstichtag im Jahresdurchschnitt nicht mehr als fünfhundert Arbeitnehmer beschäftigt.

Auf die Ermittlung der durchschnittlichen Zahl der Arbeitnehmer ist § 267 Abs. 5 anzuwenden.

(2) Ein Kreditinstitut ist abweichend von Absatz 1 von der Pflicht, einen Konzernabschluß und einen Konzernlagebericht aufzustellen, befreit, wenn

1. am Abschlußstichtag seines Jahresabschlusses und am vorhergehenden Abschlußstichtag die Bilanzsummen in seiner Bilanz und in den Bilanzen der Tochterunternehmen, die in den Konzernabschluß einzubeziehen wären, zuzüglich der den Kreditnehmern abgerechneten eigenen Ziehungen im Umlauf, der Indossamentsverbindlichkeiten aus weitergegebenen Wechseln und der Verbindlichkeiten aus Bürgschaften, Wechsel- und Scheckbürgschaften sowie aus Gewährleistungsverträgen aller Unternehmen insgesamt nicht einhundertzweiunddreißig Millionen Deutsche Mark übersteigen oder
2. am Abschlußstichtag eines von ihm aufzustellenden Konzernabschlusses und am vorhergehenden Abschlußstichtag die Konzernbilanzsumme zuzüglich der den Kreditnehmern abgerechneten eigenen Ziehungen im Umlauf, der Indossamentsverbindlichkeiten aus weitergegebenen Wechseln und der Verbindlichkeiten aus Bürgschaften, Wechsel- und Scheckbürgschaften sowie aus Gewährleistungsverträgen nicht einhundertzehn Millionen Deutsche Mark übersteigt.

(3) Ein Versicherungsunternehmen ist abweichend von Absatz 1 von der Pflicht, einen Konzernabschluß und einen Konzernlagebericht aufzustellen, befreit, wenn

1. die Bruttobeiträge aus seinem gesamten Versicherungsgeschäft und dem der Tochterunternehmen, die in den Konzernabschluß einzubeziehen wären, jeweils in den zwölf Monaten vor dem Abschlußstichtag und dem vorhergehenden Abschlußstichtag nicht dreiundvierzig Millionen zweihunderttausend Deutsche Mark übersteigen oder
2. die Bruttobeiträge aus dem gesamten Versicherungsgeschäft in einem von ihm aufzustellenden Konzernabschluß jeweils in den zwölf Monaten vor dem Abschlußstichtag und dem vorhergehenden Abschlußstichtag nicht sechsunddreißig Millionen Deutsche Mark übersteigen.

Bruttobeiträge aus dem gesamten Versicherungsgeschäft sind die Beiträge aus dem Erst- und Rückversicherungsgeschäft einschließlich der in der Rückdeckung gegebenen Anteile.

(4) Außer in den Fällen der Absätze 1 bis 3 ist ein Mutterunternehmen von der Pflicht zur Aufstellung des Konzernabschlusses und des Konzernlageberichts befreit, wenn die Voraussetzungen der Absätze 1, 2 oder 3 nur am Abschlußstichtag oder nur am vorhergehenden Abschlußstichtag erfüllt sind und das Mutterunternehmen am vorhergehenden Abschlußstichtag von der Pflicht zur Aufstellung des Konzernabschlusses und des Konzernlageberichts befreit war.

(5) Die Absätze 1 bis 4 sind nicht anzuwenden, wenn am Abschlußstichtag Aktien oder andere von dem Mutterunternehmen oder einem in den Konzernabschluß des Mutterunternehmens einbezogenen Tochterunternehmen ausgegebene Wertpapiere an einer Börse in einem Mitgliedstaat der Europäischen Wirtschaftsgemeinschaft zum amtlichen Handel zugelassen oder in den geregelten Freiverkehr einbezogen sind oder die Zulassung zum amtlichen Handel beantragt ist.

Zweiter Titel
Konsolidierungskreis

§ 294
Einzubeziehende Unternehmen. Vorlage- und Auskunftspflichten

(1) In den Konzernabschluß sind das Mutterunternehmen und alle Tochterunternehmen ohne Rücksicht auf den Sitz der Tochterunternehmen einzubeziehen, sofern die Einbeziehung nicht nach den §§ 295, 296 unterbleibt.

(2) Hat sich die Zusammensetzung der in den Konzernabschluß einbezogenen Unternehmen im Laufe des Geschäftsjahrs wesentlich geändert, so sind in den Konzernabschluß Angaben aufzunehmen, die es ermöglichen, die aufeinanderfolgenden Konzernabschlüsse sinnvoll zu vergleichen. Dieser Verpflichtung kann auch dadurch entsprochen werden, daß die entsprechenden Beträge des vorhergehenden Konzernabschlusses an die Änderung angepaßt werden.

(3) Die Tochterunternehmen haben dem Mutterunternehmen ihre Jahresabschlüsse, Lageberichte, Konzernabschlüsse, Konzernlageberichte und, wenn eine Prüfung des Jahresabschlusses oder des Konzernabschlusses stattgefunden hat,

die Prüfungsberichte sowie, wenn ein Zwischenabschluß aufzustellen ist, einen auf den Stichtag des Konzernabschlusses aufgestellten Abschluß unverzüglich einzureichen. Das Mutterunternehmen kann von jedem Tochterunternehmen alle Aufklärungen und Nachweise verlangen, welche die Aufstellung des Konzernabschlusses und des Konzernlageberichts erfordert.

§ 295
Verbot der Einbeziehung

(1) Ein Tochterunternehmen darf in den Konzernabschluß nicht einbezogen werden, wenn sich seine Tätigkeit von der Tätigkeit der anderen einbezogenen Unternehmen derart unterscheidet, daß die Einbeziehung in den Konzernabschluß mit der Verpflichtung, ein den tatsächlichen Verhältnissen entsprechendes Bild der Vermögens-, Finanz- und Ertragslage des Konzerns zu vermitteln, unvereinbar ist; § 311 über die Einbeziehung von assoziierten Unternehmen bleibt unberührt.

(2) Absatz 1 ist nicht allein deshalb anzuwenden, weil die in den Konzernabschluß einbezogenen Unternehmen teils Industrie-, teils Handels- und teils Dienstleistungsunternehmen sind oder weil diese Unternehmen unterschiedliche Erzeugnisse herstellen, mit unterschiedlichen Erzeugnissen Handel treiben oder Dienstleistungen unterschiedlicher Art erbringen.

(3) Die Anwendung des Absatzes 1 ist im Konzernanhang anzugeben und zu begründen. Wird der Jahresabschluß oder der Konzernabschluß eines nach Absatz 1 nicht einbezogenen Unternehmens im Geltungsbereich dieses Gesetzes nicht offengelegt, so ist er gemeinsam mit dem Konzernabschluß zum Handelsregister einzureichen.

§ 296
Verzicht auf die Einbeziehung

(1) Ein Tochterunternehmen braucht in den Konzernabschluß nicht einbezogen zu werden, wenn

1. erhebliche und andauernde Beschränkungen die Ausübung der Rechte des Mutterunternehmens in bezug auf das Vermögen oder die Geschäftsführung dieses Unternehmens nachhaltig beeinträchtigen,
2. die für die Aufstellung des Konzernabschlusses erforderlichen Angaben nicht ohne unverhältnismäßig hohe Kosten oder Verzögerungen zu erhalten sind oder
3. die Anteile des Tochterunternehmens ausschließlich zum Zwecke ihrer Weiterveräußerung gehalten werden.

(2) Ein Tochterunternehmen braucht in den Konzernabschluß nicht einbezogen zu werden, wenn es für die Verpflichtung, ein den tatsächlichen Verhältnissen entsprechendes Bild der Vermögens-, Finanz- und Ertragslage des Konzerns zu vermitteln, von untergeordneter Bedeutung ist. Entsprechen mehrere Tochterunternehmen der Voraussetzung des Satzes 1, so sind diese Unternehmen in den Konzernabschluß einzubeziehen, wenn sie zusammen nicht von untergeordneter Bedeutung sind.

(3) Die Anwendung der Absätze 1 und 2 ist im Konzernanhang zu begründen.

Dritter Titel
Inhalt und Form des Konzernabschlusses

§ 297
Inhalt

(1) Der Konzernabschluß besteht aus der Konzernbilanz, der Konzern-Gewinn- und Verlustrechnung und dem Konzernanhang, die eine Einheit bilden.

(2) Der Konzernabschluß ist klar und übersichtlich aufzustellen. Er hat unter Beachtung der Grundsätze ordnungsmäßiger Buchführung ein den tatsächlichen Verhältnissen entsprechendes Bild der Vermögens-, Finanz- und Ertragslage des Konzerns zu vermitteln. Führen besondere Umstände dazu, daß der Konzernabschluß ein den tatsächlichen Verhältnissen entsprechendes Bild im Sinne des Satzes 2 nicht vermittelt, so sind im Konzernanhang zusätzliche Angaben zu machen.

(3) Im Konzernabschluß ist die Vermögens-, Finanz- und Ertragslage der einbezogenen Unternehmen so darzustellen, als ob diese Unternehmen insgesamt ein einziges Unternehmen wären. Die auf den vorhergehenden Konzernabschluß angewandten Konsolidierungsmethoden sollen beibehalten werden. Abweichungen von Satz 2 sind in Ausnahmefällen zulässig. Sie sind im Konzernanhang anzugeben und zu begründen. Ihr Einfluß auf die Vermögens-, Finanz- und Ertragslage des Konzerns ist anzugeben.

§ 298
Anzuwendende Vorschriften. Erleichterungen

(1) Auf den Konzernabschluß sind, soweit seine Eigenart keine Abweichung bedingt oder in den folgenden Vorschriften nichts anderes bestimmt ist, die §§ 244 bis 256, §§ 265, 266, 268 bis 275, §§ 277 bis 283 über den Jahresabschluß und die für die Rechtsform und den Geschäftszweig der in den Konzernabschluß einbezogenen Unternehmen mit Sitz im Geltungsbereich dieses Gesetzes geltenden Vorschriften, soweit sie für große Kapitalgesellschaften gelten, entsprechend anzuwenden.

(2) In der Gliederung der Konzernbilanz dürfen die Vorräte in einem Posten zusammengefaßt werden, wenn deren Aufgliederung wegen besonderer Umstände mit einem unverhältnismäßigen Aufwand verbunden wäre.

(3) Der Konzernanhang und der Anhang des Jahresabschlusses des Mutterunternehmens dürfen zusammengefaßt werden. In diesem Falle müssen der Konzernabschluß und der Jahresabschluß des Mutterunternehmens gemeinsam offengelegt werden. Bei Anwendung des Satzes 1 dürfen auch die Prüfungsberichte und die Bestätigungsvermerke jeweils zusammengefaßt werden.

§ 299
Stichtag für die Aufstellung

(1) Der Konzernabschluß ist auf den Stichtag des Jahresabschlusses des Mutterunternehmens oder auf den hiervon abweichenden Stichtag der Jahresabschlüsse der bedeutendsten oder der Mehrzahl der in den Konzernabschluß einbezogenen

Unternehmen aufzustellen; die Abweichung vom Abschlußstichtag des Mutterunternehmens ist im Konzernanhang anzugeben und zu begründen.

(2) Die Jahresabschlüsse der in den Konzernabschluß einbezogenen Unternehmen sollen auf den Stichtag des Konzernabschlusses aufgestellt werden. Liegt der Abschlußstichtag eines Unternehmens um mehr als drei Monate vor dem Stichtag des Konzernabschlusses, so ist dieses Unternehmen auf Grund eines auf den Stichtag und den Zeitraum des Konzernabschlusses aufgestellten Zwischenabschlusses in den Konzernabschluß einzubeziehen.

(3) Wird bei abweichenden Abschlußstichtagen ein Unternehmen nicht auf der Grundlage eines auf den Stichtag und den Zeitraum des Konzernabschlusses aufgestellten Zwischenabschlusses in den Konzernabschluß einbezogen, so sind Vorgänge von besonderer Bedeutung für die Vermögens-, Finanz- und Ertragslage eines in den Konzernabschluß einbezogenen Unternehmens, die zwischen dem Abschlußstichtag dieses Unternehmens und dem Abschlußstichtag des Konzernabschlusses eingetreten sind, in der Konzernbilanz und der Konzern-Gewinn- und Verlustrechnung zu berücksichtigen oder im Konzernanhang anzugeben.

Vierter Titel
Vollkonsolidierung

§ 300
Konsolidierungsgrundsätze. Vollständigkeitsgebot

(1) In dem Konzernabschluß ist der Jahresbeschluß des Mutterunternehmens mit den Jahresabschlüssen der Tochterunternehmen zusammenzufassen. An die Stelle der dem Mutterunternehmen gehörenden Anteile an den einbezogenen Tochterunternehmen treffen die Vermögensgegenstände, Schulden, Rechnungsabrenzungsposten, Bilanzierungshilfen und Sonderposten der Tochterunternehmen, soweit sie nach dem Recht des Mutterunternehmens bilanzierungsfähig sind und die Eigenart des Konzernabschlusses keine Abweichungen bedingt oder in den folgenden Vorschriften nichts anderes bestimmt ist.

(2) Die Vermögensgegenstände, Schulden und Rechnungsabgrenzungsposten sowie die Erträge und Aufwendungen der in den Konzernabschluß einbezogenenen Unternehmen sind unabhängig von ihrer Berücksichtigung in den Jahresabschlüssen dieser Unternehmen vollständig aufzunehmen, soweit nach dem Recht des Mutterunternehmens nicht ein Bilanzierungsverbot oder ein Bilanzierungswahlrecht besteht. Nach dem Recht des Mutterunternehmens zulässige Bilanzierungswahlrechte dürfen im Konzernbeschluß unabhängig von ihrer Ausübung in den Jahresabschlüssen der in den Konzernabschluß einbezogenen Unternehmen ausgeübt werden.

§ 301
Kapitalkonsolidierung

(1) Der Wertansatz der dem Mutterunternehmen gehörenden Anteile an einem in den Konzernabschluß einbezogenen Tochterunternehmen wird mit dem auf diese

Anteile entfallenden Betrag des Eigenkapitals des Tochterunternehmens verrechnet. Das Eigenkapital ist anzusetzen

1. entweder mit dem Betrag, der dem Buchwert der in den Konzernabschluß aufzunehmenden Vermögensgegenstände, Schulden, Rechnungsabgrenzungsposten, Bilanzierungshilfen und Sonderposten, gegebenenfalls nach Anpassung der Wertansätze nach § 308 Abs. 2, entspricht, oder
2. mit dem Betrag, der dem Wert der in den Konzernabschluß aufzunehmenden Vermögensgegenstände, Schulden, Rechnungsabgrenzungsposten, Bilanzierungshilfen und Sonderposten entspricht, der diesen an dem für die Verrechnung nach Absatz 2 gewählten Zeitpunkt beizulegen ist.

Bei Ansatz mit dem Buchwert nach Satz 2 Nr. 1 ist ein sich ergebender Unterschiedsbetrag den Wertansätzen von in der Konzernbilanz anzusetzenden Vermögensgegenständen und Schulden des jeweiligen Tochterunternehmens insoweit zuzuschreiben oder mit diesen zu verrechnen, als deren Wert höher oder niedriger ist als der bisherige Wertansatz. Bei Ansatz mit den Werten nach Satz 2 Nr. 2 darf das anteilige Eigenkapital nicht mit einem Betrag angesetzt werden, der die Anschaffungskosten des Mutterunternehmens für die Anteile an dem einbezogenen Tochterunternehmen überschreitet. Die angewandte Methode ist im Konzernanhang anzugeben.

(2) Die Verrechnung nach Absatz 1 wird auf der Grundlage der Wertansätze zum Zeitpunkt des Erwerbs der Anteile oder der erstmaligen Einbeziehung des Tochterunternehmens in den Konzernabschluß oder, beim Erwerb der Anteile zu verschiedenen Zeitpunkten, zu dem Zeitpunkt, zu dem das Unternehmen Tochterunternehmen geworden ist, durchgeführt. Der gewählte Zeitpunkt ist im Konzernanhang anzugeben.

(3) Ein bei der Verrechnung nach Absatz 1 Satz 2 Nr. 2 entstehender oder ein nach Zuschreibung oder Verrechnung nach Absatz 1 Satz 3 verbleibender Unterschiedsbetrag ist in der Konzernbilanz, wenn er auf der Aktivseite entsteht, als Geschäfts- oder Firmenwert und, wenn er auf der Passivseite entsteht, als Unterschiedsbetrag aus der Kapitalkonsolidierung auszuweisen. Der Posten und wesentliche Änderungen gegenüber dem Vorjahr sind im Anhang zu erläutern. Werden Unterschiedsbeträge der Aktivseite mit solchen der Passivseite verrechnet, so sind die verrechneten Beträge im Anhang anzugeben.

(4) Absatz 1 ist nicht auf Anteile an dem Mutterunternehmen anzuwenden, die dem Mutterunternehmen oder einem in den Konzernabschluß einbezogenen Tochterunternehmen gehören. Solche Anteile sind in der Konzernbilanz als eigene Anteile im Umlaufvermögen gesondert auszuweisen.

§ 302

Kapitalkonsolidierung bei Interessenzusammenführung

(1) Ein Mutterunternehmen darf die in § 301 Abs. 1 vorgeschriebene Verrechnung der Anteile unter den folgenden Voraussetzungen auf das gezeichnete Kapital des Tochterunternehmens beschränken:

1. die zu verrechnenden Anteile betragen mindestens neunzig vom Hundert des Nebenbetrags oder, falls ein Nennbetrag nicht vorhanden ist, des rechnerischen Wertes der Anteile des Tochterunternehmens, die nicht eigene Anteile sind.
2. die Anteile sind auf Grund einer Vereinbarung erworben worden, die die Ausgabe von Anteilen eines in den Konzernabschluß einbezogenen Unternehmens vorsieht, und
3. eine in der Vereinbarung vorgesehene Barzahlung übersteigt nicht zehn vom Hundert des Nennbetrags oder, falls ein Nennbetrag nicht vorhanden ist, des rechnerischen Wertes der ausgegebenen Anteile.

(2) Ein sich nach Absatz 1 ergebender Unterschiedsbetrag ist, wenn er auf der Aktivseite entsteht, mit den Rücklagen zu verrechnen oder, wenn er auf der Passivseite entsteht, den Rücklagen hinzurechnen.

(3) Die Anwendung der Methode nach Absatz 1 und die sich daraus ergebenden Veränderungen der Rücklagen sowie Namen und Sitz des Unternehmens sind im Konzernanhang anzugeben.

§ 303
Schuldenkonsolidierung

(1) Ausleihungen und andere Forderungen, Rückstellungen und Verbindlichkeiten zwischen den in den Konzernabschluß einbezogenen Unternehmen sowie entsprechende Rechnungsabgrenzungsposten sind wegzulassen.

(2) Absatz 1 braucht nicht angwendet zu werden, wenn die wegzulassenden Beträge für die Vermittlung eines den tatsächlichen Verhältnissen entsprechenden Bildes der Vermögens-, Finanz- und Ertragslage des Konzerns nur von untergeordneter Bedeutung sind.

§ 304
Behandlung der Zwischenergebnisse

(1) In den Konzernabschluß zu übernehmende Vermögensgegenstände, die ganz oder teilweise auf Lieferungen oder Leistungen zwischen in den Konzernabschluß einbezogenen Unternehmen beruhen, sind in der Konzernbilanz mit einem Betrag anzusetzen, zu dem sie in der auf den Stichtag des Konzernabschlusses aufgestellten Jahresbilanz dieses Unternehmens angesetzt werden könnten, wenn die in den Konzernabschluß einbezogenen Unternehmen auch rechtlich ein einziges Unternehmen bilden würden.

(2) Absatz 1 braucht nicht angewendet zu werden, wenn die Lieferung oder Leistung zu üblichen Marktbedingungen vorgenommen worden ist und die Ermittlung des nach Absatz 1 vorgeschriebenen Wertansatzes einen unverhältnismäßig hohen Aufwand erfordern würde. Die Anwendung des Satzes 1 ist im Konzernanhang anzugeben und, wenn der Einfluß auf die Vermögens-, Finanz und Ertragslage des Konzerns wesentlich ist, zu erläutern.

(3) Absatz 1 braucht außerdem nicht angewendet zu werden, wenn die Behandlung der Zwischenergebnisse nach Absatz 1 für die Vermittlung eines den tatsächlichen Verhältnissen entsprechenden Bildes der Vermögens-, Finanz- und Ertragslage des Konzerns nur von untergeordneter Bedeutung ist.

§ 305
Aufwands- und Ertragskonsolidierung

(1) In der Konzern-Gewinn- und Verlustrechnung sind

1. bei den Umsatzerlösen die Erlöse aus Lieferungen und Leistungen zwischen den in den Konzernabschluß einbezogenen Unternehmen mit den auf sie entfallenden Aufwendungen zu verrechnen, soweit sie nicht als Erhöhung des Bestandes an fertigen und unfertigen Erzeugnissen oder als andere aktivierte Eigenleistungen auszuweisen sind.
2. andere Erträge aus Lieferungen und Leistungen zwischen den in den Konzernabschluß einbezogenen Unternehmen mit den auf sie entfallenden Aufwendungen zu verrechnen, soweit sie nicht als andere aktivierte Eigenleistungen auszuweisen sind.

(2) Aufwendungen und Erträge brauchen nach Absatz 1 nicht weggelassen zu werden, wenn die wegzulassenden Beträge für die Vermittlung eines den tatsächlichen Verhältnissen entsprechenden Bildes der Vermögens-, Finanz- und Ertragslage des Konzerns nur von untergeordneter Bedeutung sind.

§ 306
Steuerabgrenzung

Ist das im Konzernabschluß ausgewiesene Jahresergebnis auf Grund von Maßnahmen, die nach den Vorschriften dieses Titels durchgeführt worden sind, niedriger oder höher als die Summe der Einzelergebnisse der in den Konzernabschluß einbezogenen Unternehmen, so ist der für das Geschäftsjahr und frühere Geschäftsjahre ergebende Steueraufwand, wenn er im Verhältnis zum Jahresergebnis zu hoch ist, durch Bildung eines Abgrenzungspostens auf der Aktivseite oder, wenn er im Verhältnis zum Jahresergebnis zu niedrig ist, durch Bildung einer Rückstellung nach § 249 Abs. 1 Satz 1 anzupassen, soweit sich der zu hohe oder der zu niedrige Steueraufwand in späteren Geschäftsjahren voraussichtlich ausgleicht. Der Posten ist in der Konzernbilanz oder im Konzernanhang gesondert anzugeben. Er darf mit den Posten nach § 274 zusammengefaßt werden.

§ 307
Anteile anderer Gesellschafter

(1) In der Konzernbilanz ist für nicht dem Mutterunternehmen gehörende Anteile an in den Konzernabschluß einbezogenen Tochterunternehmen ein Ausgleichsposten für die Anteile der anderen Gesellschafter in Höhe ihres Anteils am Eigenkapital unter entsprechender Bezeichnung innerhalb des Eigenkapitals gesondert auszuweisen. In den Ausgleichsposten sind auch die Beträge einzubeziehen, die bei Anwendung der Kapitalkonsolidierungsmethode nach § 301 Abs. 1 Satz 2 Nr. 2 dem Anteil der anderen Gesellschafter am Eigenkapital entsprechen.

(2) In der Konzern-Gewinn- und Verlustrechnung ist der im Jahresergebnis enthaltene, anderen Gesellschaften zustehende Gewinn und der auf sie entfallende Verlust nach dem Posten „Jahresüberschuß/Jahresfehlbetrag" unter entsprechender Bezeichnung gesondert auszuweisen.

Fünfter Titel
Bewertungsvorschriften

§ 308
Einheitliche Bewertung

(1) Die in den Konzernabschluß nach § 300 Abs. 2 übernommenen Vermögensgegenstände und Schulden der in den Konzernabschluß einbezogenen Unternehmen sind nach den auf den Jahresabschluß des Mutterunternehmens anwendbaren Bewertungsmethoden einheitlich zu bewerten. Nach dem Recht des Mutterunternehmens zulässige Bewertungswahlrechte können im Konzernabschluß unabhängig von ihrer Ausübung in den Jahresabschlüssen der in den Konzernabschluß einbezogenen Unternehmen ausgeübt werden. Abweichungen von den auf den Jahresabschluß des Mutterunternehmens angewandten Bewertungsmethoden sind im Konzernanhang anzugeben und zu begründen.

(2) Sind in den Konzernabschluß aufzunehmende Vermögensgegenstände oder Schulden des Mutterunternehmens oder der Tochterunternehmen in den Jahresabschlüssen dieser Unternehmen nach Methoden bewertet worden, die sich von denen unterscheiden, die auf den Konzernabschluß anzuwenden sind oder die von den gesetzlichen Vertretern des Mutterunternehmens in Ausübung von Bewertungswahlrechten auf den Konzernabschluß angewendet werden, so sind die abweichend bewerteten Vermögensgegenstände oder Schulden nach den auf den Konzernabschluß angewandten Bewertungsmethoden neu zu bewerten und mit den neuen Wertansätzen in den Konzernabschluß zu übernehmen. Wertansätze, die auf der Anwendung von für Kreditinstitute oder Versicherungsunternehmen wegen der Besonderheiten des Geschäftszweigs geltenden Vorschriften beruhen, dürfen beibehalten werden; auf die Anwendung dieser Ausnahme ist im Konzernanhang hinzuweisen. Eine einheitliche Bewertung nach Satz 1 braucht nicht vorgenommen zu werden, wenn ihre Auswirkungen für die Vermittlung eines den tatsächlichen Verhältnissen entsprechenden Bildes der Vermögens-, Finanz- und Ertragslage des Konzerns nur von untergeordneter Bedeutung sind. Darüber hinaus sind Abweichungen in Ausnahmefällen zulässig; sie sind im Konzernanhang anzugeben und zu begründen.

(3) Wurden in den Konzernabschluß zu übernehmende Vermögensgegenstände oder Schulden im Jahresabschluß eines in den Konzernabschluß einbezogenen Unternehmens mit einem nur nach Steuerrecht zulässigen Wert angesetzt, weil dieser Wertansatz sonst nicht bei der steuerrechtlichen Gewinnermittlung berücksichtigt werden würde, oder ist aus diesem Grunde auf der Passivseite ein Sonderposten gebildet worden, so dürfen diese Wertansätze unverändert in den Konzernabschluß übernommen werden. Der Betrag der im Geschäftsjahr nach Satz 1 in den Jahresabschlüssen vorgenommenen Abschreibungen, Wertberichtigungen und Einstellungen in Sonderposten sowie der Betrag der unterlassenen Zuschreibungen sind im Konzernanhang anzugeben; die Maßnahmen sind zu begründen.

§ 309
Behandlung des Unterschiedsbetrages

(1) Ein nach § 301 Abs. 3 auszuweisender Geschäfts- oder Firmenwert ist in jedem folgenden Geschäftsjahr zu mindestens einem Viertel durch Abschreibungen zu tilgen. Die Abschreibung des Geschäfts- oder Firmenwerts kann aber auch planmäßig auf die Geschäftsjahre verteilt werden, in denen er voraussichtlich genutzt werden kann. Der Geschäfts- oder Firmenwert darf auch offen mit den Rücklagen verrechnet werden.

(2) Ein nach § 301 Abs. 3 auf der Passivseite auszuweisender Unterschiedsbetrag darf ergebniswirksam nur aufgelöst werden, soweit

1. eine zum Zeitpunkt des Erwerbs der Anteile oder der erstmaligen Konsolidierung erwartete ungünstige Entwicklung der künftigen Ertragslage des Unternehmens eingetreten ist oder zu diesem Zeitpunkt erwartete Aufwendungen zu berücksichtigen sind oder
2. am Abschlußstichtag feststeht, daß er einem realisierten Gewinn entspricht.

Sechster Titel
Anteilsmäßige Konsolidierung

§ 310

(1) Führt ein in einen Konzernabschluß einbezogenes Mutter- oder Tochterunternehmen ein anderes Unternehmen gemeinsam mit einem oder mehreren nicht in den Konzernabschluß einbezogenen Unternehmen, so darf das andere Unternehmen in den Konzernabschluß entsprechend den Anteilen am Kapital einbezogen werden, die dem Mutterunternehmen gehören.

(2) Auf die anteilsmäßige Konsolidierung sind die §§ 297 bis 301, §§ 303 bis 305, 308, 309 entsprechend anzuwenden.

Siebenter Titel
Assoziierte Unternehmen

§ 311
Definition, Befreiung

(1) Wird von einem in den Konzernabschluß einbezogenen Unternehmen ein maßgeblicher Einfluß auf die Geschäfts- und Finanzpolitik eines nicht einbezogenen Unternehmens, an dem das Unternehmen nach § 271 Abs. 1 beteiligt ist, ausgeübt (assoziiertes Unternehmen), so ist diese Beteiligung in der Konzernbilanz unter einem besonderen Posten mit entsprechender Bezeichnung auszuweisen. Ein maßgeblicher Einfluß wird vermutet, wenn ein Unternehmen bei einem anderen Unternehmen mindestens den fünften Teil der Stimmrechte der Gesellschafter innehat.

(2) Auf eine Beteiligung an einem assoziierten Unternehmen brauchen Absatz 1 und § 312 nicht angewendet zu werden, wenn die Beteiligung für die Vermittlung eines den tatsächlichen Verhältnissen entsprechenden Bildes der Vermögens-, Finanz- und Ertragslage des Konzerns von untergeordneter Bedeutung ist.

§ 312
Wertansatz der Beteiligung und Behandlung des Unterschiedsbetrags

(1) Eine Beteiligung an einem assoziierten Unternehmen ist in der Konzernbilanz

1. entweder mit dem Buchwert oder
2. mit dem Betrag, der dem anteiligen Eigenkapital des assoziierten Unternehmens entspricht,

anzusetzen. Bei Ansatz mit dem Buchwert nach Satz 1 Nr. 1 ist der Unterschiedsbetrag zwischen diesem Wert und dem anteiligen Eigenkapital des assoziierten Unternehmens bei erstmaliger Anwendung in der Konzernbilanz zu vermerken oder im Konzernanhang anzugeben. Bei Ansatz mit dem anteiligen Eigenkapital nach Satz 1 Nr. 2 ist das Eigenkapital mit dem Betrag anzusetzen, der sich ergibt, wenn die Vermögensgegenstände, Schulden, Rechnungsabgrenzungsposten, Bilanzierungshilfen und Sonderposten des assoziierten Unternehmens mit dem Wert angesetzt werden, der ihnen an dem nach Absatz 3 gewählten Zeitpunkt beizulegen ist, jedoch darf dieser Betrag die Anschaffungskosten für die Anteile an dem assoziierten Unternehmen nicht überschreiten; der Unterschiedsbetrag zwischen diesem Wertansatz und dem Buchwert der Beteiligung ist bei erstmaliger Anwendung in der Konzernbilanz gesondert auszweisen oder im Konzernanhang anzugeben. Die angewandte Methode ist im Konzernanhang anzugeben.

(2) Der Unterschiedsbetrag nach Absatz 1 Satz 2 ist den Wertansätzen von Vermögensgegenständen und Schulden des assoziierten Unternehmens insoweit zuzuordnen, als deren Wert höher oder niedriger ist als der bisherige Wertansatz. Der nach Satz 1 zugeordnete oder der sich nach Absatz 1 Satz 1 Nr. 2 ergebende Betrag ist entsprechend der Behandlung der Wertansätze dieser Vermögensgegenstände und Schulden im Jahresabschluß des assoziierten Unternehmens im Konzernabschluß fortzuführen, abzuschreiben oder aufzulösen. Auf einen nach Zuordnung nach Satz 1 verbleibenden Unterschiedsbetrag und einen Unterschiedsbetrag nach Absatz 1 Satz 3 zweiter Halbsatz ist § 309 entsprechend anzuwenden.

(3) Der Wertansatz der Beteiligung und die Unterschiedsbeträge werden auf der Grundlage der Wertansätze zum Zeitpunkt des Erwerbs der Anteile oder der erstmaligen Einbeziehung des assoziierten Unternehmens in den Konzernabschluß oder beim Erwerb der Anteile zu verschiedenen Zeitpunkten zu dem Zeitpunkt, zu dem das Unternehmen assoziiertes Unternehmen geworden ist, ermittelt. Der gewählte Zeitpunkt ist im Konzernanhang anzugeben.

(4) Der nach Absatz 1 ermittelte Wertansatz einer Beteiligung ist in den Folgejahren um den Betrag der Eigenkapitalveränderungen, die den dem Mutterunternehmen gehörenden Anteilen am Kapital des assoziierten Unternehmens entsprechen, zu erhöhen oder zu vermindern; auf die Beteiligung entfallende Gewinnausschüttungen sind abzusetzen. In der Konzern-Gewinn- und Verlustrechnung ist das auf assoziierte Beteiligungen entfallende Ergebnis unter einem gesonderten Posten auszuweisen.

(5) Wendet das assoziierte Unternehmen in seinem Jahresabschluß vom Konzernabschluß abweichende Bewertungsmethoden an, so können abweichend bewertete

Vermögensgegenstände oder Schulden für die Zwecke der Absätze 1 bis 4 nach den auf den Konzernabschluß angewandten Bewertungsmethoden bewertet werden. Wird die Bewertung nicht angepaßt, so ist dies im Konzernanhang anzugeben. § 304 über die Behandlung der Zwischenergebnisse ist entsprechend anzuwenden, soweit die für die Beurteilung maßgeblichen Sachverhalte bekannt oder zugänglich sind. Die Zwischenergebnisse dürfen auch anteilig entsprechend den dem Mutterunternehmen gehörenden Anteilen am Kapital des assoziierten Unternehmens weggelassen werden.

(6) Es ist jeweils der letzte Jahresabschluß des assoziierten Unternehmens zugrunde zu legen. Stellt das assoziierte Unternehmen einen Konzernabschluß auf, so ist von diesem und nicht vom Jahresabschluß des assoziierten Unternehmens auszugehen.

Achter Titel
Konzernanhang

§ 313
Erläuterung der Konzernbilanz und der Konzern-Gewinn- und Verlustrechnung. Angaben zum Beteiligungsbesitz

(1) In den Konzernanhang sind diejenigen Angaben aufzunehmen, die zu einzelnen Posten der Konzernbilanz oder der Konzern-Gewinn- und Verlustrechnung vorgeschrieben oder die im Konzernanhang zu machen sind, weil sie in Ausübung eines Wahlrechts nicht in die Konzernbilanz oder in die Konzern-Gewinn- und Verlustrechnung aufgenommen wurden. Im Konzernanhang müssen.

1. die auf die Posten der Konzernbilanz und der Konzern-Gewinn- und Verlustrechnung angewandten Bilanzierungs- und Bewertungsmethoden angegeben werden;
2. die Grundlage für die Umrechnung in Deutsche Mark angegeben werden, sofern der Konzernabschluß Posten enthält, denen Beträge zugrundeliegen, die auf fremde Währung lauten oder ursprünglich auf fremde Währung lauteten;
3. Abweichungen von Bilanzierungs-, Bewertungs- und Konsolidierungsmethoden angegeben und begründet werden; deren Einfluß auf die Vermögens-, Finanz- und Ertragslage des Konzerns ist gesondert darzustellen.

(2) Im Konzernanhang sind außerdem anzugeben:

1. Name und Sitz der in den Konzernabschluß einbezogenen Unternehmen, der Anteil am Kapital der Tochterunternehmen, der dem Mutterunternehmen und den in den Konzernabschluß einbezogenen Tochterunternehmen gehört oder von einer für Rechnung dieser Unternehmen handelnden Person gehalten wird, sowie der zur Einbeziehung in den Konzernabschluß verpflichtende Sachverhalt, sofern die Einbeziehung nicht auf einer der Kapitalbeteiligung entsprechenden Mehrheit der Stimmrechte beruht. Diese Angaben sind auch für Tochterunternehmen zu machen, die nach den §§ 295, 296 nicht einbezogen worden sind;
2. Name und Sitz der assoziierten Unternehmen, der Anteil am Kapital der assoziierten Unternehmen, der dem Mutterunternehmen und den in den Konzern-

abschluß einbezogenen Tochterunternehmen gehört oder von einer für Rechnung dieser Unternehmen handelnden Person gehalten wird. Die Anwendung des § 311 Abs. 2 ist jeweils anzugeben und zu begründen;

3. Name und Sitz der Unternehmen, die nach § 310 nur anteilsmäßig in den Konzernabschluß einbezogen worden sind, der Tatbestand, aus dem sich die Anwendung dieser Vorschrift ergibt, sowie der Anteil am Kapital dieser Unternehmen, der dem Mutterunternehmen und den in den Konzernabschluß einbezogenen Tochterunternehmen gehört oder von einer für Rechnung dieser Unternehmen handelnden Person gehalten wird;
4. Name und Sitz anderer als der unter den Nummern 1 bis 3 bezeichneten Unternehmen, bei denen das Mutterunternehmen, ein Tochterunternehmen oder eine für Rechnung eines dieser Unternehmen handelnde Person mindestens den fünften Teil der Anteile besitzt, unter Angabe des Anteils am Kapital sowie der Höhe des Eigenkapitals und des Ergebnisses des letzten Geschäftsjahrs. für das ein Abschluß aufgestellt worden ist. Diese Angaben brauchen nicht gemacht zu werden, wenn sie für die Vermittlung eines den tatsächlichen Verhältnissen entsprechenden Bildes der Vermögens-, Finanz- und Ertragslage des Konzerns von untergeordneter Bedeutung sind. Das Eigenkapital und das Ergebnis brauchen nicht angegeben zu werden, wenn das in Anteilsbesitz stehende Unternehmen seinen Jahresabschluß nicht offenzulegen hat und das Mutterunternehmen, das Tochterunternehmen oder die Person weniger als die Hälfte der Anteile an diesem Unternehmen besitzt.

(3) Die in Absatz 2 verlangten Angaben brauchen insoweit nicht gemacht zu werden, als nach vernünftiger kaufmännischer Beurteilung damit gerechnet werden muß, daß durch die Angaben dem Mutterunternehmen, einem Tochterunternehmen oder einem anderen in Absatz 2 bezeichneten Unternehmen erhebliche Nachteile entstehen können. Die Anwendung der Ausnahmeregelung ist im Konzernanhang anzugeben.

(4) Die in Absatz 2 verlangten Angaben dürfen statt im Anhang auch in einer Aufstellung des Anteilsbesitzes gesondert gemacht werden. Die Aufstellung ist Bestandteil des Anhangs. Auf die besondere Aufstellung des Anteilsbesitzes und den Ort ihrer Hinterlegung ist im Anhang hinzuweisen.

§ 314
Sonstige Pflichtangaben

(1) Im Konzernanhang sind ferner anzugeben:

1. der Gesamtbetrag der in der Konzernbilanz ausgewiesenen Verbindlichkeiten mit einer Restlaufzeit von mehr als fünf Jahren sowie der Gesamtbetrag der in der Konzernbilanz ausgewiesenen Verbindlichkeiten, die von in den Konzernabschluß einbezogenen Unternehmen durch Pfandrechte oder ähnliche Rechte gesichert sind, unter Angabe von Art und Form der Sicherheiten;
2. der Gesamtbetrag der sonstigen finanziellen Verpflichtungen, die nicht in der Konzernbilanz erscheinen oder nicht nach § 298 Abs. 1 in Verbindung mit § 251 anzugeben sind, sofern diese Angabe für die Beurteilung der Finanzlage des Konzerns von Bedeutung ist; davon und von den Haftungsverhältnissen

nach § 251 sind Verpflichtungen gegenüber Tochterunternehmen, die nicht in den Konzernabschluß einbezogen werden, jeweils gesondert anzugeben;

3. die Aufgliederung der Umsatzerlöse nach Tätigkeitsbereichen sowie nach geographisch bestimmten Märkten, soweit sich, unter Berücksichtigung der Organisation des Verkaufs von für die gewöhnliche Geschäftstätigkeit des Konzerns typischen Erzeugnissen und der für die gewöhnliche Geschäftstätigkeit des Konzerns typischen Dienstleistungen, die Tätigkeitsbereiche und geographisch bestimmten Märkte untereinander erheblich unterscheiden;
4. die durchschnittliche Zahl der Arbeitnehmer der in den Konzernabschluß einbezogenen Unternehmen während des Geschäftsjahrs, getrennt nach Gruppen, sowie der in dem Geschäftsjahr verursachte Personalaufwand, sofern er nicht gesondert in der Konzern-Gewinn- und Verlustrechnung ausgewiesen ist; die durchschnittliche Zahl der Arbeitnehmer von nach § 310 nur anteilmäßig einbezogenen Unternehmen ist gesondert anzugeben;
5. das Ausmaß, in dem das Jahresergebnis des Konzerns dadurch beeinflußt wurde, daß bei Vermögensgegenständen im Geschäftsjahr oder in früheren Geschäftsjahren Abschreibungen nach den §§ 254, 280 Abs. 2 oder in entsprechender Anwendung auf Grund steuerrechtlicher Vorschriften vorgenommen oder beibehalten wurden oder ein Sonderposten nach § 273 oder in entsprechender Anwendung gebildet wurde; ferner das Ausmaß erheblicher künftiger Belastungen, die sich für den Konzern aus einer solchen Bewertung ergeben;
6. für die Mitglieder des Geschäftsführungsorgans, eines Aufsichtsrats, eines Beirats oder einer ähnlichen Einrichtung des Mutterunternehmens, jeweils für jede Personengruppe:

   a) die für die Wahrnehmung ihrer Aufgaben im Mutterunternehmen und den Tochterunternehmen im Geschäftsjahr gewährten Gesamtbezüge (Gehälter, Gewinnbeteiligungen, Aufwandsentschädigungen, Versicherungsentgelte, Provisionen und Nebenleistungen jeder Art). In die Gesamtbezüge sind auch Bezüge einzurechnen, die nicht ausgezahlt, sondern in Ansprüche anderer Art umgewandelt oder zur Erhöhung anderer Ansprüche verwendet werden. Außer den Bezügen für das Geschäftsjahr sind die weiteren Bezüge anzugeben, die im Geschäftsjahr gewährt, bisher aber in keinem Konzernabschluß angegeben worden sind;

   b) die für die Wahrnehmung ihrer Aufgaben im Mutterunternehmen und den Tochterunternehmen gewährten Gesamtbezüge (Abfindungen, Ruhegehälter, Hinterbliebenenbezüge und Leistungen verwandter Art) der früheren Mitglieder der bezeichneten Organe und ihrer Hinterbliebenen; Buchstabe a Satz 2 und 3 ist entsprechend anzuwenden. Ferner ist der Betrag der für diese Personengruppe gebildeten Rückstellungen für laufende Pensionen und Anwartschaften auf Pensionen und der Betrag der für diese Verpflichtungen nicht gebildeten Rückstellungen anzugeben;

   c) die vom Mutterunternehmen und den Tochterunternehmen gewährten Vorschüsse und Kredite unter Angabe der Zinssätze, der wesentlichen Bedingungen und der gegebenenfalls im Geschäftsjahr zurückgezahlten Beträge sowie die zugunsten dieser Personengruppen eingegangenen Haftungsverhältnisse;

7. der Bestand an Anteilen an dem Mutterunternehmen, die das Mutterunternehmen oder ein Tochterunternehmen oder ein anderer für Rechnung eines in den Konzernabschluß einbezogenen Unternehmens erworben oder als Pfand genommen hat; dabei sind die Zahl und der Nennbetrag dieser Anteile sowie deren Anteil am Kapital anzugeben.

(2) Die Umsatzerlöse brauchen nicht nach Absatz 1 Nr. 3 aufgegliedert zu werden, soweit nach vernünftiger kaufmännischer Beurteilung damit gerechnet werden muß, daß durch die Aufgliederung einem in den Konzernabschluß einbezogenen Unternehmen erhebliche Nachteile entstehen. Die Anwendung der Ausnahme ist im Konzernanhang anzugeben.

Neunter Titel
Konzernlagebericht

§ 315

(1) Im Konzernlagebericht sind zumindest der Geschäftsverlauf und die Lage des Konzerns so darzustellen, daß ein den tatsächlichen Verhältnissen entsprechendes Bild vermittelt wird.

(2) Der Konzernlagebericht soll auch eingehen auf:

1. Vorgänge von besonderer Bedeutung, die nach dem Schluß des Konzerngeschäftsjahrs eingetreten sind;
2. die voraussichtliche Entwicklung des Konzerns;
3. den Bereich Forschung und Entwicklung des Konzerns.

(3) § 298 Abs. 3 über die Zusammenfassung von Konzernanhang und Anhang ist entsprechend anzuwenden.

Dritter Unterabschnitt
Prüfung

§ 316
Pflicht zur Prüfung

(1) Der Jahresabschluß und der Lagebericht von Kapitalgesellschaften, die nicht kleine im Sinne des § 267 Abs. 1 sind, sind durch einen Abschlußprüfer zu prüfen. Hat keine Prüfung stattgefunden, so kann der Jahresabschluß nicht festgestellt werden.

(2) Der Konzernabschluß und der Konzernlagebericht von Kapitalgesellschaften sind durch einen Abschlußprüfer zu prüfen.

(3) Werden der Jahresabschluß, der Konzernabschluß, der Lagebericht oder der Konzernlagebericht nach Vorlage des Prüfungsberichts geändert, so hat der Abschlußprüfer diese Unterlagen erneut zu prüfen, soweit es die Änderung erfordert. Über das Ergebnis der Prüfung ist zu berichten; der Bestätigungsvermerk ist entsprechend zu ergänzen.

§ 317
Gegenstand und Umfang der Prüfung

(1) In die Prüfung des Jahresabschlusses ist die Buchführung einzubeziehen. Die Prüfung des Jahresabschlusses und des Konzernabschlusses hat sich darauf zu erstrecken, ob die gesetzlichen Vorschriften und sie ergänzende Bestimmungen des Gesellschaftsvertrags oder der Satzung beachtet sind. Der Lagebericht und der Konzernlagebericht sind darauf zu prüfen, ob der Lagebericht mit dem Jahresabschluß und der Konzernlagebericht mit dem Konzernabschluß in Einklang stehen und ob die sonstigen Angaben im Lagebericht nicht eine falsche Vorstellung von der Lage des Unternehmens und im Konzernlagebericht von der Lage des Konzerns erwecken.

(2) Der Abschlußprüfer des Konzernabschlusses hat auch die im Konzernabschluß zusammengefaßten Jahresabschlüsse darauf zu prüfen, ob sie den Grundsätzen ordnungsmäßiger Buchführung entsprechen und ob für die Übernahme in den Konzernabschluß maßgebliche Vorschriften beachtet sind. Dies gilt nicht für Jahresabschlüsse, die auf Grund gesetzlicher Vorschriften nach diesem Unterabschnitt oder die ohne gesetzliche Verpflichtungen nach den Grundsätzen dieses Unterabschnitts geprüft worden sind. Satz 2 ist entsprechend auf die Jahresabschlüsse von in den Konzernabschluß einbezogenen Tochterunternehmen mit Sitz im Ausland anzuwenden; sind diese Jahresabschlüsse nicht von einem in Übereinstimmung mit den Vorschriften der Richtlinie 84/253/EWG zugelassenen Abschlußprüfer geprüft worden, so gilt dies jedoch nur, wenn der Abschlußprüfer eine den Anforderungen dieser Richtlinie gleichwertige Befähigung hat und der Jahresabschluß in einer den Anforderungen dieses Unterabschnitts entsprechenden Weise geprüft worden ist.

§ 318
Bestellung und Abberufung des Abschlußprüfers

(1) Der Abschlußprüfer des Jahresabschlusses wird von den Gesellschaften gewählt; den Abschlußprüfer des Konzernabschlusses wählen die Gesellschafter des Mutterunternehmens. Bei Gesellschaften mit beschränkter Haftung kann der Gesellschaftsvertrag etwas anderes bestimmen. Der Abschlußprüfer soll jeweils vor Ablauf des Geschäftsjahres gewählt werden, auf das sich seine Prüfungstätigkeit erstreckt. Die gesetzlichen Vertreter haben unverzüglich nach der Wahl den Prüfungsauftrag zu erteilen. Der Prüfungsauftrag kann nur widerrufen werden, wenn nach Absatz 3 ein anderer Prüfer bestellt worden ist.

(2) Als Abschlußprüfer des Konzernabschlusses gilt, wenn kein anderer Prüfer bestellt wird, der Prüfer als bestellt, der für die Prüfung des in den Konzernabschluß einbezogenen Jahresabschlusses des Mutterunternehmens bestellt worden ist. Erfolgt die Einbeziehung auf Grund eines Zwischenabschlusses, so gilt, wenn kein anderer Prüfer bestellt wird, der Prüfer als bestellt, der für die Prüfung des letzten vor dem Konzernabschlußtag aufgestellten Jahresabschlusses des Mutterunternehmens bestellt worden ist.

(3) Auf Antrag der gesetzlichen Vertreter, des Aufsichtsrats oder von Gesellschaftern, bei Aktiengesellschaften und Kommanditgesellschaften auf Aktien jedoch nur, wenn die Anteile dieser Gesellschafter zusammen den zehnten Teil des Grundkapitals oder den Nennbetrag von zwei Millionen Deutsche Mark erreichen, hat

das Gericht nach Anhörung der Beteiligten und des gewählten Prüfers einen anderen Abschlußprüfer zu bestellen, wenn dies aus einem in der Person des gewählten Prüfers liegenden Grund geboten erscheint, insbesondere wenn Besorgnis der Befangenheit besteht. Der Antrag ist binnen zwei Wochen seit dem Tage der Wahl des Abschlußprüfers zu stellen; Aktionäre können den Antrag nur stellen, wenn sie gegen die Wahl des Abschlußprüfers bei der Beschlußfassung Widerspruch erklärt haben. Stellen Aktionäre den Antrag, so haben sie glaubhaft zu machen, daß sie seit mindestens drei Monaten vor dem Tage der Hauptversammlung Inhaber der Aktien sind. Zur Glaubhaftmachung genügt eine eidesstattliche Versicherung vor einem Notar. Unterliegt die Gesellschaft einer staatlichen Aufsicht, so kann auch die Aufsichtsbehörde den Antrag stellen. Gegen die Entscheidung ist die sofortige Beschwerde zulässig.

(4) Ist der Abschlußprüfer bis zum Ablauf des Geschäftsjahres nicht gewählt worden, so hat das Gericht auf Antrag der gesetzlichen Vertreter, des Aufsichtsrats oder eines Gesellschafters den Abschlußprüfer zu bestellen. Gleiches gilt, wenn ein gewählter Abschlußprüfer die Annahme des Prüfungsauftrags abgelehnt hat, weggefallen ist oder am rechtzeitigen Abschluß der Prüfung verhindert ist und ein anderer Abschlußprüfer nicht gewählt worden ist. Die gesetzlichen Vertreter sind verpflichtet, den Antrag zu stellen. Gegen die Entscheidung des Gerichts findet die sofortige Beschwerde statt; die Bestellung des Abschlußprüfers ist unanfechtbar.

(5) Der vom Gericht bestellte Abschlußprüfer hat Anspruch auf Ersatz angemessener barer Auslagen und auf Vergütung für seine Tätigkeit. Die Auslagen und die Vergütung setzt das Gericht fest. Gegen die Entscheidung ist die sofortige Beschwerde zulässig. Die weitere Beschwerde ist ausgeschlossen. Aus der rechtskräftigen Entscheidung findet die Zwangsvollstreckung nach der Zivilprozeßordnung statt.

(6) Ein von dem Abschlußprüfer angenommener Prüfungsauftrag kann von dem Abschlußprüfer nur aus wichtigem Grund gekündigt werden. Als wichtiger Grund ist es nicht anzusehen, wenn Meinungsverschiedenheiten über den Inhalt des Bestätigungsvermerks, seine Einschränkung oder Versagung bestehen. Die Kündigung ist schriftlich zu begründen. Der Abschlußprüfer hat über das Ergebnis seiner bisherigen Prüfung zu berichten; § 321 ist entsprechend anzuwenden.

(7) Kündigt der Abschlußprüfer den Prüfungsauftrag nach Absatz 6, so haben die gesetzlichen Vertreter die Kündigung dem Aufsichtsrat, der nächsten Hauptversammlung oder bei Gesellschaften mit beschränkter Haftung den Gesellschaftern mitzuteilen. Den Bericht des bisherigen Abschlußprüfers haben die gesetzlichen Vertreter unverzüglich dem Aufsichtsrat vorzulegen. Jedes Aufsichtsratsmitglied hat das Recht, von dem Bericht Kenntnis zu nehmen. Der Bericht ist auch jedem Aufsichtsratsmitglied auf Verlangen auszuhändigen, soweit der Aufsichtsrat nichts anderes beschlossen hat.

§ 319
Auswahl der Abschlußprüfer

(1) Abschlußprüfer können Wirtschaftsprüfer und Wirtschaftsprüfungsgesellschaften sein. Abschlußprüfer von Jahresabschlüssen und Lageberichten mittelgroßer Gesellschaften mit beschränkter Haftung (§ 267 Abs. 2) können auch vereidigte Buchprüfer und Buchprüfungsgesellschaften sein.

(2) Ein Wirtschaftsprüfer oder vereidigter Buchprüfer darf nicht Abschlußprüfer sein, wenn er oder eine Person, mit der er seinen Beruf gemeinsam ausübt,

1. Anteile an der prüfenden Kapitalgesellschaft besitzt;
2. gesetzlicher Vertreter oder Mitglied des Aufsichtsrats oder Arbeitnehmer der zu prüfenden Kapitalgesellschaft ist oder in den letzten drei Jahren vor seiner Bestellung war;
3. gesetzlicher Vertreter oder Mitglied des Aufsichtsrats einer juristischen Person, Gesellschafter einer Personengesellschaft oder Inhaber eines Unternehmens ist, sofern die juristische Person, die Personengesellschaft oder das Einzelunternehmen mit der zu prüfenden Kapitalgesellschaft verbunden ist oder von dieser mehr als zwanzig vom Hundert der Anteile besitzt;
4. Arbeitnehmer eines Unternehmens ist, das mit der zu prüfenden Kapitalgesellschaft verbunden ist oder an dieser mehr als zwanzig vom Hundert der Anteile besitzt, oder Arbeitnehmer einer natürlichen Person ist, die an der zu prüfenden Kapitalgesellschaft mehr als zwanzig vom Hundert der Anteile besitzt;
5. bei der Führung der Bücher oder der Aufstellung des zu prüfenden Jahresabschlusses der Kapitalgesellschaft über die Prüfungstätigkeit hinaus mitgewirkt hat;
6. gesetzlicher Vertreter, Arbeitnehmer, Mitglied des Aufsichtsrats oder Gesellschafter einer juristischen oder natürlichen Person oder einer Personengesellschaft oder Inhaber eines Unternehmens ist, sofern die juristische oder natürliche Person, die Personengesellschaft oder einer ihrer Gesellschafter oder das Einzelunternehmen nach Nummer 5 nicht Abschlußprüfer der zu prüfenden Kapitalgesellschaft sein darf;
7. bei der Prüfung eine Person beschäftigt, die nach den Nummern 1 bis 6 nicht Abschlußprüfer sein darf;
8. in den letzten fünf Jahren jeweils mehr als die Hälfte der Gesamteinnahmen aus seiner beruflichen Tätigkeit aus der Prüfung und Beratung der zu prüfenden Kapitalgesellschaft und von Unternehmen, an denen die zu prüfende Kapitalgesellschaft mehr als zwanzig vom Hundert der Anteile besitzt, bezogen hat und dies auch im laufenden Geschäftsjahr zu erwarten ist; zur Vermeidung von Härtefällen kann die Wirtschaftsprüferkammer befristete Ausnahmegenehmigungen erteilen.

(3) Eine Wirtschaftsprüfungsgesellschaft oder Buchprüfungsgesellschaft darf nicht Abschlußprüfer sein, wenn

1. sie Anteile an der zu prüfenden Kapitalgesellschaft besitzt oder mit dieser verbunden ist oder wenn ein mit ihr verbundenes Unternehmen an der zu prüfenden Kapitalgesellschaft mehr als zwanzig vom Hundert der Anteile besitzt oder mit dieser verbunden ist;
2. sie nach Absatz 2 Nr. 6 als Gesellschafter einer juristischen Person oder einer Personengesellschaft oder nach Absatz 2 Nr. 5, 7 oder 8 nicht Abschlußprüfer sein darf;
3. bei einer Wirtschaftsprüfungsgesellschaft oder Buchprüfungsgesellschaft, die juristische Person ist, ein gesetzlicher Vertreter oder ein Gesellschafter, der

fünfzig vom Hundert oder mehr der den Gesellschaftern zustehenden Stimmrechte besitzt, oder bei anderen Wirtschaftsprüfungsgesellschaften oder Buchprüfungsgesellschaften ein Gesellschafter nach Absatz 2 Nr. 1 bis 4 nicht Abschlußprüfer sein darf;

4. einer ihrer gesetzlichen Vertreter oder einer ihrer Gesellschafter nach Absatz 2 Nr. 5 oder 6 nicht Abschlußprüfer sein darf oder
5. eines ihrer Aufsichtsratsmitglieder nach Absatz 2 Nr. 2 oder 5 nicht Abschlußprüfer sein darf.

(4) Die Absätze 2 und 3 sind auf den Abschlußprüfer des Konzernabschlusses entsprechend anzuwenden.

§ 320
Vorlagepflicht. Auskunftsrecht

(1) Die gesetzlichen Vertreter der Kapitalgesellschaft haben dem Abschlußprüfer den Jahresabschluß und den Lagebericht unverzüglich nach der Aufstellung vorzulegen. Sie haben ihm zu gestatten, die Bücher und Schriften der Kapitalgesellschaft sowie die Vermögensgegenstände und Schulden, namentlich die Kasse und die Bestände an Wertpapieren und Waren, zu prüfen.

(2) Der Abschlußprüfer kann von den gesetzlichen Vertretern alle Aufklärungen und Nachweise verlangen, die für eine sorgfältige Prüfung notwendig sind. Soweit es die Vorbereitung der Abschlußprüfung erfordert, hat der Abschlußprüfer die Rechte nach Absatz 1 Satz 2 und nach Satz 1 auch schon vor Aufstellung des Jahresabschlusses. Soweit es für eine sorgfältige Prüfung notwendig ist, hat der Abschlußprüfer die Rechte nach den Sätzen 1 und 2 auch gegenüber Mutter- und Tochterunternehmen.

(3) Die gesetzlichen Vertreter einer Kapitalgesellschaft, die einen Konzernabschluß aufzustellen hat, haben dem Abschlußprüfer des Konzernabschlusses den Konzernabschluß, den Konzernlagebericht, die Jahresabschlüsse, Lageberichte und, wenn eine Prüfung stattgefunden hat, die Prüfungsberichte des Mutterunternehmens und der Tochterunternehmen vorzulegen. Der Abschlußprüfer hat die Rechte nach Absatz 1 Satz 2 und nach Absatz 2 bei dem Mutterunternehmen und den Tochterunternehmen, die Rechte nach Absatz 2 auch gegenüber den Abschlußprüfern des Mutterunternehmens und der Tochterunternehmen.

§ 321
Prüfungsbericht

(1) Der Abschlußprüfer hat über das Ergebnis der Prüfung schriftlich zu berichten. Im Bericht ist besonders festzustellen, ob die Buchführung, der Jahresabschluß, der Lagebericht, der Konzernabschluß und der Konzernlagebericht den gesetzlichen Vorschriften entsprechen und die gesetzlichen Vertreter die verlangten Aufklärungen und Nachweise erbracht haben. Die Posten des Jahresabschlusses sind aufzugliedern und ausreichend zu erläutern. Nachteilige Veränderungen der Vermögens-, Finanz- und Ertragslage gegenüber dem Vorjahr und Verluste, die das Jahresergebnis nicht unwesentlich beeinflußt haben, sind aufzuführen und ausreichend zu erläutern.

(2) Stellt der Abschlußprüfer bei Wahrnehmung seiner Aufgaben Tatsachen fest, die den Bestand eines geprüften Unternehmens gefährden oder seine Entwicklung wesentlich beeinträchtigen können oder die schwerwiegende Verstöße der gesetzlichen Vertreter gegen Gesetz, Gesellschaftsvertrag oder Satzung erkennen lassen, so hat er auch darüber zu berichten.

(3) Der Abschlußprüfer hat den Bericht zu unterzeichnen und den gesetzlichen Vertretern vorzulegen.

§ 322
Bestätigungsvermerk

(1) Sind nach dem abschließenden Ergebnis der Prüfung keine Einwendungen zu erheben, so hat der Abschlußprüfer dies durch folgenden Vermerk zum Jahresabschluß und zum Konzernabschluß zu bestätigen:

„Die Buchführung und der Jahresabschluß entsprechen/Der Konzernabschluß entspricht nach meiner/unserer pflichtgemäßen Prüfung den gesetzlichen Vorschriften. Der Jahresabschluß/Konzernabschluß vermittelt unter Beachtung der Grundsätze ordnungsmäßiger Buchführung ein den tatsächlichen Verhältnissen entsprechendes Bild der Vermögens-, Finanz- und Ertragslage der Kapitalgesellschaft/des Konzerns. Der Lagebericht/Konzernlagebericht steht im Einklang mit dem Jahresabschluß/Konzernabschluß."

(2) Der Bestätigungsvermerk ist in geeigneter Weise zu ergänzen, wenn zusätzliche Bemerkungen erforderlich erscheinen, um einen falschen Eindruck über den Inhalt der Prüfung und die Tragweite eines Bestätigungsvermerks zu vermeiden. Auf die Übereinstimmung mit dem Gesellschaftsvertrag oder der Satzung ist hinzuweisen, wenn diese in zulässiger Weise ergänzende Vorschriften über den Jahresabschluß oder den Konzernabschluß enthalten.

(3) Sind Einwendungen zu erheben, so hat der Abschlußprüfer den Bestätigungsvermerk einzuschränken oder zu versagen. Die Versagung ist durch einen Vermerk zum Jahresabschluß oder zum Konzernabschluß zu erklären. Die Einschränkung und die Versagung sind zu begründen. Einschränkungen sind so darzustellen, daß deren Tragweite deutlich erkennbar wird. Ergänzungen des Bestätigungsvermerks nach Absatz 2 sind nicht als Einschränkungen anzusehen.

(4) Der Abschlußprüfer hat den Bestätigungsvermerk oder den Vermerk über seine Versagung unter Angabe von Ort und Tag zu unterzeichnen. Der Bestätigungsvermerk oder der Vermerk über seine Versagung ist auch in den Prüfungsbericht aufzunehmen.

§ 323
Verantwortlichkeit des Abschlußprüfers

(1) Der Abschlußprüfer, seine Gehilfen und die bei der Prüfung mitwirkenden gesetzlichen Vertreter einer Prüfungsgesellschaft sind zur gewissenhaften und unparteiischen Prüfung und zur Verschwiegenheit verpflichtet. Sie dürfen nicht unbefugt Geschäfts- und Betriebsgeheimnisse verwerten, die sie bei ihrer Tätigkeit erfahren haben. Wer vorsätzlich oder fahrlässig seine Pflichten verletzt, ist der Kapitalgesellschaft und, wenn ein verbundenes Unternehmen geschädigt worden

ist, auch diesem zum Ersatz des daraus entstehenden Schadens verpflichtet. Mehrere Personen haften als Gesamtschuldner.

(2) Die Ersatzpflicht von Personen, die fahrlässig gehandelt haben, beschränkt sich auf fünfhunderttausend Deutsche Mark für eine Prüfung. Dies gilt auch, wenn an der Prüfung mehrere Personen beteiligt gewesen oder mehrere zum Ersatz verpflichtende Handlungen begangen worden sind, und ohne Rücksicht darauf, ob andere Beteiligte vorsätzlich gehandelt haben.

(3) Die Verpflichtung zur Verschwiegenheit besteht, wenn eine Prüfungsgesellschaft Abschlußprüfer ist, auch gegenüber dem Aufsichtsrat und den Mitgliedern des Aufsichtsrats der Prüfungsgesellschaft.

(4) Die Ersatzpflicht nach diesen Vorschriften kann durch Vertrag weder ausgeschlossen noch beschränkt werden.

(5) Die Ansprüche aus diesen Vorschriften verjähren in fünf Jahren.

§ 324
Meinungsverschiedenheiten zwischen Kapitalgesellschaft und Abschlußprüfer

(1) Bei Meinungsverschiedenheiten zwischen dem Abschlußprüfer und der Kapitalgesellschaft über die Auslegung und Anwendung der gesetzlichen Vorschriften sowie von Bestimmungen des Gesellschaftsvertrags oder der Satzung über den Jahresabschluß, Lagebericht, Konzernabschluß oder Konzernlagebericht entscheidet auf Antrag des Abschlußprüfers oder der gesetzlichen Vertreter der Kapitalgesellschaft ausschließlich das Landgericht.

(2) Auf das Verfahren ist das Gesetz über die Angelegenheiten der freiwilligen Gerichtsbarkeit anzuwenden. Das Landgericht entscheidet durch einen mit Gründen versehenen Beschluß. Die Entscheidung wird erst mit der Rechtskraft wirksam. Gegen die Entscheidung findet die sofortige Beschwerde statt, wenn das Landgericht sie in der Entscheidung zugelassen hat. Es soll sie nur zulassen, wenn dadurch die Klärung einer Rechtsfrage von grundsätzlicher Bedeutung zu erwarten ist. Die Beschwerde kann nur durch Einreichung einer von einem Rechtsanwalt unterzeichneten Beschwerdeschrift eingelegt werden. Über sie entscheidet das Oberlandesgericht; § 28 Abs. 2 und 3 des Gesetzes über die Angelegenheiten der freiwilligen Gerichtsbarkeit ist entsprechend anzuwenden. Die weitere Beschwerde ist ausgeschlossen. Die Landesregierung kann durch Rechtsverordnung die Entscheidung über die Beschwerde für die Bezirke mehrerer Oberlandesgerichte einem der Oberlandesgerichte oder dem Obersten Landesgericht übertragen, wenn dies der Sicherung einer einheitlichen Rechtsprechung dient. Die Landesregierung kann die Ermächtigung durch Rechtsverordnung auf die Landesjustizverwaltung übertragen.

(3) Für die Kosten des Verfahrens gilt die Kostenordnung. Für das Verfahren des ersten Rechtszugs wird das Doppelte der vollen Gebühr erhoben. Für den zweiten Rechtszug wird die gleiche Gebühr erhoben; dies gilt auch dann, wenn die Beschwerde Erfolg hat. Wird der Antrag oder die Beschwerde zurückgenommen, bevor es zu einer Entscheidung kommt, so ermäßigt sich die Gebühr auf die Hälfte.

Der Geschäftswert ist von Amts wegen festzusetzen. Er bestimmt sich nach § 30 Abs. 2 der Kostenordnung. Der Abschlußprüfer ist zur Leistung eines Kostenvorschusses nicht verpflichtet. Schuldner der Kosten ist die Kapitalgesellschaft. Die Kosten können jedoch ganz oder zum Teil dem Abschlußprüfer auferlegt werden, wenn dies der Billigkeit entspricht.

Vierter Unterabschnitt
Offenlegung (Einreichung zu einem Register, Bekanntmachung im Bundesanzeiger). Veröffentlichung und Vervielfältigung. Prüfung durch das Registergericht

§ 325
Offenlegung

(1) Die gesetzlichen Vertreter von Kapitalgesellschaften haben den Jahresabschluß unverzüglich nach seiner Vorlage an die Gesellschafter, jedoch spätestens vor Ablauf des neunten Monats des dem Abschlußstichtag nachfolgenden Geschäftsjahrs, mit dem Bestätigungsvermerk oder dem Vermerk über dessen Versagung zum Handelsregister des Sitzes der Kapitalgesellschaft einzureichen; gleichzeitig sind der Lagebericht, der Bericht des Aufsichtsrats und, soweit sich der Vorschlag für die Verwendung des Ergebnisses und der Beschluß über seine Verwendung aus dem eingereichten Jahresabschluß nicht ergeben, der Vorschlag für die Verwendung des Ergebnisses und der Beschluß über seine Verwendung unter Angabe des Jahresüberschusses oder Jahresfehlbetrags einzureichen. Die gesetzlichen Vertreter haben unverzüglich nach der Einreichung der in Satz 1 bezeichneten Unterlagen im Bundesanzeiger bekanntzumachen, bei welchem Handelsregister und unter welcher Nummer diese Unterlagen eingereicht worden sind. Werden zur Wahrung der Frist nach Satz 1 der Jahresabschluß und der Lagebericht ohne die anderen Unterlagen eingereicht, so sind der Bericht und der Vorschlag nach ihrem Vorliegen, die Beschlüsse nach der Beschlußfassung und der Vermerk nach Erteilung unverzüglich einzureichen; wird der Jahresabschluß bei nachträglicher Prüfung oder Feststellung geändert, so ist auch die Änderung nach Satz 1 einzureichen.

(2) Absatz 1 ist auf große Kapitalgesellschaften (§ 267 Abs. 3) mit der Maßgabe anzuwenden, daß die in Absatz 1 bezeichneten Unterlagen zunächst im Bundesanzeiger bekanntzumachen sind und die Bekanntmachung unter Beifügung der bezeichneten Unterlagen zum Handelsregister des Sitzes der Kapitalgesellschaft einzureichen ist; die Bekanntmachung nach Absatz 1 Satz 2 entfällt. Die Aufstellung des Anteilsbesitzes (§ 287) braucht nicht im Bundesanzeiger bekannt gemacht zu werden.

(3) Die gesetzlichen Vertreter einer Kapitalgesellschaft, die einen Konzernabschluß aufzustellen hat, haben den Konzernabschluß unverzüglich nach seiner Vorlage an die Gesellschafter, jedoch spätestens vor Ablauf des neunten Monats des dem Konzernabschlußstichtag nachfolgenden Geschäftsjahrs, mit dem Bestätigungsvermerk oder dem Vermerk über dessen Versagung und den Konzernlagebericht im Bundesanzeiger bekanntzumachen und die Bekanntmachung unter Beifügung der bezeichneten Unterlagen zum Handelsregister des Sitzes der Kapitalgesellschaft einzureichen. Die Aufstellung des Anteilsbesitzes (§ 313 Abs. 4) braucht nicht im

Bundesanzeiger bekannt gemacht zu werden. Absatz 1 Satz 3 ist entsprechend anzuwenden.

(4) Bei Anwendung der Absätze 2 und 3 ist für die Wahrung der Fristen nach Absatz 1 Satz 1 und Absatz 3 Satz 1 der Zeitpunkt der Einreichung der Unterlagen beim Bundesanzeiger maßgebend.

(5) Auf Gesetz, Gesellschaftsvertrag oder Satzung beruhende Pflichten der Gesellschaft, den Jahresabschluß, Lagebericht, Konzernabschluß oder Konzernlagebericht in anderer Weise bekanntzumachen, einzureichen oder Personen zugänglich zu machen, bleiben unberührt.

§ 326
Größenabhängige Erleichterungen für kleine Kapitalgesellschaften bei der Offenlegung

Auf kleine Kapitalgesellschaften (§ 267 Abs. 1) ist § 325 Abs. 1 mit der Maßgabe anzuwenden, daß die gesetzlichen Vertreter nur die Bilanz und den Anhang spätestens vor Ablauf des zwölften Monats des dem Bilanzstichtag nachfolgenden Geschäftsjahrs einzureichen haben. Soweit sich das Jahresergebnis, der Vorschlag für die Verwendung des Ergebnisses, der Beschluß über seine Verwendung aus der eingereichten Bilanz oder dem eingereichten Anhang nicht ergeben, sind auch der Vorschlag für die Verwendung des Ergebnisses und der Beschluß über seine Verwendung unter Angabe des Jahresergebnisses einzureichen. Der Anhang braucht die die Gewinn- und Verlustrechnung betreffenden Angaben nicht zu enthalten.

§ 327
Größenabhängige Erleichterungen für mittelgroße Kapitalgesellschaften bei der Offenlegung

Auf mittelgroße Kapitalgesellschaften (§ 267 Abs. 2) ist § 325 Abs. 1 mit der Maßgabe anzuwenden, daß die gesetzlichen Vertreter

1. die Bilanz nur in der für kleine Kapitalgesellschaften nach § 266 Abs. 1 Satz 3 vorgeschriebenen Form zum Handelsregister einreichen müssen. In der Bilanz oder im Anhang sind jedoch die folgenden Posten des § 266 Abs. 2 und 3 zusätzlich gesondert anzugeben:

Auf der Aktivseite

A I 2	Geschäfts- oder Firmenwert;
A II 1	Grundstücke, grundstücksgleiche Rechte und Bauten einschließlich der Bauten auf fremden Grundstücken;
A II 2	technische Anlagen und Maschinen;
A II 3	andere Anlagen, Betriebs- und Geschäftsausstattung;
A II 4	geleistete Anzahlungen und Anlagen im Bau;
A III 1	Anteile an verbundenen Unternehmen;
A III 2	Ausleihungen an verbundene Unternehmen;
A III 3	Beteiligungen;
A III 4	Ausleihungen an Unternehmen, mit denen ein Beteiligungsverhältnis besteht;

B II 2 Forderungen gegen verbundene Unternehmen;
B II 3 Forderungen gegen Unternehmen, mit denen ein Beteiligungsverhältnis besteht;
B III 1 Anteile an verbundenen Unternehmen;
B III 2 eigene Anteile.

Auf der Passivseite

C 1 Anleihen,
davon konvertibel;
C 2 Verbindlichkeiten gegenüber Kreditinstituten;
C 6 Verbindlichkeiten gegenüber verbundenen Unternehmen;
C 7 Verbindlichkeiten gegenüber Unternehmen, mit denen ein Beteiligungsverhältnis besteht;

2. den Anhang ohne die Angaben nach § 285 Nr. 2, 5 und 8 Buchstabe a, Nr. 12 zum Handelsregister einreichen dürfen.

§ 328
Form und Inhalt der Unterlagen bei der Offenlegung, Veröffentlichung und Vervielfältigung

(1) Bei der vollständigen oder teilweisen Offenlegung des Jahresabschlusses und des Konzernabschlusses und bei der Veröffentlichung oder Vervielfältigung in anderer Form auf Grund des Gesellschaftsvertrags oder der Satzung sind die folgenden Vorschriften einzuhalten:

1. Der Jahresabschluß und der Konzernabschluß sind so wiederzugeben, daß sie den für ihre Aufstellung maßgeblichen Vorschriften entsprechen, soweit nicht Erleichterungen nach §§ 326, 327 in Anspruch genommen werden; sie haben in diesem Rahmen vollständig und richtig zu sein. Das Datum der Feststellung ist anzugeben, sofern der Jahresabschluß festgestellt worden ist. Wurde der Jahresabschluß oder der Konzernabschluß auf Grund gesetzlicher Vorschriften durch einen Abschlußprüfer geprüft, so ist jeweils der vollständige Wortlaut des Bestätigungsvermerks oder des Vermerks über dessen Versagung wiederzugeben; wird der Jahresabschluß wegen der Inanspruchnahme von Erleichterungen nur teilweise offengelegt und bezieht sich der Bestätigungsvermerk auf den vollständigen Jahresabschluß, so ist hierauf hinzuweisen.
2. Werden der Jahresabschluß oder der Konzernabschluß zur Wahrung der gesetzlich vorgeschriebenen Fristen über die Offenlegung vor der Prüfung oder Feststellung, sofern diese gesetzlich vorgeschrieben sind, oder nicht gleichzeitig mit beizufügenden Unterlagen offengelegt, so ist hierauf bei der Offenlegung hinzuweisen.

(2) Werden der Jahresabschluß oder der Konzernabschluß in Veröffentlichungen und Vervielfältigungen, die nicht durch Gesetz, Gesellschaftsvertrag oder Satzung vorgeschrieben sind, nicht in der nach Absatz 1 vorgeschriebenen Form wiedergegeben, so ist jeweils in einer Überschrift darauf hinzuweisen, daß es sich nicht um eine der gesetzlichen Form entsprechende Veröffentlichung handelt. Ein Bestätigungsvermerk darf nicht beigefügt werden. Ist jedoch auf Grund gesetzlicher Vor-

schriften eine Prüfung durch einen Abschlußprüfer erfolgt, so ist anzugeben, ob der Abschlußprüfer den in gesetzlicher Form erstellten Jahresabschluß oder den Konzernabschluß bestätigt hat oder ob er die Bestätigung eingeschränkt oder versagt hat. Ferner ist anzugeben, bei welchem Handelsregister und in welcher Nummer des Bundesanzeigers die Offenlegung erfolgt ist oder daß die Offenlegung noch nicht erfolgt ist.

(3) Absatz 1 Nr. 1 ist auf den Lagebericht, den Konzernlagebericht, den Vorschlag für die Verwendung des Ergebnisses und den Beschluß über seine Verwendung sowie auf die Aufstellung des Anteilsbesitzes entsprechend anzuwenden. Werden die in Satz 1 bezeichneten Unterlagen nicht gleichzeitig mit dem Jahresabschluß oder dem Konzernabschluß offengelegt, so ist bei ihrer nachträglichen Offenlegung jeweils anzugeben, auf welchen Abschluß sie sich beziehen und wo dieser offengelegt worden ist; dies gilt auch für die nachträgliche Offenlegung des Bestätigungsvermerks oder des Vermerks über seine Versagung.

§ 329
Prüfungspflicht des Registergerichts

(1) Das Gericht prüft, ob die vollständig oder teilweise zum Handelsregister einzureichenden Unterlagen vollzählig sind und, sofern vorgeschrieben, bekanntgemacht worden sind.

(2) Gibt die Prüfung nach Absatz 1 Anlaß zu der Annahme, daß von der Größe der Kapitalgesellschaft abhängige Erleichterungen nicht hätten in Anspruch genommen werden dürfen, so kann das Gericht zu seiner Unterrichtung von der Kapitalgesellschaft innerhalb einer angemessenen Frist die Mitteilung der Umsatzerlöse (§ 277 Abs. 1) und der durchschnittlichen Zahl der Arbeitnehmer (§ 267 Abs. 5) verlangen. Unterläßt die Kapitalgesellschaft die fristgemäße Mitteilung, so gelten die Erleichterungen als zu Unrecht in Anspruch genommen.

Fünfter Unterabschnitt
Verordnungsermächtigung für Formblätter und andere Vorschriften

§ 330

Der Bundesminister der Justiz wird ermächtigt, im Einvernehmen mit dem Bundesminister der Finanzen und dem Bundesminister für Wirtschaft durch Rechtsverordnung, die nicht der Zustimmung des Bundesrates bedarf, für Kapitalgesellschaften Formblätter vorzuschreiben oder andere Vorschriften für die Gliederung des Jahresabschlusses oder des Konzernabschlusses oder den Inhalt des Anhangs, des Konzernanhangs, des Lageberichts oder des Konzernlageberichts zu erlassen, wenn der Geschäftszweig eine von den §§ 266, 275 abweichende Gliederung des Jahresabschlusses oder des Konzernabschlusses oder von den Vorschriften des Ersten Abschnitts und des Ersten und Zweiten Unterabschnitts des Zweiten Abschnitts abweichende Regelungen erfordert. Die sich aus den abweichenden Vorschriften ergebenden Anforderungen an die in Satz 1 bezeichneten Unterlagen sollen den Anforderungen gleichwertig sein, die sich für große Kapitalgesellschaften (§ 267 Abs. 3) aus den Vorschriften des Ersten Abschnitts und des Ersten und

Zweiten Unterabschnitts des Zweiten Abschnitts sowie den für den Geschäftszweig geltenden Vorschriften ergeben. Über das geltende Recht hinausgehende Anforderungen dürfen nur gestellt werden, soweit sie auf Rechtsakten des Rates der Europäischen Gemeinschaften beruhen.

Sechster Unterabschnitt
Straf- und Bußgeldvorschriften. Zwangsgelder

§ 331
Unrichtige Darstellung

Mit Freiheitsstrafe bis zu drei Jahren oder mit Geldstrafe wird bestraft, wer

1. als Mitglied des vertretungsberechtigten Organs oder des Aufsichtsrats einer Kapitalgesellschaft die Verhältnisse der Kapitalgesellschaft in der Eröffnungsbilanz, im Jahresabschluß oder im Lagebericht unrichtig wiedergibt oder verschleiert,
2. als Mitglied des vertretungsberechtigten Organs oder des Aufsichtsrats einer Kapitalgesellschaft die Verhältnisse des Konzerns im Konzernabschluß oder im Konzernlagebericht unrichtig wiedergibt oder verschleiert,
3. als Mitglied des vertretungsberechtigten Organs einer Kapitalgesellschaft zum Zwecke der Befreiung nach § 291 oder einer nach § 292 erlassenen Rechtsverordnung einen Konzernabschluß oder Konzernlagebericht, in dem die Verhältnisse des Konzerns unrichtig wiedergegeben oder verschleiert worden sind, vorsätzlich oder leichtfertig offenlegt oder
4. als Mitglied des vertretungsberechtigten Organs einer Kapitalgesellschaft oder als Mitglied des vertretungsberechtigten Organs oder als vertretungsberechtigter Gesellschafter eines ihrer Tochterunternehmen (§ 290 Abs. 1, 2) in Aufklärungen oder Nachweisen, die nach § 320 einem Abschlußprüfer der Kapitalgesellschaft, eines verbundenen Unternehmens oder des Konzerns zu geben sind, unrichtige Angaben macht oder die Verhältnisse der Kapitalgesellschaft, eines Tochterunternehmens oder des Konzerns unrichtig wiedergibt oder verschleiert.

§ 332
Verletzung der Berichtspflicht

(1) Mit Freiheitsstrafe bis zu drei Jahren oder mit Geldstrafe wird bestraft, wer als Abschlußprüfer oder Gehilfe eines Abschlußprüfers über das Ergebnis der Prüfung eines Jahresabschlusses, eines Lageberichts, eines Konzernabschlusses oder eines Konzernlageberichts einer Kapitalgesellschaft unrichtig berichtet, im Prüfungsbericht (§ 321) erhebliche Umstände verschweigt oder einen inhaltlich unrichtigen Bestätigungsvermerk (§ 322) erteilt.

(2) Handelt der Täter gegen Entgelt oder in der Absicht, sich oder einen anderen zu bereichern oder einen anderen zu schädigen, so ist die Strafe Freiheitsstrafe bis zu fünf Jahren oder Geldstrafe.

§ 333
Verletzung der Geheimhaltungspflicht

(1) Mit Freiheitsstrafe bis zu einem Jahr oder mit Geldstrafe wird bestraft, wer ein Geheimnis der Kapitalgesellschaft, eines Tochterunternehmens (§ 290 Abs. 1, 2), eines gemeinsam geführten Unternehmens (§ 310) oder eines assoziierten Unternehmens (§ 311), namentlich ein Betriebs- oder Geschäftsgeheimnis, das ihm in seiner Eigenschaft als Abschlußprüfer oder Gehilfe eines Abschlußprüfers bei Prüfung des Jahresabschlusses oder des Konzernabschlusses bekannt geworden ist, unbefugt offenbart.

(2) Handelt der Täter gegen Entgelt oder in der Absicht, sich oder einen anderen zu bereichern oder einen anderen zu schädigen, so ist die Strafe Freiheitsstrafe bis zu zwei Jahren oder Geldstrafe. Ebenso wird bestraft, wer ein Geheimnis der in Absatz 1 bezeichneten Art, namentlich ein Betriebs- oder Geschäftsgeheimnis, das ihm unter den Voraussetzungen des Absatzes 1 bekannt geworden ist, unbefugt verwertet.

(3) Die Tat wird nur auf Antrag der Kapitalgesellschaft verfolgt.

§ 334
Bußgeldvorschriften

(1) Ordnungswidrig handelt, wer als Mitglied des vertretungsberechtigten Organs oder des Aufsichtsrats einer Kapitalgesellschaft

1. bei der Aufstellung oder Feststellung des Jahresabschlusses einer Vorschrift

   a) des § 243 Abs. 1 oder 2, der §§ 244, 245, 246, 247, 248, 249 Abs. 1 Satz 1 oder Abs. 3, des § 250 Abs. 1 Satz 1 oder Abs. 2, des § 251 oder des § 264 Abs. 2 über Form oder Inhalt,

   b) des § 253 Abs. 1 Satz 1 in Verbindung mit § 255 Abs. 1 oder 2 Satz 1, 2 oder 6, des § 253 Abs. 1 Satz 2 oder Abs. 2 Satz 1, 2 oder 3, dieser in Verbindung mit § 279 Abs. 1 Satz 2, des § 253 Abs. 3 Satz 1 oder 2, des § 280 Abs. 1, des § 282 oder des § 283 über die Bewertung,

   c) des § 265 Abs. 2, 3, 4 oder 6, der §§ 266, 268 Abs. 2, 3, 4, 5, 6 oder 7, der §§ 272, 273, 274 Abs. 1, des § 275 oder des § 277 über die Gliederung oder

   d) des § 280 Abs. 3, des § 281 Abs. 1 Satz 2 oder 3 oder Abs. 2 Satz 1, des § 284 oder des § 285 über die in der Bilanz oder im Anhang zu machenden Angaben,

2. bei der Aufstellung des Konzernabschlusses einer Vorschrift

   a) des § 294 Abs. 1 über den Konsolidierungskreis,

   b) des § 297 Abs. 2 oder 3 oder des § 298 Abs. 1 in Verbindung mit den §§ 244, 245, 246, 247, 248, 249 Abs. 1 Satz 1 oder Abs. 3, dem § 250 Abs. 1 Satz 1 oder Abs. 2 oder dem § 251 über Inhalt oder Form,

   c) des § 300 über die Konsolidierungsgrundsätze oder das Vollständigkeitsgebot,

   d) des § 308 Abs. 1 Satz 1 in Verbindung mit den in Nummer 1 Buchstabe b bezeichneten Vorschriften oder des § 308 Abs. 2 über die Bewertung,

e) des § 311 Abs. 1 Satz 1 in Verbindung mit § 312 über die Behandlung assoziierter Unternehmen oder

f) des § 308 Abs. 1 Satz 3, des § 313 oder des § 314 über die im Anhang zu machenden Angaben,

3. bei der Aufstellung des Lageberichts einer Vorschrift des § 289 Abs. 1 über den Inhalt des Lageberichts,
4. bei der Aufstellung des Konzernlageberichts einer Vorschrift des § 315 Abs. 1 über den Inhalt des Konzernlageberichts,
5. bei der Offenlegung, Veröffentlichung oder Vervielfältigung einer Vorschrift des § 328 über Form oder Inhalt oder
6. einer auf Grund des § 330 Satz 1 erlassenen Rechtsverordnung, soweit sie für einen bestimmten Tatbestand auf diese Bußgeldvorschrift verweist,

zuwiderhandelt.

(2) Ordnungswidrig handelt auch, wer zu einem Jahresabschluß oder einem Konzernabschluß, der auf Grund gesetzlicher Vorschriften zu prüfen ist, einen Vermerk nach § 322 erteilt, obwohl nach § 319 Abs. 2 er oder nach § 319 Abs. 3 die Wirtschaftsprüfungsgesellschaft oder Buchprüfungsgesellschaft, für die er tätig wird, nicht Abschlußprüfer sein darf.

(3) Die Ordnungswidrigkeit kann mit einer Geldbuße bis zu fünfzigtausend Deutsche Mark geahndet werden.

§ 335
Festsetzung von Zwangsgeld

Mitglieder des vertretungsberechtigten Organs einer Kapitalgesellschaft, die

1. § 242 Abs. 1 und 2, § 264 Abs. 1 über die Pflicht zur Aufstellung eines Jahresabschlusses und eines Lageberichts,
2. § 290 Abs. 1 und 2 über die Pflicht zur Aufstellung eines Konzernabschlusses und eines Konzernlageberichts,
3. § 318 Abs. 1 Satz 4 über die Pflicht zur unverzüglichen Erteilung des Prüfungsauftrags,
4. § 318 Abs. 4 Satz 3 über die Pflicht, den Antrag auf gerichtliche Bestellung des Abschlußprüfers zu stellen,
5. § 320 über die Pflichten gegenüber dem Abschlußprüfer oder
6. § 325 über die Pflicht zur Offenlegung des Jahresabschlusses, des Lageberichts, des Konzernabschlusses, des Konzernlageberichts und anderer Unterlagen der Rechnungslegung

nicht befolgen, sind hierzu vom Registergericht durch Festsetzung von Zwangsgeld nach § 132 Abs. 1 des Gesetzes über die Angelegenheiten der freiwilligen Gerichtsbarkeit anzuhalten. Das Registergericht schreitet jedoch nur ein, wenn ein Gesellschafter, Gläubiger oder der Gesamtbetriebsrat oder, wenn ein solcher nicht besteht, der Betriebsrat der Kapitalgesellschaft dies beantragt; § 14 ist insoweit nicht anzuwenden. Bestehen die Pflichten hinsichtlich eines Konzernabschlusses und eines Konzernlageberichts, so können den Antrag nach Satz 2 auch die Gesellschafter und Gläubiger eines Tochterunternehmens sowie der Konzernbetriebsrat stellen. Die Antragsberechtigung ist glaubhaft zu machen. Ein späterer Wegfall der Antragsberechtigung ist unschädlich. Der Antrag kann nicht zurückgenommen werden. Das Gericht kann von der wiederholten Androhung und Festsetzung eines Zwangsgeldes absehen. Das einzelne Zwangsgeld darf den Betrag von zehntausend Deutsche Mark nicht übersteigen.

Dritter Abschnitt
Ergänzende Vorschriften für eingetragene Genossenschaften

§ 336
Pflicht zur Aufstellung von Jahresabschluß und Lagebericht

(1) Der Vorstand einer Genossenschaft hat den Jahresabschluß (§ 242) um einen Anhang zu erweitern, der mit der Bilanz und der Gewinn- und Verlustrechnung eine Einheit bildet, sowie einen Lagebericht aufzustellen. Der Jahresabschluß und der Lagebericht sind in den ersten fünf Monaten des Geschäftsjahrs für das vergangene Geschäftsjahr aufzustellen.

(2) Auf den Jahresabschluß und den Lagebericht sind, soweit in den folgenden Vorschriften nichts anderes bestimmt ist, § 264 Abs. 2, §§ 265 bis 289 über den Jahresabschluß und den Lagebericht entsprechend anzuwenden; § 277 Abs. 3 Satz 1, §§ 279, 280, 281 Abs. 2 Satz 1, § 285 Nr. 5, 6 brauchen jedoch nicht angewendet zu werden. Sonstige Vorschriften, die durch den Geschäftszweig bedingt sind, bleiben unberührt.

(3) § 330 über den Erlaß von Rechtsverordnungen ist entsprechend anzuwenden.

§ 337
Vorschriften zur Bilanz

(1) An Stelle des gezeichneten Kapitals ist der Betrag der Geschäftsguthaben der Genossen auszuweisen. Dabei ist der Betrag der Geschäftsguthaben der mit Ablauf des Geschäftsjahrs ausgeschiedenen Genossen gesondert anzugeben. Werden rückständige fällige Einzahlungen auf Geschäftsanteile in der Bilanz als Geschäftsguthaben ausgewiesen, so ist der entsprechende Betrag auf der Aktivseite unter der Bezeichnung „Rückständige fällige Einzahlungen auf Geschäftsanteile" einzustellen. Werden rückständige fällige Einzahlungen nicht als Geschäftsguthaben ausgewiesen, so ist der Betrag bei dem Posten „Geschäftsguthaben" zu vermerken. In beiden Fällen ist der Betrag mit dem Nennwert anzusetzen.

(2) An Stelle der Gewinnrücklagen sind die Ergebnisrücklagen auszuweisen und wie folgt aufzugliedern:

1. Gesetzliche Rücklage;
2. andere Ergebnisrücklagen; die Ergebnisrücklage nach § 73 Abs. 3 des Gesetzes betreffend die Erwerbs- und Wirtschaftsgenossenschaften und die Beträge, die aus dieser Ergebnisrücklage an ausgeschiedene Genossen auszuzahlen sind, müssen vermerkt werden.

(3) Bei den Ergebnisrücklagen sind gesondert aufzuführen:

1. Die Beträge, welche die Generalversammlung aus dem Bilanzgewinn des Vorjahrs eingestellt hat;
2. die Beträge, die aus dem Jahresüberschuß des Geschäftsjahres eingestellt werden;
3. die Beträge, die für das Geschäftsjahr entnommen werden.

§ 338
Vorschriften zum Anhang

(1) Im Anhang sind auch Angaben zu machen über die Zahl der im Laufe des Geschäftsjahrs eingetretenen oder ausgeschiedenen sowie die Zahl der am Schluß des Geschäftsjahrs der Genossenschaft angehörenden Genossen. Ferner sind der Gesamtbetrag, um welchen in diesem Jahr die Geschäftsguthaben sowie die Haftsummen der Genossen sich vermehrt oder vermindert haben, und der Betrag der Haftsummen anzugeben, für welche am Jahresschluß alle Genossen zusammen aufzukommen haben.

(2) Im Anhang sind ferner anzugeben:

1. Name und Anschrift des zuständigen Prüfungsverbandes, dem die Genossenschaft angehört;
2. alle Mitglieder des Vorstands und des Aufsichtsrats, auch wenn sie im Geschäftsjahr oder später ausgeschieden sind, mit dem Familiennamen und mindestens einem ausgeschriebenen Vornamen; ein etwaiger Vorsitzender des Aufsichtsrats ist als solcher zu bezeichnen.

(3) An Stelle der in § 285 Nr. 9 vorgeschriebenen Angaben über die an Mitglieder von Organen geleisteten Bezüge, Vorschüsse und Kredite sind lediglich die Forderungen anzugeben, die der Genossenschaft gegen Mitglieder des Vorstands oder Aufsichtsrats zustehen. Die Beträge dieser Forderungen können für jedes Organ in einer Summe zusammengefaßt werden.

§ 339
Offenlegung

(1) Der Vorstand hat unverzüglich nach der Generalversammlung über den Jahresabschluß der festgestellten Jahresabschluß, den Lagebericht und den Bericht des Aufsichtsrats zum Genossenschaftsregister des Sitzes der Genossenschaft einzureichen. Ist die Erteilung eines Bestätigungsvermerks nach § 58 Abs. 2 des Gesetzes betreffend die Erwerbs- und Wirtschaftsgenossenschaften vorgeschrieben, so ist dieser mit dem Jahresabschluß einzureichen; hat der Prüfungsverband die Bestätigung des Jahresabschlusses versagt, so muß dies auf dem eingereichten Jahresabschluß vermerkt und der Vermerk vom Prüfungsverband unterschrieben sein. Ist die Prüfung des Jahresabschlusses im Zeitpunkt der Einreichung der Unterlagen nach Satz 1 nicht abgeschlossen, so ist der Bestätigungsvermerk oder der Vermerk über seine Versagung unverzüglich nach Abschluß der Prüfung einzureichen. Wird der Jahresabschluß oder der Lagebericht nach der Einreichung geändert, so ist auch die geänderte Fassung einzureichen.

(2) Der Vorstand einer Genossenschaft, die die Größenmerkmale des § 267 Abs. 3 erfüllt, hat ferner unverzüglich nach der Generalversammlung über den Jahresabschluß den festgestellten Jahresabschluß mit dem Bestätigungsvermerk in den für die Bekanntmachungen der Genossenschaft bestimmten Blättern bekanntzumachen und die Bekanntmachung zu dem Genossenschaftsregister des Sitzes der Genossenschaft einzureichen. Ist die Prüfung des Jahresabschlusses im Zeitpunkt der Generalversammlung nicht abgeschlossen, so hat die Bekanntmachung nach Satz 1 unverzüglich nach dem Abschluß der Prüfung zu erfolgen.

(3) Die §§ 326 bis 329 über die größenabhängigen Erleichterungen bei der Offenlegung, über Form und Inhalt der Unterlagen bei der Offenlegung, Veröffentlichung und Vervielfältigung sowie über die Prüfungspflicht des Registergerichts sind entsprechend anzuwenden.

2. Einführungsgesetz zum Handelsgesetzbuch (EGHGB) – Auszug

Zweiter Abschnitt
Übergangsvorschriften zum Bilanzrichtlinien-Gesetz

Artikel 23

(1) Die vom Inkrafttreten der Artikel 1 bis 10 des Bilanzrichtlinien-Gesetzes vom 19. Dezember 1985 (BGBl. I S. 2355) an geltende Fassung der Vorschriften über den Jahresabschluß und den Lagebericht sowie über die Pflicht zur Offenlegung dieser und der dazu gehörenden Unterlagen ist erstmals auf das nach dem 31. Dezember 1986 beginnende Geschäftsjahr anzuwenden. Die neuen Vorschriften können auf ein früheres Geschäftsjahr angewendet werden, jedoch nur insgesamt.

(2) Die vom Inkrafttreten der Artikel 1 bis 10 des Bilanzrichtlinien-Gesetzes an geltende Fassung der Vorschriften über den Konzernabschluß und den Konzernlagebericht sowie über die Pflicht zur Offenlegung dieser und der dazu gehörenden Unterlagen ist erstmals auf das nach dem 31. Dezember 1989 beginnende Geschäftsjahr anzuwenden. Die neuen Vorschriften können auf ein früheres Geschäftsjahr angewendet werden, jedoch nur insgesamt. Mutterunternehmen, die bereits bei Inkrafttreten des Bilanzrichtlinien-Gesetzes zur Konzernrechnungslegung verpflichtet sind, brauchen bei früherer Anwendung der neuen Vorschriften Tochterunternehmen mit Sitz im Ausland nicht einzubeziehen und einheitliche Bewertungsmethoden im Sinne des § 308 sowie die §§ 311, 312 des Handelsgesetzbuches über assoziierte Unternehmen nicht anzuwenden.

(3) Die vom Inkrafttreten der Artikel 1 bis 10 des Bilanzrichtlinien-Gesetzes an geltende Fassung der Vorschriften über die Pflicht zur Prüfung des Jahresabschlusses und des Lageberichts ist auf Unternehmen, die bei Inkrafttreten des Bilanzrichtlinien-Gesetzes ihren Jahresabschluß nicht auf Grund bundesgesetzlicher Vorschriften prüfen lassen müssen, erstmals für das nach dem 31. Dezember 1986 beginnende Geschäftsjahr anzuwenden. Die vom Inkrafttreten der Artikel 1 bis 10 des Bilanzrichtlinien-Gesetzes an geltende Fassung der Vorschriften über die Pflicht zur Prüfung des Konzernabschlusses und des Konzernlageberichts ist auf Unternehmen, die bei Inkrafttreten des Bilanzrichtlinien-Gesetzes nicht zur Konzernrechnungslegung verpflichtet sind, erstmals für das nach dem 31. Dezember 1989 beginnende Geschäftsjahr anzuwenden. Der Bestätigungsvermerk nach § 322 Abs. 1 des Handelsgesetzbuchs ist erstmals auf Jahresabschlüsse, Konzernabschlüsse und Teilkonzernabschlüsse sowie auf Lageberichte, Konzernlageberichte und Teilkonzernlageberichte anzuwenden, die nach den am 1. Januar 1986 in Kraft tretenden Vorschriften aufgestellt worden sind.

(4) § 319 Abs. 2 Nr. 8 des Handelsgesetzbuchs ist erstmals auf das sechste und nach dem Inkrafttreten des Bilanzrichtlinien-Gesetzes beginnende Geschäftsjahr anzuwenden.

(5) Sind die neuen Vorschriften nach den Absätzen 1 bis 3 auf ein früheres Geschäftsjahr nicht anzuwenden und werden sie nicht freiwillig angewendet, so ist für das Geschäftsjahr die am 31. Dezember 1985 geltende Fassung der geänderten oder aufgehobenen Vorschriften anzuwenden. Satz 1 ist auf Gesellschaften mit beschränkter Haftung hinsichtlich der Anwendung des Gesetzes über die Rechnungslegung von bestimmten Unternehmen und Konzernen entsprechend anzuwenden.

Artikel 24

(1) Waren Vermögensgegenstände des Anlagevermögens im Jahresabschluß für das am 31. Dezember 1986 endende oder laufende Geschäftsjahr mit einem niedrigeren Wert angesetzt, als er nach § 240 Abs. 3 und 4, §§ 252, 253 Abs. 1, 2 und 4, §§ 254, 255, 279 und 280 Abs. 1 und 2 des Handelsgesetzbuchs zulässig ist, so darf der niedrigere Wertansatz beibehalten werden. § 253 Abs. 2 des Handelsgesetzbuchs ist in diesem Falle mit der Maßgabe anzuwenden, daß der niedrigere Wertansatz um planmäßige Abschreibungen entsprechend der voraussichtlichen Restnutzungsdauer zu vermindern ist.

(2) Waren Vermögensgegenstände des Umlaufvermögens im Jahresabschluß für das am 31. Dezember 1986 endende oder laufende Geschäftsjahr mit einem niedrigeren Wert angesetzt als er nach §§ 252, 253 Abs. 1, 3 und 4, §§ 254, 255 Abs. 1 und 2, §§ 256, 279 Abs. 1 Satz 1, Abs. 2, § 280 Abs. 1 und 2 des Handelsgesetzbuchs zulässig ist, so darf der niedrigere Wertansatz insoweit beibehalten werden, als

1. er aus den Gründen des § 253 Abs. 3, §§ 254, 279 Abs. 2, § 280 Abs. 2 des Handelsgesetzbuchs angesetzt worden ist oder
2. es sich um einen niedrigeren Wertansatz im Sinne des § 253 Abs. 4 des Handelsgesetzbuchs handelt.

(3) Soweit ein niedrigerer Wertansatz nach den Absätzen 1 und 2 nicht beibehalten werden darf oder nicht beibehalten wird, so kann bei der Aufstellung des Jahresabschlusses für das nach dem 31. Dezember 1986 beginnende Geschäftsjahr oder bei Anwendung auf ein früheres Geschäftsjahr nach Artikel 23 in dem früheren Jahresabschluß der Unterschiedsbetrag zwischen dem im letzten vorausgehenden Jahresabschluß angesetzten Wert und dem nach den Vorschriften des Dritten Buchs des Handelsgesetzbuchs anzusetzenden Wert in Gewinnrücklagen eingestellt oder für die Nachholung von Rückstellungen verwendet werden; dieser Betrag ist nicht Bestandteil des Ergebnisses. Satz 1 ist entsprechend auf Beträge anzuwenden, die sich ergeben, wenn Rückstellungen oder Sonderposten mit Rücklageanteil wegen Unvereinbarkeit mit § 247 Abs. 3, §§ 249, 253 Abs. 1 Satz 2, § 273 des Handelsgesetzbuchs aufgelöst werden.

(4) Waren Schulden im Jahresabschluß für das am 31. Dezember 1986 endende oder laufende Geschäftsjahr mit einem niedrigeren Wert angesetzt, als er nach §§ 249, 253 Abs. 1 Satz 2 des Handelsgesetzbuchs vorgeschrieben oder zulässig ist, so kann bei der Aufstellung des Jahresabschlusses für das nach dem 31. Dezember 1986 beginnende Geschäftsjahr oder bei Anwendung auf ein früheres Geschäftsjahr nach Artikel 23 in dem früheren Geschäftsjahr der für die Nachholung erfor-

derliche Betrag den Rücklagen entnommen werden, soweit diese nicht durch Gesetz, Gesellschaftsvertrag oder Satzung für andere Zwecke gebunden sind; dieser Betrag ist nicht Bestandteil des Ergebnisses oder des Bilanzgewinns.

(5) Ändern sich bei der erstmaligen Anwendung der durch die Artikel 1 bis 10 des Bilanzrichtlinien-Gesetzes geänderten Vorschriften die bisherige Form der Darstellung oder die bisher angewandten Bewertungsmethoden, so sind § 252 Abs. 1 Nr. 6, § 265 Abs. 1, § 284 Abs. 2 Nr. 3 des Handelsgesetzbuchs bei der erstmaligen Aufstellung eines Jahresabschlusses nach den geänderten Vorschriften nicht anzuwenden. Außerdem brauchen die Vorjahreszahlen bei der erstmaligen Anwendung nicht angegeben zu werden.

(6) Sind bei der erstmaligen Anwendung des § 268 Abs. 2 des Handelsgesetzbuchs über die Darstellung der Entwicklung des Anlagevermögens die Anschaffungs- oder Herstellungskosten eines Vermögensgegenstandes des Anlagevermögens nicht ohne unverhältnismäßige Kosten oder Verzögerungen feststellbar, so dürfen die Buchwerte dieser Vermögensgegenstände aus dem Jahresabschluß des vorhergehenden Geschäftsjahrs als ursprüngliche Anschaffungs- oder Herstellungskosten übernommen und fortgeführt werden. Satz 1 darf entsprechend auf die Darstellung des Postens „Aufwendungen für die Ingangsetzung und Erweiterung des Geschäftsbetriebs" angewendet werden. Kapitalgesellschaften müssen die Anwendung der Sätze 1 und 2 im Anhang angeben.

Artikel 25

(1) Auf die Prüfung des Jahresabschlusses von gemeinnützigen Wohnungsunternehmen (§ 1 des Wohnungsgemeinnützigkeitsgesetzes) sind die Vorschriften des Dritten Unterabschnitts des Zweiten Abschnitts des Dritten Buchs des Handelsgesetzbuchs über die Prüfung bis zum 31. Dezember 1989 nicht anzuwenden. Nach diesem Zeitpunkt sind die in Satz 1 bezeichneten Vorschriften nur dann nicht anzuwenden, wenn mehr als die Hälfte der Mitglieder des Vorstands des in § 23 des Wohnungsgemeinnützigkeitsgesetzes bezeichneten Prüfungsverbands Wirtschaftsprüfer sind. Hat der Prüfungsverband nur zwei Vorstandsmitglieder, so muß einer von ihnen Wirtschaftsprüfer sein.

(2) Ist ein als gemeinnützig anerkanntes Wohnungsunternehmen oder ein als Organ der staatlichen Wohnungspolitik anerkanntes Unternehmen als Aktiengesellschaft, Kommanditgesellschaft auf Aktien oder als Gesellschaft mit beschränkter Haftung zur Aufstellung eines Konzernabschlusses und eines Konzernlageberichts nach dem Zweiten Unterabschnitt des Zweiten Abschnitts des Dritten Buchs des Handelsgesetzbuchs verpflichtet, so ist der Prüfungsverband, dem das Unternehmen angehört, auch Abschlußprüfer des Konzernabschlusses. Ab 1. Januar 1990 gilt dies jedoch nur, wenn mehr als die Hälfte der Mitglieder des Vorstands des in § 23 des Wohnungsgemeinnützigkeitsgesetzes bezeichneten Prüfungsverbands Wirtschaftsprüfer sind. Hat der Prüfungsverband nur zwei Vorstandsmitglieder, so muß einer von ihnen Wirtschaftsprüfer sein.

(3) Auf die Prüfung des Jahresabschlusses von Aktiengesellschaften und Gesellschaften mit beschränkter Haftung, bei denen die Mehrheit der Anteile und die Mehrheit der Stimmrechte Genossenschaften, gemeinnützigen Wohnungsunter-

nehmen oder zur Prüfung von Genossenschaften zugelassenen Prüfungsverbänden zusteht, ist § 319 Abs. 1 des Handelsgesetzbuchs mit der Maßnahme anzuwenden, daß diese Gesellschaften sich auch von dem Prüfungsverband prüfen lassen dürfen, dem sie als Mitglied angehören, sofern wenigstens die Hälfte und ab 1. Januar 1990 mehr als die Hälfte der Mitglieder des Vorstands dieses Prüfungsverbands Wirtschaftsprüfer ist. Hat der Prüfungsverband nur zwei Vorstandsmitglieder, so muß einer von ihnen Wirtschaftsprüfer sein. § 319 Abs. 2 und 3 des Handelsgesetzbuchs ist entsprechend anzuwenden.

(4) Bei der Prüfung des Jahresabschlusses der in Absatz 3 bezeichneten Gesellschaften durch einen Prüfungsverband darf der gesetzlich vorgeschriebene Bestätigungsvermerk nur von Wirtschaftsprüfern unterzeichnet werden. Die im Prüfungsverband tätigen Wirtschaftsprüfer haben ihre Prüfungstätigkeit unabhängig, gewissenhaft, verschwiegen und eigenverantwortlich auszuüben. Sie haben sich, insbesondere bei der Erstattung von Prüfungsberichten, unparteiisch zu verhalten. Weisungen dürfen ihnen hinsichtlich ihrer Prüfungstätigkeit von Personen, die nicht Wirtschaftsprüfer sind, nicht erteilt werden. Die Zahl der im Verband tätigen Wirtschaftsprüfer muß so bemessen sein, daß die den Bestätigungsvermerk unterschreibenden Wirtschaftsprüfer die Prüfung verantwortlich durchführen können.

Artikel 26

(1) Abschlußprüfer nach § 319 Abs. 1 Satz 1 des Handelsgesetzbuchs kann auch eine nach § 131 f Abs. 2 der Wirtschaftsprüferordnung bestellte Person sein. Abschlußprüfer nach § 319 Abs. 1 Satz 2 des Handelsgesetzbuchs kann auch eine nach § 131 b Abs. 2 der Wirtschaftsprüferordnung bestellte Person sein. Für die Durchführung der Prüfung von Jahresabschlüssen und Lageberichten haben diese Personen die Rechte und Pflichten von Abschlußprüfern.

(2) Für die Anwendung des § 319 Abs. 2 und 3 des Handelsgesetzbuchs bleibt eine Mitgliedschaft im Aufsichtsrat des zu prüfenden Unternehmens außer Betracht, wenn sie spätestens mit der Beendigung der ersten Versammlung der Aktionäre oder Gesellschafter der zu prüfenden Gesellschaft, die nach Inkrafttreten des Bilanzrichtlinien-Gesetzes stattfindet, endet.

Artikel 27

(1) Hat ein Mutterunternehmen ein Tochterunternehmen schon vor der erstmaligen Anwendung des § 301 des Handelsgesetzbuches in seinen Konzernabschluß auf Grund gesetzlicher Verpflichtung oder freiwillig nach einer den Grundsätzen ordnungsmäßiger Buchführung entsprechenden Methode einbezogen, so braucht es diese Vorschrift auf dieses Tochterunternehmen nicht anzuwenden. Auf einen noch vorhandenen Unterschiedsbetrag aus der früheren Kapitalkonsolidierung ist § 309 des Handelsgesetzbuchs anzuwenden, soweit das Mutterunternehmen den Unterschiedsbetrag nicht in entsprechender Anwendung des § 301 Abs. 1 Satz 3 des Handelsgesetzbuchs den in den Konzernabschluß übernommenen Vermögensgegenständen und Schulden des Tochterunternehmens zuschreibt oder mit diesen verrechnet.

(2) Ist ein Mutterunternehmen verpflichtet, § 301 des Handelsgesetzbuchs auf ein schon bisher in seinen Konzernabschluß einbezogenes Tochterunternehmen anzuwenden oder wendet es diese Vorschrift freiwillig an, so kann als Zeitpunkt für die Verrechnung auch der Zeitpunkt der erstmaligen Anwendung dieser Vorschrift gewählt werden.

(3) Die Absätze 1 und 2 sind entsprechend auf die Behandlung von Beteiligungen an assoziierten Unternehmen nach §§ 311, 312 des Handelsgesetzbuchs anzuwenden.

(4) Ergibt sich bei der erstmaligen Anwendung der §§ 303, 304, 306 oder 308 des Handelsgesetzbuchs eine Erhöhung oder Verminderung des Ergebnisses, so kann der Unterschiedsbetrag in die Gewinnrücklagen eingestellt oder mit diesen offen verrechnet werden; dieser Betrag ist nicht Bestandteil des Jahresergebnisses.

Artikel 28

(1) Für eine laufende Pension oder eine Anwartschaft auf eine Pension auf Grund einer unmittelbaren Zusage braucht eine Rückstellung nach § 249 Abs. 1 Satz 1 des Handelsgesetzbuchs nicht gebildet zu werden, wenn der Pensionsberechtigte seinen Rechtsanspruch vor dem 1. Januar 1987 erworben hat oder sich ein vor diesem Zeitpunkt erworbener Rechtsanspruch nach dem 31. Dezember 1986 erhöht. Für eine mittelbare Verpflichtung aus einer Zusage für eine laufende Pension oder eine Anwartschaft auf eine Pension sowie für eine ähnliche unmittelbare oder mittelbare Verpflichtung braucht eine Rückstellung in keinem Fall gebildet zu werden.

(2) Bei Anwendung des Absatzes 1 müssen Kapitalgesellschaften die in der Bilanz nicht ausgewiesenen Rückstellungen für laufende Pensionen, Anwartschaften auf Pensionen und ähnliche Verpflichtungen jeweils im Anhang und im Konzernanhang in einem Betrag angeben.

Literaturverzeichnis

Adler, Hans/Düring, Walter/Schmaltz, Kurt	Rechnungslegung und Prüfung der Unternehmen, Kommentar zum HGB, AktG, GmbHG, PublG nach den Vorschriften des Bilanzrichtlinien-Gesetzes, 5. Auflage, Stuttgart 1987
Albach, Horst/Klein, Günter (Hrsg.)	Harmonisierung der Rechnungslegung in Europa, Wiesbaden 1988
dies. (Hrsg.)	Harmonisierung der Konzernrechnungslegung in Europa, Wiesbaden 1990
Baetge, Jörg u. a. (Hrsg.)	Der Jahresabschluß im Widerstreit der Interessen, Düsseldorf 1983
dies. (Hrsg.)	Konzernrechnungslegung und Prüfung, Düsseldorf 1990
Biener, Herbert/ Berneke, Wilhelm	Bilanzrichtlinien-Gesetz, Düsseldorf 1986
Budde, Wolfgang/ Clemm, Hermann/ Pankow, Max/ Sarx, Manfred	Beck'scher Bilanz-Kommentar, 2. Auflage, München 1990
Castan, Edgar u. a. (Hrsg.)	Beck'sches Handbuch der Rechnungslegung, München 1987
Coenenberg, Adolf Gerhard	Jahresabschluß und Jahresabschlußanalyse, 10. Auflage, Landsberg am Lech 1988
GEFIU	„Arbeitskreis Rechnungslegungsvorschriften in der EG-Kommission" der Gesellschaft für Finanzwirtschaft in der Unternehmensführung e. V., Ausgewählte Probleme bei der Anwendung des Bilanzrichtlinien-Gesetzes, Bd. I Stuttgart 1986; Band II Stuttgart 1987
Glade, Anton	Rechnungslegung und Prüfung nach dem Bilanzrichtlinien-Gesetz, Herne/Berlin 1986

Gräfer, Horst	Der Jahresabschluß der GmbH, 2. Auflage, Herne/Berlin 1988
Gross, Gerhard/ Schruff, Lothar	Der Jahresabschluß nach neuem Recht, Düsseldorf 1986
Gross, Gerhard/ Schruff, Lothar/ Wysocki, Klaus von	Der Konzernabschluß nach neuem Recht, 2. Auflage, Düsseldorf 1987
Heuser, Paul J.	Die neue Bilanz der GmbH, ihre Prüfung und Publizität, 3. Auflage, Köln 1986
Hofbauer, Max/ Kupsch, Peter (Hrsg.)	Bonner Handbuch Rechnungslegung, Aufstellung, Prüfung und Offenlegung des Jahresabschlusses, Bonn 1986
Institut der Wirtschaftsprüfer in Deutschland e. V. (Hrsg.)	Wirtschaftsprüfer-Handbuch 1985/86, Band II, Düsseldorf 1986
Küting, Karlheinz/ Weber, Claus-Peter	Bilanzanalyse und Bilanzpolitik nach neuem Bilanzrecht, Stuttgart 1987
dies. (Hrsg.)	Handbuch der Konzernrechnungslegung, Stuttgart 1989
dies. (Hrsg.)	Handbuch der Rechnungslegung, 3. Auflage, Stuttgart 1990
Leffson, Ulrich	Die Grundsätze ordnungsmäßiger Buchführung, 7. Auflage, Düsseldorf 1987
Lück, Wolfgang	Praxis der Rechnungslegung, 2. Auflage, Marburg 1989
Moxter, Adolf	Bilanzlehre, Band II, Einführung in das neue Bilanzrecht, 3. Auflage, Wiesbaden 1986
Pfleger, Günter	Die neue Praxis der Bilanzpolitik, 2. Auflage, Freiburg 1986
Russ, Wolfgang	Der Anhang als dritter Teil des Jahresabschlusses, 2. Auflage, Bergisch-Gladbach 1986

Schildbach, Thomas	Der handelsrechtliche Jahresabschluß, Herne/Berlin 1987
Selchert, Friedrich Wilhelm	Der Anhang als Instrument der Informationspolitik, Stuttgart 1987
Treuarbeit (Hrsg.)	Jahresabschlüsse 1987, Düsseldorf 1989
Treuarbeit (Hrsg.)	Jahres- und Konzernabschlüsse '88, Düsseldorf 1990
Wysocki, Klaus von	Grundlagen des betriebswirtschaftlichen Prüfungswesens, 3. Auflage, München 1988
Wysocki, Klaus von/ Wohlgemuth, Michael	Konzernrechnungslegung, 3. Auflage, Düsseldorf 1986
Wolf, Jakob	GmbH-Rechnungslegung, Herne/Berlin 1987

Sachregister